PATRONS ET OUVRIERS

DE PARIS

PATRONS
ET OUVRIERS

DE PARIS

RÉFORMES INTRODUITES

DANS L'ORGANISATION DU TRAVAIL

PAR DIVERS CHEFS D'INDUSTRIE

ÉTUDE PRÉSENTÉE AU CONGRÈS DES INSTITUTIONS DE PRÉVOYANCE
EN JUILLET 1878

PAR A. FOUGEROUSSE

> Pauvres et aigris de leur pauvreté, ignorants,
> et honteux de leur ignorance, les ouvriers crai-
> gnent toujours d'être ou trompés ou exploités.
> Leur erreur ne peut être dissipée par la parole.
> Il faut agir sur eux *par la voie longue et sûre*
> *des institutions.*
>
> Jules SIMON. — *L'Ouvrière.*

PARIS

IMPRIMERIE DES CHEMINS DE FER

A. CHAIX ET Cie

RUE BERGÈRE, N° 20

LIBRAIRIE DES ÉCONOMISTES

GUILLAUMIN ET Cie

14, RUE DE RICHELIEU

1880

PRÉFACE

De toutes les questions économiques, celle qui a été le plus fréquemment et le plus ardemment discutée est la question ouvrière.

Malgré cette quantité d'efforts et d'études, la question reste entière et l'antagonisme entre le capital et le travail, entre le patron et l'ouvrier, subsiste dans toute sa rigueur.

Faut-il en conclure que la question ne soit susceptible d'aucune solution ? Nous sommes loin de le penser. Nous ne croyons pas, assurément, à la découverte d'une formule portant dans ses termes la solution définitive et absolue du problème social ; les problèmes de cette nature ne sont point des questions mathématiques qu'une réponse nette et unique satisfait pleinement ; ils renferment un si grand nombre de conditions, qu'ils ne peuvent être résolus que par un ensemble de mesures variées.

D'autre part, les solutions, quelles qu'elles soient, ne seront jamais que relatives et incomplètes, car les défectuosités et les inégalités natives, aussi bien que les inégalités sociales nécessaires, laisseront toujours au sein de la société une source intarissable de souffrances, de jalousies et de haines.

On ne peut pas plus rêver l'harmonie sociale universelle, qu'espérer voir les hommes naître avec les mêmes avantages physiques et doués d'une égale dose de qualités intellectuelles et morales.

Mais on peut espérer un grand adoucissement des rapports sociaux, en cherchant à apporter certaines modifications dans l'organisation de la société et, notamment, dans celle du Travail.

L'essence de ces modifications est exactement définie par cette phrase (1), d'une lettre récemment publiée par la Presse : *Élever les classes abaissées, sans leur inspirer la jalousie des supériorités nécessaires.*

C'est, en partie, pour n'avoir tenu aucun compte des conditions enfermées dans cette formule que les réformes sociales ont échoué jusqu'ici. Lorsqu'elles partent d'en bas, elles nient la nécessité des inégalités sociales; que serait la société, si tous les hommes étaient également riches? Y en aurait-il un seul qui voulût consentir au travail manuel? Quand elles partent d'en haut, elles oublient le besoin irrésistible d'élévation qui, en dépit de toute compression, agite les cœurs, même les plus humbles.

Une autre cause de l'insuccès des tentatives de réformes sociales tient à la méthode défectueuse suivie, en général, par leurs auteurs. Les uns et les autres procèdent ordinairement par solutions *à priori* et font bon marché de ce qui doit être la base indispensable de l'étude de ces graves sujets : l'expérience du passé et l'observation des faits. Ne tenant compte que des circonstances présentes, des souffrances endurées par eux ou autour d'eux, les réformateurs ne songent pas que les mêmes circonstances, les mêmes souffrances, les

---

(1) HEVAN, *Lettre à un ami d'Allemagne.*

mêmes aspirations se sont déjà produites avant eux et que le passé a déjà vu, bien des fois, se dérouler les mêmes projets, les mêmes systèmes. L'étude de ce passé aurait pu leur enseigner quels résultats avaient eus ces projets et ces systèmes et éclairer, d'une lumière sûre, les efforts qu'ils faisaient vers le progrès social ; mais cette étude répugne souvent à l'esprit, toujours porté à croire que le présent est absolument nouveau et n'a aucun rapport avec le passé.

Étrange erreur, les mêmes causes n'ont-elles pas toujours les mêmes effets ? L'humanité ne se reproduit-elle pas toujours pareille à elle-même, avec la même somme de besoins et d'infirmités originels ?

Oubliant ces principes, les auteurs de projets de réformes ne pouvaient enfanter que des rêves, des déceptions et des rancunes.

Aujourd'hui, la question est placée sur un tout autre terrain : des sociétés diverses d'études économiques et le Congrès des institutions de prévoyance, notamment, ont proclamé hautement l'inanité des théories basées uniquement sur les idées personnelles et la nécessité absolue de l'application aux questions économiques des procédés rigoureux de la méthode expérimentale. Joignant la pratique au précepte, l'une de ces sociétés a entrepris de chercher des matériaux de réformes sociales dans une série de monographies de familles et de Sociétés. Cette méthode, inaugurée par le savant auteur des *Ouvriers européens*, va, par voie d'analyse et d'observation, découvrir, dans l'examen minutieux des conditions de l'existence, le secret des souffrances et du remède nécessaire.

D'autres s'appliquent à étudier les efforts généreux déjà tentés pour améliorer la vie de l'ouvrier, et recueillent de l'expérience ainsi faite des documents précieux sur la valeur relative des différents systèmes.

Le Congrès des institutions de prévoyance tenu au Palais du Trocadéro en 1878 et l'exposition du ministère de l'Intérieur ont offert au Public le tableau saisissant de ces études. Il serait trop long de citer les discours prononcés, et les ouvrages présentés à cette occasion. L'ancien monde et le nouveau y étaient représentés, soit par leurs délégués, soit par des œuvres capitales. Citons, entre mille, les très-remarquables travaux de M. de Malarce sur les caisses d'épargne scolaires et d'atelier, l'enquête décennale de la Société industrielle de Mulhouse, les Caisses d'épargne aux États-Unis, et enfin le travail si considérable de M. Boëhmert, résultat de dix ans d'investigations en Allemagne, en Suisse, en Angleterre, en Amérique, en France... sur la rémunération du travail et les bénéfices du patron.

Nous avons présenté, nous aussi, au Congrès une étude analogue, mais plus limitée : la collection de toutes les formes nouvelles appliquées, dans l'industrie parisienne, aux rapports du capital et du travail. Il ne s'agit pas d'institutions de secours ou d'assistance, ni de celles touchant à l'éducation des apprentis, à l'enseignement des arts ou des sciences. Sur ce point, l'industrie parisienne renferme, cependant, des trésors ignorés de générosité et de sollicitude, et ce serait un travail bien doux au cœur de les produire à la lumière ; mais nous avons laissé à part ces questions et nous nous sommes limités au *partage des fruits du travail*, selon l'expression heureuse de M. Charles Robert.

Nous avons pensé qu'il y aurait utilité à publier les résultats de cette enquête dont les éléments sont tous constitués par des pièces authentiques.

Cette publication fournira : aux hommes convaincus déjà de l'urgence des réformes, des formules toutes faites et sanctionnées par l'expérience ; aux tièdes, aux timides et aux indifférents, elle apportera l'encouragement et l'émulation de l'exemple : à tous enfin, elle signalera la quantité d'efforts déjà faits vers le Bien et la direction nouvelle donnée à l'amour de l'humanité.

Pour accomplir fructueusement notre tâche, nous avons cru devoir publier, tout d'abord, dans leur texte même, les règlements des institutions fondées par les patrons. C'est l'objet du chapitre premier. Dans le deuxième, nous avons repris et coordonné la matière de ces règlements et décrit, d'après leurs dispositions communes, les diverses institutions ; dans le troisième, nous avons discuté les organes de ces nouveaux instruments du Travail. Enfin, le quatrième chapitre présente le résumé des précédents et, sous le titre de conclusions, formule les principes de la prévoyance sociale.

Paris, 1er mai 1879.

CHAPITRE PREMIER

RÈGLEMENT DES DIFFÉRENTES ORGANISATIONS DU TRAVAIL
ADOPTÉES A PARIS

1° Majoration des salaires ;
2° Participation aux bénéfices;
3° Association coopérative dérivée du patron ;
4° Institutions diverses.

PREMIER TYPE

MAJORATION DES SALAIRES

24 Maisons

Trois cas : Majoration fixe ; — Majoration proportionnelle ; — Majoration progressive.

Majoration fixe, adoptée par les maisons :
A. CHAIX et Cⁱᵉ, imprimeurs-éditeurs, pour les apprentis.
COMPAGNIE DES OMNIBUS.
CHRISTOFLE, orfèvre.
JARRY, négociant en vins.
HACHETTE, libraire-éditeur.
PIAT, constructeur de machines.
PLEYEL et WOLFF, fabricants de pianos.
COMPAGNIE PARISIENNE DU GAZ.

Majoration proportionnelle, adoptée par les maisons :
A. FOUGEROUSSE, entrepreneur de travaux publics.
COMPAGNIE DE L'EST.
COMPAGNIE GÉNÉRALE DES EAUX.
Chemins de fer de PARIS-LYON-MÉDITERRANÉE.
DELALAIN, libraire-éditeur.
COMPAGNIE DE L'OUEST.
COMPAGNIE DU NORD.
Manufactures de l'ÉTAT.
PINET, fabricant de chaussures.
RUTEAU, fabricant de perles.
DEDRAY, essayeur à la Monnaie.
CAISSE D'ÉPARGNE de Paris.
LEMAIRE, fabricant de jumelles.
COMITÉ DES ASSUREURS MARITIMES.

Majoration progressive, adoptée par les maisons :
BOUCHACOURT, fabricant de boulons.
PINAUD, MEYER successeur, parfumeur.

MAJORATION FIXE

MAISON A. CHAIX ET CIE

IMPRIMEURS-ÉDITEURS

(Institutions relatives aux apprentis).

CAISSE DE RETRAITES DES APPRENTIS

ARTICLE 1er. — Il a été créé, à partir du 1er janvier 1869, à l'Imprimerie centrale des chemins de fer, une caisse de retraites destinée à assurer une pension viagère de 400 francs environ, à l'âge de 55 ans, aux apprentis et aux enfants employés, à un titre quelconque, dans l'établissement.

ART. 2. — A cet effet, M. CHAIX consacre, au profit de chaque enfant, une somme de cinq centimes par jour, soit 18 francs par an, pour être versés à la caisse de l'État, à capital aliéné, aux époques et de la manière indiquées ci-après :

ART. 3. — Au premier janvier de chaque année, ladite somme de 18 francs est versée :

Pour un tiers, soit 6 francs, dans la caisse de retraites de l'État, au nom et sur la tête de l'apprenti ou de l'enfant occupé, depuis une année, au moins, dans la maison de M. CHAIX.

Les deux autres tiers, soit 10 francs, sont versés dans une caisse commune, dite Caisse des apprentis.

Art. 4. — Seront également versés dans cette caisse commune :

1° Les amendes, les gratifications, etc.;

2° Une somme que M. Chaix se réserve de donner annuellement à titre de libéralité, et indépendante du versement indiqué à l'article 3 ;

3° L'intérêt de ces mêmes sommes.

Art. 5. — Tous les cinq ans, les fonds de la caisse commune sont répartis entre les apprentis et les enfants devenus ouvriers ou employés, et restés dans la maison pendant cette période de cinq années, et la somme provenant de cette répartition est immédiatement versée à la caisse de retraites de l'État, au nom et sur la tête des ayants droit, qui en demeurent seuls propriétaires.

Art. 6. — Les dispositions énumérées dans les articles qui précèdent seront également appliquées à l'apprenti ou à l'enfant devenu ouvrier ou employé, pendant tout le temps qu'il restera attaché à l'établissement.

Art. 7. — M. Chaix fera jouir de tous les avantages attachés à la caisse de retraites pour les apprentis, tout ouvrier ou employé d'une maison de Paris ou de la province où le service des retraites sera également établi et dans laquelle, aussi, les anciens apprentis de son établissement jouiront des mêmes droits.

Art. 8. — Tout ouvrier ou employé rentrant dans la maison de M. Chaix devra justifier, par la présentation de son livret de la caisse de retraites, qu'un versement minimum annuel de 5 francs a été fait, pendant tout le temps de son absence, soit par lui, de ses deniers personnels, soit par ses patrons, dans le cas prévu à l'article 7.

A défaut, l'ouvrier ou l'employé sera tenu de faire les versements arriérés, s'il veut jouir encore des avantages attachés à la caisse commune.

Art. 9. — La caisse commune des apprentis est tenue par le caissier de la maison, et elle est administrée par le comité de la Société de secours mutuels.

Art. 10. — Les retraites résultant des dispositions qui précèdent sont, de leur propre nature, insaisissables et incessibles.

Situation de la caisse de 1869 à 1878.

ANNÉES	RECETTES VERSEMENTS DIVERS		ANNÉES	DÉPENSES Achat de livrets et de Polices d'assurance.	
		Fr. c.			Fr. c.
1869		1.000 50	1869	43 Livrets.	225 »
1870	Versements provenant de M. Chaix : 15 francs par é'ève, — dons, — amendes, - retenues,- intérêts.	766 20	1870	44 — 13 polices.	291 13
1871		788 »	1871	53 — 19 —	423 53
1872		961 73	1872	57 — 19 —	513 53
1873		1.717 05	1873	57 — 27 —	4.080 75
	TOTAL des recettes.	5.233 50		TOTAL des dépenses.	2.431 »
1874. — 1re répartition quinquennale. — Solde en caisse. 2.799 50					
COMPTE NOUVEAU					
1874		1.331 03	1874	76 livrets, 49 polices	616 50
1875	Versements provenant de M. Chaix : 15 francs par élève.	1.479 43	1875	87 — 44 —	723 83
1876		1.728 40	1876	103 — 63 —	953 16
1877		1.760 40	1877	103 — 64 —	959 49
1878		2.073 60	1878	123 — 67 —	1.078 30
	TOTAL des recettes.	8.362 90		TOTAL des dépenses.	4.333 30
1879. — 2me répartition quinquennale. — Solde en caisse 4.029 60					

CAISSE DE RÉPARTITION

La caisse de répartition a pour but de partager, entre tous les élèves compositeurs, au prorata de leur travail et de leur bonne tenue, une partie des bénéfices réalisés sur les travaux qu'ils exécutent.

La somme afférente à chacun, déduction faite des primes d'assurance en cas de décès, est divisée en trois parts :

La première part est *payée tous les ans*, à l'époque des distributions de prix;

La deuxième part est *gardée en réserve* et payée aux parents, à la fin de l'apprentissage.

La troisième part est versée à la caisse commune des apprentis, pour être *répartie tous les cinq ans*, entre les élèves qui seront restés, au moins pendant ce laps de temps, dans l'établissement.

Situation de la caisse de 1869 à 1878.

ANNÉES	TOTAL de la RÉPARTITION	TIERS PAYÉ COMPTANT	TIERS PAYÉ A LA FIN DE L'APPRENTISSAGE	TIERS disponible APRÈS CINQ ANS
1869	1878. »	626. »	626. »	626. »
1870	1739. »	579. »	579. »	579. »
1871	616. 30	203. 40	203. 0	203. 40
1872	1573. 20	524. 40	524. 40	524. 40
1873	1222. »	407. 30	407. 30	407. 30

1874. · Première répartition quinquennale 2.242. 10

COMPTE NOUVEAU

ANNÉES	TOTAL de la RÉPARTITION	TIERS PAYÉ COMPTANT	TIERS PAYÉ A LA FIN DE L'APPRENTISSAGE	TIERS disponible APRÈS CINQ ANS
1874	668. »	222. 65	222. 65	222. 65
1875	754. 50	251. 50	251. 50	251. 50
1876	714. 30	238. 10	238. 10	238. 10
1877	872. 60	291. 20	291. 20	291. 20
1878	696. 15	232. 05	232. 05	232. 05

1879. — 2me répartition quinquennale 1.235 50

CAISSE D'ÉPARGNE SCOLAIRE

La Caisse d'épargne scolaire a été établie en 1875.

Cette caisse a pour but d'habituer les enfants à l'épargne et à l'économie et de développer en eux, en faisant simplement appel à leur bonne volonté, les idées de la prévoyance et de l'épargne.

Organisation et fonctionnement.

1° Le fonctionnement et la surveillance de la Caisse d'épargne scolaire sont confiés au Chef de service des apprentis;

2° Les versements sont reçus tous les jours et portés au compte de chacun ;

3° Lorsque les versements d'un élève ont atteint un minimum de 2 francs, il est pris, en son nom, à la Caisse d'épargne, un livret de cette somme. Si l'élève est déjà titulaire d'un livret, ladite somme est inscrite sur ce livret;

4° Les versements à la Caisse d'épargne sont faits du 6 au 10 de chaque mois, et les livrets sont remis aux élèves du 20 au 25.

5° Les sommes inscrites au livret sont portées à la colonne : *Somme disponible.* Les versements étant volontaires et dus à la libre initiative des élèves, chaque titulaire d'un livret peut, quand il le désire, demander le règlement de son compte ;

6° Les anciens apprentis devenus ouvriers sont admis à continuer à faire des versements à cette caisse. Le dépôt des sommes versées par eux est fait tous les mois à la Caisse d'épargne, comme pour les autres apprentis ;

7° Un état collectif, comprenant les versements de tous les élèves et la valeur des dépôts faits au nom de chacun à la Caisse d'épargne, est affiché tous les mois dans l'atelier. Cet état est totalisé en septembre de chaque année et les résultats sont portés à la connaissance de tous ;

8° Tout élève dont les premiers versements ont atteint la somme de 2 francs, reçoit, de la Maison, une gratification de 5 francs qui est versée à la Caisse d'épargne lors de la demande du livret ;

9° Tous les ans, à la Distribution des Prix, il est donné par la Maison plusieurs livrets de 5 à 10 francs aux élèves qui se sont fait remarquer, dans le courant de l'année, par la régularité et l'importance de leurs versements.

Situation de la caisse de 1875 à 1878.

ANNÉES	LIVRETS						NOMBRE de déposants	VALEUR des LIVRETS	VERSEMENT MOYEN ANNUEL
	DE 1 à 10 FR.		DE 11 à 20 FR.		DE 21 FR. ET AU-DESSUS				
	Nouveaux.	Anciens.	Nouveaux.	Anciens.	Nouveaux.	Anciens.			
1875	24	»	1	»	»	»	25	125 »	5 »
1876	8	36	3	10	1	7	65	1.123 »	17 275
1877	19	18	9	15	1	8	70	1.818 »	21 685
1878	15	36	3	12	»	13	74	1.041 »	18, 70
Nombre de déposants en septembre 1878							234		
Total de l'épargne en septembre 1878.								4.150 »	

COMPAGNIE GÉNÉRALE

DES OMNIBUS

La Compagnie fait don aux employés, *dont les traitements ou salaires ne s'élèvent pas à plus de 1,800 francs par an*, d'une subvention dont le maximum est fixé, chaque année, par le Conseil.

Ce maximum est de 6 francs par trimestre et par titulaire pour l'année 1858.

Pour avoir droit à ce don, il faut avoir, au commencement du trimestre, au moins un an de services non interrompus dans la Compagnie.

D'autre part, une retenue de 1 franc sera effectuée obligatoirement, chaque quinzaine, sur les traitements et salaires des employés du Bureau central, des inspecteurs, employés fixes des ateliers, chefs de dépôt, piqueurs, contrôleurs, conducteurs et cochers.

Tous les trimestres, le montant des donations et des retenues est versé, au compte de chaque titulaire, à la caisse des retraites pour la vieillesse, à l'effet de lui constituer une pension de retraite.

Le produit de la donation est versé, à capital aliéné, avec jouissance à soixante ans, tandis que la retenue l'est à fonds perdus ou à capital réservé, au gré du titulaire, avec entrée en jouissance de la pension à l'âge qu'il désignera, entre cinquante et soixante ans.

Tout employé ou agent qui quitte la Compagnie, dans le cours d'un trimestre, sauf pour cause de blessures reçues en service, perd son droit à la donation pour ce trimestre; mais les sommes retenues sur sa solde et non encore versées lui sont restituées sans intérêts; dans tous les cas, les sommes versées précédemment en son nom, tant par lui-même que par la Compagnie, lui sont définitivement acquises.

La Compagnie se charge, gratuitement, de servir d'intermédiaire

à ses agents pour toutes les affaires relatives à la caisse des retraites, et de tenir au courant les livrets de chaque déposant.

RÉSUMÉ.

Produit annuel de la donation. . . . . , Fr.   24   »

   —   de la retenue   24   »

                     Versement annuel.   48   »

Ces sommes versées à fonds perdus à la caisse des retraites pour
la vieillesse produisent, à soixante ans, pour les employés âgés de :

  25 ans, une rente annuelle et viagère de . . Fr.   718 18
  30 —   —   — 504 10
  35 —   —   — 345 65
  40 —   —   — 228 67

Indépendamment de ces pensions, la Compagnie accorde un secours de 1 franc, par jour, à ceux de ses agents mis en retrait
d'emploi, après vingt ans de services.

Toutefois, pour les agents déjà en possession de la pension de
la caisse de la vieillesse, la Compagnie se borne à compléter ce
qui peut manquer pour parfaire 365 francs par an.

Un homme qui quitte la Compagnie, après vingt ans de service,
est donc assuré d'avoir une pension d'au moins 365 francs.

Dans le cours de l'exercice 1877, les versements faits à la caisse
des retraites au profit des employés et agents de la Compagnie
générale des Omnibus se sont élevés à :

                66,149 francs de capital aliéné.
                6,499   —   —   réservé.

Soit en totalité : 72,648 francs.

MAISON CHRISTOFLE ET CIE

Orfèvre, rue de Bondy, 56.

Une dotation de livrets de Caisse d'épargne a été instituée par M. Charles Christofle et fonctionne depuis 1845. Aux termes de cette fondation, tout ouvrier, ayant cinq années consécutives de travail dans l'établissement, sera inscrit pour une gratification de 150 francs.

Après trois années consécutives de travail, ajoutées aux cinq années ci-dessus, il sera inscrit pour une seconde gratification de 150 francs.

Après deux années consécutives de travail, ajoutées aux huit années ci-dessus, il sera inscrit pour une troisième gratification de 200 francs.

Après une période de dix années révolues, une somme de 50 francs est ajoutée, chaque année, au livret.

Ces gratifications, bien qu'acquises au titulaire pour une ou deux périodes, restent, néanmoins, dans la caisse de l'établissement, jusqu'à l'achèvement de la troisième période, époque à laquelle elles deviennent la propriété du titulaire.

La gratification de chaque période accomplie produit un intérêt de 5 0/0 l'an, qui est, annuellement, réuni aux sommes portées, au nom de chaque ouvrier, sur un registre spécial ouvert à cet effet.

Les interruptions de travail pour cause de force majeure, service militaire, ou par la guerre ou le temps de l'apprentissage, ne comptent pas pour le service effectué.

Tout ouvrier qui, pour un motif quelconque, se met dans le cas d'être renvoyé de l'établissement ou le quitte volontairement, avant la période de dix années révolues, perd son titre aux gratifications; mais la somme à lui afférente, au moment de son départ, est reversée au compte des ouvriers restants, au prorata des périodes échues pour chacun d'eux.

Les sommes ainsi distribuées aux ouvriers s'élèvent, actuellement, à 410,300 francs.

Parmi les ouvriers qui ont dépassé les deux premières périodes, quelques-uns ont des livrets montant à 3,000 francs.

MAISON PIAT

Mécanicien, rue Saint-Maur, 85-87.

PENSIONS DE RETRAITE DES OUVRIERS.

La Société de secours mutuels, fondée entre les ouvriers de la maison, fournit aux hommes arrivés à 60 ans et ayant versé pendant vingt-cinq ans leurs cotisations, une retraite de 180 francs. Le chef de l'établissement intervient pour élever cette pension à un chiffre supérieur.

Voici les dispositions prises à cet égard :

ART. 1er. — M. A. Piat, désireux de payer un juste tribut de reconnaissance à ceux qui auront contribué à la prospérité de sa maison, accorde à tout pensionnaire, qui aura passé vingt années, en une ou plusieurs fois, dans sa maison, à quelque titre que ce soit, un supplément de pension, devant lui compléter, avec sa pension de retraite, un chiffre maximum de 300 francs.

ART. 2. — Ce supplément de pension sera représenté par un titre de rente viagère, pour qu'en aucun cas les titulaires ne puissent en être dépossédés.

Le capital aliéné de la sorte fera retour, au décès du pensionnaire, au donateur ou à ses ayants droit.

MAISON PLEYEL-WOLFF ET Cie

Facteur de pianos.

M. Wolff, représentant actuel de la maison Pleyel-Wolff a établi chez lui l'institution de la pension de retraite pour la vieillesse.

M. Wolff accorde une pension de 305 francs, par an, à ses ouvriers, lorsqu'ils ont atteint l'âge de 60 ans et qu'ils ont passé dans sa maison trente années consécutives. Cette pension est entièrement due à la libéralité du chef de la maison, aucune retenue n'est opérée sur les salaires en vue d'alimenter cette caisse de retraite. Les ouvriers qui quittent la maison, avant l'accomplissement des deux conditions indiquées ci-dessus, ne peuvent prétendre à aucune retraite proportionnelle.

Le nombre des ouvriers admis à jouir de cette retraite s'augmente, chaque année, de sept pensionnaires environ. Pour parfaire ce nombre moyen, M. Wolff prend ordinairement, dans un tableau qui contient toujours les prévisions de dix années à l'avance, les ouvriers qui lui paraissent les plus méritants, par leur état de santé, la composition de leur famille, tout en étant, souvent, au-dessous des conditions normales d'admission.

MAISON JARRY

Négociant en vins à Bercy.

M. Jarry ajoute au salaire de chacun de ses ouvriers une somme fixe de cinquante centimes par jour de travail, soit, en moyenne, cent cinquante francs, par homme et par an.

Les sommes, ainsi produites, sont versées, chaque année, à la Caisse des pensions de retraite pour la vieillesse, par les soins de M. Jarry, en capital réservé ou aliéné, suivant les conditions particulières de chaque titulaire.

Le 31 décembre 1878, il a été versé ainsi 780 francs, dont 30 francs pour un homme n'ayant que soixante jours de travail et 750 pour cinq autres ayant passé l'année entière dans la maison.

Cette institution date de 1877.

A cette œuvre de prévoyance, nous devons ajouter, bien que cela sorte de notre cadre, que M. Jarry a fondé pour les enfants appartenant à l'école et à l'asile de la rue de Pontoise un fourneau destiné à leur fournir, à prix réduits, des aliments chauds, pour leur repas du matin. Les frais d'installation se sont élevés à 1,500 francs; les recettes, depuis le 28 février 1872 jusqu'au 31 juillet 1878, ont été de 29,850 francs 60 c. pour 597,192 portions, soit 300 par jour, distribuées à raison de 5 centimes l'une, et les dépenses de 29,954 fr. 45, en excès de 94 fr. 85. Mais cette perte fait place à un bénéfice, si on ajoute aux recettes la valeur de 5,486 portions délivrées gratuitement. Ce résultat prouve que les fourneaux peuvent se suffire par eux-mêmes et que le grand bienfait qu'ils procurent à l'enfance peut être réalisé, sans autre charge qu'une avance de fonds pour l'installation première.

MAISON HACHETTE

Libraire-éditeur.

La maison Hachette n'a imposé aucune institution de prévoyance à ses employés, mais elle les encourage à l'épargne par un sacrifice personnel accompagnant chacun de leurs efforts.

A cet effet, tout employé, qui verse dix francs à la Caisse des pensions de retraite pour la vieillesse, est gratifié d'une donation de cinq francs, affectés au même usage.

Dans le courant de l'année 1877, il a été versé au compte des employés de la maison Hachette et dans les conditions ci-dessus :

2,350 francs de capital aliéné ;

1,080 — — réservé.

COMPAGNIE PARISIENNE DU GAZ

ARTICLE PREMIER. — La Compagnie parisienne d'éclairage et de chauffage par le gaz crée une caisse de retraites destinée à servir des pensions à ceux de ses employés qui auront rempli les conditions ci-après exprimées et qui s'en seront rendus dignes par de bons et loyaux services.

ART. 2. — Cette caisse sera dotée d'une annuité de 25,500 fr., prélevés sur les recettes brutes de chaque année.

En outre, en vue de l'institution de cette caisse, M. Dubochet, administrateur-directeur de la Compagnie, fait don de cent obligations 5 0/0 de la Compagnie du gaz. La caisse profitera de tous les produits résultant du placement, à intérêts composés, de cette dotation, ainsi que de tous les legs et donations.

ART. 4. — Pour obtenir la pension de retraite par ancienneté, il faut avoir, au moins, 55 ans d'âge et 25 ans accomplis de service.

Pourra être dispensé de cette condition d'âge et de temps de service, l'employé qui sera reconnu, par le Conseil d'administration, hors d'état de continuer ses fonctions.

ART. 5. — La pension est basée sur la moyenne du traitement fixe dont l'ayant droit a joui pendant les six dernières années d'exercice.

Elle est réglée, pour chaque année de service, à un cinquantième de ce traitement moyen, avec accroissement, pour chaque année de service, en sus du temps réglementaire, d'un centième dudit traitement.

En aucun cas, la retraite ne peut excéder les deux tiers du traitement.

Art. 7. — La veuve de l'employé peut obtenir elle-même une pension , pourvu que le mariage ait été contracté dix ans avant la cessation des fonctions du mari. La pension de la veuve est le tiers de celle que le mari avait obtenue ou aurait pu obtenir.

Art. 8. — L'orphelin ou les orphelins mineurs d'un employé ayant obtenu pension, ou ayant accompli la durée de service exigée par le présent règlement, pourront obtenir un secours annuel, lorsque la mère sera décédée ou inhabile à recueillir la succession.

Art. 10. — Tout employé démissionnaire, destitué, révoqué d'emploi, ne peut obtenir de pension, quels que soient son âge et la durée de ses services.

MAJORATION PROPORTIONNELLE

A. FOUGEROUSSE

Entreprise de travaux publics.

ARTICLE PREMIER. — A partir du 1er janvier 1877, l'institution des pensions de retraite pour la vieillesse est établie dans l'entreprise A. Fougerousse, au profit de tous les employés et ouvriers.

ART. 2. — Ces pensions de retraite sont constituées par :

1° *Une donation faite par le patron, de 2 0/0 des salaires;*

2° Une retenue de même valeur opérée sur les salaires;

3° Toutes les autres ressources qui seront sollicitées des propriétaires et des administrations, maîtres des ouvrages exécutés par l'entreprise.

ART. 3. — La retenue et la donation sont applicables à tous, sans aucune condition de spécialité et durée de service, même dans les cas de travaux cédés à la tâche.

Seront seuls exclus de la donation du mois courant, les ouvriers qui se seront grisés deux fois dans le mois, qui auront déserté le chantier sans motif, qui s'en seront fait renvoyer, pour cause d'improbité ou de violence, mais sans préjudice de la retenue. La donation ainsi retirée aux hommes de mauvaise volonté, sera versée, en supplément, sur les livrets des hommes de bonne conduite.

Art. 4. — Le service des pensions de retraite est confié à la Caisse des retraites pour la vieillesse, rue de Lille, 56, à Paris, administrée par la Caisse des dépôts et consignations, sous la garantie de l'État.

Chaque mois, M. Fougerousse versera à la Caisse des retraites pour la vieillesse, au compte de chacun de ses employés et ouvriers, les sommes constituées comme il est dit à l'article 2.

Au jour de paie ou de règlement, la retenue sur le travail du mois, ajoutée à la donation, forme une somme supérieure ou une somme inférieure à 5 francs, minimum des versements reçus par la Caisse des retraites.

Dans le premier cas, le patron fait, immédiatement, le versement et remet à l'ouvrier un bulletin de déclaration de versement destiné à lui servir de gage jusqu'à la remise du livret qui a lieu chez le patron, le soir, après le travail, dans la quinzaine du jour de paie.

Dans le second cas, le versement ne peut être fait, puisque la caisse ne reçoit pas moins de cinq francs. L'ouvrier est alors invité à fournir le complément : s'il y consent, les choses se passent comme ci-dessus ; s'il refuse, il reçoit un bulletin de prise en dépôt du montant de la retenue et de la donation. Il pourra revenir, à toute époque, soit reprendre du travail dans l'entreprise, soit apporter le complément des 5 francs et obtenir ainsi le versement de la somme déposée chez le patron.

Ce bulletin de prise en dépôt ne vaut que dans les mains de l'ouvrier au nom duquel il est dressé.

Remarque. La pratique de l'institution qui précède a démontré que les hommes d'un certain âge, auxquels, par conséquent, la Caisse des retraites ne peut offrir qu'un faible revenu, ne se soumettent pas volontiers à ce règlement. Ils disent, avec raison, que ne pouvant faire qu'un petit nombre de versements, et ces versements étant peu productifs, ils auraient à s'imposer des sacrifices sensibles, pour des résultats de peu de valeur. Pour tenir compte de ces conditions particulières, M. Fougerousse a pris l'habitude de proposer à ces hommes âgés de faire le versement au nom de leurs enfants. Cette proposition a été acceptée avec le plus grand empressement, et les pères qui l'ont adoptée, sont infiniment plus attachés à l'institution que des jeunes gens de 20 ans qui versent pour leur propre compte. Cette donnée de l'expérience nous a semblé utile à faire connaître, car elle répond à une difficulté qui se présente dans toutes les industries : elle montre, en outre, la part qu'il y aurait intérêt à faire, dans toutes les institutions de prévoyance, au sentiment le plus universel et le plus moralisateur : le sentiment paternel.

CHEMINS DE FER DE L'EST

RÈGLEMENT DE LA CAISSE DES RETRAITES.

ARTICLE PREMIER. — Les fonds de la Caisse des retraites se composent :

1° Des valeurs à son crédit au 1er janvier 1862 ;

2° D'une retenue égale à 2 0/0 du montant des traitements, obligatoire pour tous les employés de la Compagnie, facultative pour les agents de la construction et pour ceux détachés, temporairement, des services de l'État ou de la Compagnie ;

3° *D'une allocation de la Compagnie, égale à 2 0/0 du montant des mêmes traitements ;*

4° Des dons, à titres divers, qui pourraient être faits à la Caisse.

ART. 7. — L'évaluation du capital d'une retraite s'obtiendra, en multipliant la valeur du fonds en caisse, au jour de la liquidation de la retraite, par la somme des traitements reçus, dans tout son service, par l'employé qui se retire et en divisant ce produit par la somme des traitements reçus par tout le personnel en fonctions à la même époque.

La valeur du fonds en caisse sera calculée sur le cours moyen des obligations de la Compagnie dans les trois mois précédents.

ART. 8. — Pour avoir droit à la retraite, l'employé doit avoir atteint 50 ans et 25 ans de service.

Cependant s'il quitte la Compagnie, après :

24 ans de service, il recevra 96 0/0 de cette retraite ;

23	—	—	92	—
22	—	—	88	—
21	—	—	84	—
20	—	—	80	—

Art. 9. — La retraite sera, au maximum, de 75 0/0 du traitement le plus élevé qu'ait obtenu l'employé, si ce traitement n'excède pas 1,000 francs ; ce chiffre de 75 0/0 décroîtra de 1/2 0/0 par chaque 100 francs d'augmentation du traitement, et s'arrêtera à 50 0/0 des traitements de 6,000 francs et au-dessus.

COMPAGNIE GÉNÉRALE DES EAUX

ARTICLE PREMIER. — Le fonds de la Caisse des Retraites se compose :

1° D'une retenue égale à 3 pour cent du montant des traitements, obligatoire pour tous les Employés de la Compagnie admis postérieurement au 1er janvier 1871 ;

2° *D'une allocation de la Compagnie égale à 3 pour cent du montant des mêmes traitements ;*

3° Du produit des amendes qui seront infligées aux employés ;

4° Des dons à titres divers qui pourraient être faits à la Caisse.

ART. 7 — L'évaluation du capital d'une retraite s'obtiendra en multipliant la valeur du fonds en caisse, au jour de la liquidation de la retraite, par la somme des traitements de l'employé qui se retire, et en divisant le produit par la somme des traitements reçus par tout le personnel en fonctions à la même époque.

La valeur du fonds en caisse sera calculée, alors, sur le cours moyen des titres dans les trois mois précédents.

ART. 8. — Le droit à la retraite, stipulé à l'article 7, est acquis par ancienneté, à 55 ans d'âge et après 25 ans de service accomplis.

Est dispensé de la condition d'âge établie au paragraphe précédent, l'Employé qui est reconnu par le Conseil d'administration hors d'état de continuer ses fonctions.

Cependant, si l'employé quitte la Compagnie après :

24 ans, il recevra 96 pour cent de cette retraite ;
23 —   —   92   —   —
22 —   —   88   —   —
21 —   —   84   —   —
20 —   —   80   —   —

Art. 9. — La retraite ne pourra jamais dépasser les limites suivantes :

Elle sera, au maximum, de 75 pour cent du traitement le plus élevé qu'ait obtenu l'Employé, si ce traitement n'excède pas 1,000 francs.

Au-dessus de 1,000 francs, ce chiffre de 75 pour cent décroîtra de 1/2 pour cent par chaque 100 francs d'augmentation de traitement et s'arrêtera à 50 pour cent du traitement de 6,000 francs et au-dessus.

La retraite ne pourra être supérieure à une somme annuelle de 4,000 francs.

Si la liquidation du compte d'un Employé présentait un excédant sur la retraite réglementaire, cet excédant serait reversé à la masse totale.

Art. 10. — En cas de décès d'un Employé ayant servi la Compagnie au moins 10 ans, sa retraite sera liquidée, quel que soit son âge, dans les proportions indiquées ci-dessus et la moitié en sera attribuée à sa veuve et à ses enfants mineurs.

Le droit à la pension n'existe pas pour la veuve, dans le cas de séparation de corps prononcée sur la demande du mari.

En cas de décès ou de nouveau mariage de la veuve, la pension sera servie aux enfants de l'Employé décédé, jusqu'à leur majorité respective et proportionnellement à leur nombre, sans que le part d'un enfant décédé soit reversible sur le survivant.

Art. 11. — Les Employés congédiés pour cause de suppression d'emploi ou d'infirmités dûment constatées, avant 55 ans d'âge et 25 ans de service, auront droit, après décision du Conseil, à la restitution, sans intérêts, des sommes qu'ils auront versées.

Les Employés révoqués n'auront droit à aucune restitution. Il en sera de même de ceux qui se retirent volontairement avant 55 ans d'âge et 25 ans de service.

Art. 12. — Le capital d'une retraite déterminé par les articles 7, 8, 9 et 10, sera employé par la Compagnie à la constitution d'une rente viagère immédiate ou différée, sur une ou plusieurs têtes, d'après les tarifs et règlements de la Compagnie d'assurances sur la vie *La Nationale.*

Art. 13. — Ce capital sera porté au crédit du compte des retraites à servir.

Les bénéfices ou les pertes sur ce compte seront reportés au compte Capital de la Caisse des retraites. Les arrérages des rentes viagères seront payés par semestres, 1er janvier et 1er juillet.

Le Conseil se réserve le droit de satisfaire au service des intérêts par un contrat passé avec une Compagnie d'assurances sur la vie.

Art. 14. — Les rentes viagères à servir par suite des présentes dispositions, soit aux employés de la Compagnie, soit aux ayants droit mentionnés à l'article 10, sont déclarées d'avance expressément accordées pour aliments et, comme telles, incessibles et insaisissables.

CHEMINS DE FER P.-L.-M.

Art. 2. — La dotation de la Caisse des retraites est formée :

1° Par une retenue obligatoire de 4 0/0 opérée mensuellement sur les traitements des employés ;

2° *Par une subvention mensuelle fournie par la Compagnie, égale à 8 0/0 des traitements soumis à la retenue ;*

3° Par les produits des placements de fonds provenant des retenues sur les traitements des employés et des subventions fournies par la Compagnie.

4° Par les subventions supplémentaires fournies par la Compagnie, dans les cas spéciaux ou éventuels prévus par le présent règlement.

Art. 6. — La pension de retraite est basée sur la moyenne des traitements soumis à la retenue dont l'ayant droit aura joui soit pendant ses six dernières années de services, soit pendant toute la durée de ses services, si ce dernier décompte lui est plus avantageux.

Art. 7. — L'Agent de la Compagnie qui remplit les conditions d'âge et de service déterminées à l'article 5, a droit à une pension de retraite égale à la moitié de son traitement moyen, établi d'après les bases indiquées à l'article 6.

La pension est augmentée de un soixantième pour chaque année excédant trente ans de service. Cette disposition s'applique aux Agents du service actif et aux Agents du service sédentaire sans distinction.

Art. 8. — Le maximum de la pension de retraite est limité à six mille francs (6,000 fr.).

Art. 11. — La pension de retraite, réglée et liquidée, comme il est dit ci-dessus, est reversible, pour moitié, sur la tête de la veuve de l'Agent retraité ou ayant droit à la retraite, pourvu que le mariage ait été contracté dix ans, au moins, avant la cessation des fonctions du mari.

Le droit à la pension n'existe pas, pour la veuve, dans le cas de séparation de corps prononcée sur la demande du mari.

ART. 15. — Les retenues sont acquises à la Caisse des retraites du jour où elles sont opérées. Ces retenues ne sont sujettes à aucune répétition, soit de la part de l'Employé, soit de la part de ses héritiers.

Toutefois la Compagnie peut, dans des cas exceptionnels dont elle se réserve l'appréciation exclusive, rembourser tout ou partie des retenues à l'Employé qui cesse de faire partie des cadres avant l'ouverture de son droit à la retraite. Dans ce cas même, les retenues ne peuvent être remboursées qu'en capital et sans intérêts.

En aucun cas, les retenues ne peuvent être remboursées aux Agents jouissant d'un traitement supérieur à cinq mille francs qui quittent volontairement le service de la Compagnie.

MAISON DELALAIN

Librairie.

M. Delalain verse à la caisse des pensions de retraite pour la vieillesse, de ses propres deniers, au nom de chacun de ses employés :

Environ *8 1/2 0|0* de leur traitement. Ces versements sont faits, en grande partie, à capital aliéné, avec entrée en jouissance à cinquante ans.

Versements de 1877 :

      1,085 francs à capital aliéné.

      110   —   —   réservé.

CHEMINS DE FER DE L'OUEST

RÈGLEMENT DE LA CAISSE DES RETRAITES.

ARTICLE PREMIER. — A dater du 1er juillet 1869, il est institué une caisse des retraites, pour tous les employés de la Compagnie des chemins de fer de l'Ouest, faisant partie du personnel classé et ayant au moins 600 francs de traitement.

ART. 2. — Le fonds de la caisse est formé :

1° Par les valeurs au crédit de la Caisse des retraites, secours et de prévoyance, précédemment instituée, déduction faite de la part attribuable aux employés qui resteraient sous l'empire de cette ancienne caisse ;

2° Par les retenues suivantes, opérées sur les traitements fixes des employés, à savoir :

4 0/0 du traitement, et le premier douzième de toute augmentation de traitement ;

3° *Par une donation de la Compagnie, dont le montant est égal aux retenues indiquées ci-dessus;*

4° Par les dons volontaires qui pourraient être faits à la Caisse des retraites, et par les amendes infligées au personnel ;

5° Par le produit des placements des fonds de la caisse.

ART. 3. — Le montant des retenues indiquées au paragraphe 2 de l'article précédent (*lesquelles appartiennent en propre aux employés qui les ont subies*), sera versé, tous les trois mois, à leur compte personnel, à la Caisse des retraites pour la veillesse, instituée par la loi du 18 juin 1850, afin de leur constituer une pension viagère à l'âge de 50 ans.

Le surplus des fonds indiqués dans l'article précédent est placé en obligations de la Compagnie, en immeubles et en rentes sur l'État.

Les versements faits à la Caisse des retraites pour la vieillesse, pourront l'être à capital aliéné, ou à capital réservé, au choix de l'employé. Néanmoins, le décompte des pensions de retraite sera toujours établi, comme si ces versements avaient été faits à capital aliéné et sur une seule tête.

CHEMIN DE FER DU NORD

PENSIONS DE RETRAITE

ARTICLE PREMIER. — Une retenue de 3 0/0 obligatoire pour les employés commissionnés, appointés à l'année, facultative pour les ouvriers payés à la journée, est effectuée, tous les mois, sur les traitements et salaires. Le montant de cette retenue, *qui appartient en propre à l'agent qui l'a subie*, est versé, tous les trois mois, à son compte personnel, à la caisse des retraites pour la vieillesse, à l'effet de lui constituer une pension viagère à partir de l'âge de cinquante ans.

Les versements sont effectués soit à fonds perdus, soit à capital réservé, au choix de chaque agent.

ART. 6. — La Compagnie, de son côté, assure aux agents qui auront été soumis à la retenue indiquée à l'article 1er des pensions viagères indépendantes de celles qui auront été constituées à la caisse des retraites pour la vieillesse par le versement des retenues.

ART. 7. — Les pensions accordées par la Compagnie sont établies sur les bases suivantes :

1° Pour le personnel commissionné, la pension est de un quatre-vingtième du traitement moyen des six dernières années ;

2° Pour les ouvriers à la journée qui se sont soumis à la retenue spécifiée à l'article 1er, la pension est égale à la rente acquise à la caisse des retraites pour la vieillesse au moyen de cette retenue.

En aucun cas, la pension accordée n'est inférieure à 100 francs de rente viagère.

Les pensions accordées par la Compagnie sont, de condition expresse, en raison de leur caractère, alimentaires, incessibles et insaisissables.

ART. 9. — Pour être admis à faire valoir leurs droits à la retraite, les agents doivent remplir les conditions ci-après :

1° Avoir atteint l'âge de cinquante ans ;

2° Compter vingt-cinq ans de service sédentaire ; vingt ans de service actif.

ART. 11. — La pension de retraite à la charge de la Compagnie est reversible, pour un tiers, sur la tête de la veuve de l'agent.

ART. 12. — En cas de décès d'un agent en activité de service, ayant rempli les conditions spécifiées en l'article 9, pour obtenir une pension, la Compagnie accorde à la veuve un tiers de la pension qui aurait été acquise au mari.

MANUFACTURES DE L'ÉTAT

PENSIONS DE RETRAITE DES PRÉPOSÉS ET OUVRIERS

Depuis le 1er juillet 1862, la totalité des agents secondaires (préposés et ouvriers), immatriculés dans les établissements de la direction générale des manufactures de l'État, verse obligatoirement à la caisse des retraites pour la vieillesse. Avant cette époque, les préposés au mois, lorsqu'ils avaient 30 ans au moins de service et que l'âge ou les infirmités ne leur permettaient plus de remplir leurs fonctions, recevaient seuls un secours annuel égal au tiers de leurs gages. Les préposés à la journée et les ouvriers des deux sexes n'y avaient aucun droit, mais l'Administration leur accordait, en général, un secours une fois payé, lors de leur radiation des cadres. Ce secours ne pouvait dépasser, si ce n'est dans des circonstances tout à fait exceptionnelles, la somme de 100 francs pour les femmes, de 150 francs pour les hommes : il ne les protégeait donc que très-faiblement contre la misère, et chaque secours individuel se trouvait bien vite épuisé.

L'Administration a cru devoir remplacer ces mesures partielles et insuffisantes par des versements obligatoires à la caisse des retraites. *Pour que ces versements ne vinssent pas réduire le salaire antérieurement touché par les ayants droit, elle a augmenté à la même époque les gages et salaires*, de telle sorte que la retenue pour la caisse des retraites restât en réalité à sa charge. En agissant ainsi, elle a voulu remédier à l'imprévoyance ordinaire de la classe ouvrière, qui néglige presque toujours d'économiser volontairement sur son salaire, de manière à se créer des ressources pour l'époque où l'âge et les infirmités l'obligent à renoncer au travail.

Les retenues à opérer sur les gages et salaires ont été fixées comme il suit :

GAGES

40 francs par an sur les gages de 1.000 francs et au-dessous.
48 —   —   —   1.001 à 1.200 francs.
60 —   —   —   1.201 à 1.500 —
72 —   —   —   1.501 à 1.800 —
84 —   —   —   1.801 à 2.100 —
96 —   —   —   2.101 à 2.400 —
120 —   —   —   2.401 à 2.700 —
144 —   —   —   au-dessus de 2.700 francs.

SALAIRES

0 fr. 40 cent. sur les salaires de dizaines de 10 fr. et au-dessous.
0 fr. 60   —   —   — au-dess. de 10 jusqu'à 20.
1 fr.   —   —   —   —   20 — 30.
1 fr. 40   —   —   —   —   30 francs.

Dans leur ensemble, les taux de ces retenues graduées sont sensiblement inférieurs à celui de 5 0/0 dont sont frappés les traitements des employés commissionnés.

Par analogie avec les dispositions de la loi relative aux pensions civiles, le premier mois d'une augmentation de gages est retenu aux préposés au mois pour être versé en leur nom. Les préposés à la journée et les ouvriers sont astreints à une règle à peu près équivalente, en subissant une retenue supplémentaire sur leur salaire de chaque dizaine pendant la première année, à partir du jour de leur immatriculation. Cette retenue supplémentaire n'est appliquée qu'aux salaires de dizaines supérieurs à 5 francs.

Les versements des préposés et ouvriers des manufactures de l'État sont effectués sous condition de l'aliénation du capital, quel que soit l'état civil de l'agent. Cette clause, analogue à celle qui régit les retenues imposées aux fonctionnaires publics, a été adoptée d'après cette considération que l'Administration devait chercher, avant tout, à assurer à ses agents une rente viagère suffisante pour les mettre à l'abri du besoin. Toutefois, dans les ateliers provisoires ouverts en dernier lieu, on a laissé aux ouvriers la liberté, sur le désir manifesté par un certain nombre d'entre eux, de verser en réservant ou en aliénant le capital. D'après les faits actuellement constatés, la grande majorité du personnel de ces ateliers a opté en faveur de la première combinaison, qui paraît rallier de plus en plus d'adhérents. Lorsque cette expérience aura été suffisamment prolongée, l'Administration pourra donc être amenée à accorder à la totalité de son personnel la faculté d'opter entre les deux modes de versements.

L'entrée en jouissance de la pension viagère a été fixée à 60 ans, sauf quelques exceptions stipulées.

Du 6 mars 1876 au 5 mars 1877, il a été fait des versements pour 18,267 agents des manufactures de l'État; le total de ces versements s'est élevé à 488,714 francs, soit 26 fr. 75 par agent, et 3.78 0/0 des gages et salaires. Le nombre total des livrets délivrés depuis 1862 était de 32,515, et le montant des versements inscrits sur ces livrets de 5,435,900 francs.

Les résultats de cette institution commencent à être appréciés des intéressés, qui avaient d'abord accueilli avec un certain sentiment de défiance leur participation obligatoire à la caisse des retraites, et qui avaient bien vite oublié l'augmentation des salaires accordée à cette occasion, pour ne plus songer qu'aux retenues opérées d'office sur ces mêmes salaires au moment de la paye.

Extrait du *Bulletin de statistique et de législation comparées* (1877).

MAISON PINET

Fabrique de chaussures.

ARTICLE PREMIER. — M. Pinet verse, chaque année, à titre gracieux, et au nom de chacun de ses ouvriers, une somme équivalant à une augmentation de 5 0/0 sur leurs salaires ou appointements, jusqu'à concurrence de 100 francs, par an, sur la tête de la même personne.

ART. 2. — Les versements seront faits à capital réservé; mais il sera facultatif au titulaire, s'il désire avoir une rente plus forte, de le demander à capital aliéné.

ART. 3. — Pour avoir droit au versement, tout employé, ouvrier ou ouvrière, devra faire partie, soit comme membre honoraire, soit comme membre participant, d'une société de secours mutuels, (ceux habitant Paris devront, de préférence, faire partie de la Société de la Cordonnerie,) et être en règle avec elle, à moins que leur âge, leur santé ou leurs infirmités ne permettent pas de les y admettre ou qu'il n'en existe pas dans la ville de leur résidence.

Ils devront travailler, exclusivement, pour la maison et en faire partie, depuis au moins trois années consécutives.

ART. 4. — Les deux premières années sont considérées comme stage et ne donnent pas droit au versement; mais il est acquis pour la troisième année et toutes celles qui suivront, dans les conditions déterminées aux articles 3, 5, 6, 8, 9, de ce règlement.

ART. 5. — N'auront droit au versement que les ouvriers et ouvrières ayant produit pour la maison un minimum de travail déterminé.

4

Art. 7. — L'employé, l'ouvrier ou l'ouvrière qui quitteraient volontairement la maison ou cesseraient de travailler pour elle perdront leur droit au versement de l'année courante; il en sera de même pour ceux qui se feront remercier, pour cause de mauvais travail ou pour un manque quelconque à leurs devoirs.

S'ils étaient admis à rentrer ou à reprendre du travail pour la maison, ils auraient à recommencer un nouveau stage pour pouvoir jouir des avantages du versement.

Art. 9. — Les hommes appelés au service militaire conserveront leur droit acquis au versement, lequel sera fait, pour l'année courante, au prorata de ce qu'ils auront gagné; à leur retour, ils ne seront pas obligés de faire un nouveau stage.

Art. 14. — Considérant qu'après l'âge de cinquante-cinq ans, beaucoup d'ouvriers et ouvrières ont perdu une partie de leurs forces, la somme destinée au versement pourra, s'ils le préfèrent, leur être donnée directement chaque année, pour en user comme il leur conviendra; toutefois, pour avoir droit à ce privilége, avant l'âge de soixante ans, il faudra qu'il y ait au moins cinq versements effectués. Après cet âge, cette condition ne sera pas exigée, et le minimum de salaire déterminé pour l'année sera abaissé.

MAISON TOPART FRÈRES,

RUTEAU FRÈRES, SUCCESSEURS.

Fabrique de perles, rue Chapon, 31.

ARTICLE PREMIER.—Afin de former une rente viagère pour leur vieillesse, à tous les ouvriers et ouvrières attachés à leur maison, MM. Ruteau versent, chaque année, à la Caisse des Retraites pour la Vieillesse, au nom de chacun d'eux, une somme équivalente à une augmentation de 5 0/0 sur leurs salaires.

ART. 3.—Pour avoir droit au versement, l'ouvrier ou l'ouvrière devra travailler exclusivement pour la maison et en faire partie depuis deux années consécutives, la première étant considérée comme stage et ne donnant pas droit au versement.

ART. 5. — N'auront droit au versement que les ouvriers et ouvrières ayant produit un minimum annuel de 400 francs de travail, sauf le cas de baisse dans les affaires de la maison.

ART. 9.—L'ouvrier ou l'ouvrière, qui travaillerait pour une autre maison, perdrait son droit au versement de l'année courante, quand bien même il ou elle ferait pour la maison, dans son année, une somme de travail dépassant le minimum fixé par l'article 5.

ART. 11. — Pour la facilité des versements, les livrets de la caisse des retraites resteront entre les mains des patrons, mais une feuille établissant leur compte sera remise après chaque versement.

Sur sa demande, le livret sera remis à celui ou celle qui cessera de travailler pour la maison. Les déposants ont le choix entre le capital aliéné et la rente en capital réservé.

Cette fondation date du 1ᵉʳ janvier 1879.

————————

MAISON DEBRAY

Essai de matières d'or et d'argent à la Monnaie.

M. Debray verse à la caisse des pensions de retraite pour la vieillesse, de ses propres deniers, et au nom de chaque employé :

Un douzième des traitements annuels. Ce versement a été substitué par M. Debray à la gratification, qu'il faisait antérieurement, d'un mois d'appointement à l'occasion du nouvel an. Cette mesure n'a été appliquée qu'aux hommes ayant moins de quarante-cinq ans au moment du premier versement.

L'entrée en jouissance est fixée à cinquante ans.

Le capital est réservé.

Versements de 1877 : 1,250 francs à capital réservé.

CAISSE D'ÉPARGNE DE PARIS

Le traitement fixe de l'employé est soumis à une retenue de 10 0/0, qui est portée au crédit du *compte individuel de réserve*, ouvert, à son entrée dans l'Administration, et qui produit intérêt au taux de 4 0/0, jusqu'au jour de la liquidation.

A la fin de chaque année, le Conseil des directeurs alloue une somme égale aux retenues augmentées de leurs intérêts. Cette rémunération se divise en deux parties égales : la première est immédiatement acquise à l'employé et portée à son compte individuel de réserve ; la seconde figure également à son compte et produit intérêt à 4 0/0, mais ne lui est acquise que le jour où il cesse ses fonctions, et en vertu, seulement, d'une délibération du Conseil des directeurs, qui décide s'il y a lieu de la lui accorder.

Lorsque cette rémunération n'est pas attribuée, elle est portée à un compte spécial, dit de *Rémunération entièrement libre*, destiné à donner aux employés, que le Conseil des directeurs en juge dignes, des gratifications exceptionnelles.

L'employé a la faculté de demander la conversion en rentes sur l'État de tout ou partie des sommes portées à son compte individuel de réserve. Les inscriptions de rentes sont nominatives ; elles restent dans le portefeuille de la Caisse d'épargne qui en perçoit les arrérages et les porte, à chaque échéance, au crédit des comptes.

Pendant toute la durée de leur service, les employés n'ont pas la disposition des sommes inscrites à leur compte de réserve ; mais ils peuvent obtenir de l'Administration le droit de prélever certaines sommes sur leur avoir, dans des cas urgents, comme la naissance, le mariage d'un enfant, le volontariat ou autres, que le Conseil apprécie.

Lorsqu'ils quittent le service pour n'importe quel motif, démission ou révocation, ou bien en cas de décès, le droit du titulaire ou de ses ayants droit aux sommes portées au compte de réserve est entier: la liquidation en est faite trois mois après le départ ou la mort.

Cette institution date de 1849.

Au 31 décembre 1877, le compte de réserve se soldait par :

Réserves individuelles des employés. .	106.554 59
Fonds de rémunération	331.840 80
	438.395 39

Plus 23,472 francs de rentes sur l'État en 239 inscriptions nominatives.

MAISON LEMAIRE

Fabricant de jumelles, rue Oberkampf, 22 et 26.

Les ouvriers de M. Lemaire faisaient, jusqu'au mois d'avril 1869, douze heures de travail par jour.

A cette époque, ils demandèrent à réduire la journée à onze heures. M. Lemaire se rendit à ce vœu ; mais il ne voulut pas qu'il entraînât une perte de salaire pour l'ouvrier laborieux et assidu. Il décida, en conséquence, que la paie hebdomadaire serait majorée de 7 0/0, pour quiconque n'aurait pas perdu plus de trois heures, dans le cours de la semaine écoulée. Ainsi, la semaine comprenant soixante-cinq heures (le lundi n'est que de dix), tout ouvrier ou ouvrière qui a fait, au minimum, soixante-deux heures, touche, depuis 1869, le prix de son travail et, en plus, la valeur de quatre heures et demie environ.

« Depuis cette heureuse innovation, les pertes de temps du lundi, » si fréquentes dans nos ateliers de Paris, ont disparu des nôtres. » *Lettre de M. Lemaire du 18 décembre 1878.*

L'Exposition universelle de 1878 a provoqué une nouvelle amélioration, plus précieuse encore selon nous, dans les ateliers de M. Lemaire. La *prime à l'assiduité*, fixée tout d'abord à 7 0/0 du salaire a été élevée à 10 0/0, soit une augmentation de 3 0/0, portée à 1 franc, pour les ouvriers touchant moins de 33 francs par semaine ! Il est fait deux parts égales de cette prime : l'une est remise, en espèces, à l'ouvrier, le jour de la paie ; l'autre est versée, à son profit, à la caisse des pensions de retraite pour la vieillesse. N'a droit à cette pension, comme par le passé, que celui ou celle qui a fait au moins soixante-deux heures de travail dans la semaine.

Les versements sont faits à capital réservé ou aliéné, sur une ou deux têtes en cas de mariage, selon le désir du titulaire et sous la condition d'incessibilité et d'insaisissabilité.

Les *employés* de la maison sont également l'objet de mesures bienveillantes, relativement à la pension de retraite : ils sont encouragés à verser à la caisse de la vieillesse, par la participation que M. Lemaire apporte à la constitution de leur pension; pour tous ceux, qui voudront verser 2 0/0 de leurs appointements, M. Lemaire versera, à titre de donation, 3 0/0 à leur profit

Cette institution fonctionne à dater du 1er novembre 1878; le nombre des ouvriers adhérant au nouveau règlement est de 140; une quinzaine seulement a refusé d'y souscrire. Ceux-là continuent à toucher la prime de 7 0/0 de l'ancienne organisation.

Bien que les mesures suivantes ne puissent être considérées comme appartenant à l'organisation du travail, nous ne pouvons passer sous silence que M. Lemaire avance la somme nécessaire à ceux de ses ouvriers qui ont été reçus à l'examen du volontariat; qu'il donne 200 francs quand un ouvrier, ancien apprenti de la maison, se marie, et 100 francs à chaque naissance d'enfant d'ouvrier ou d'employé, à la seule condition que le père soit depuis un an dans la maison. Citons, enfin, ce fait que la cotisation des ouvriers pour la Société de secours mutuels n'est que de 25 centimes par semaine, soit 1 franc par mois; que le patron comble la différence, supérieure à cette cotisation; que les malades reçoivent gratuitement les médicaments et les soins du médecin et touchent une indemnité de 3 francs, même pour un seul jour de maladie.

Les apprentis de la maison sont appelés, également, à jouir de l'institution de la pension de retraite, mais dans des conditions spéciales, en raison de l'organisation particulière de leur travail. Nous croyons donc nécessaire de décrire une partie de cette organisation, laissant, à regret, de côté, les mesures adoptées pour donner aux enfants, non-seulement une profession, mais encore une sérieuse instruction.

L'apprenti qui a fait 65 heures d'ouvrage dans la semaine, c'est-à-dire le nombre de pièces représentant ces 65 heures, a gagné 1 fr. 50 c., 2 francs, 3 francs ou 4 francs, suivant son degré d'avancement. Les habiles font jusqu'à 40 heures en plus, toujours en ne travaillant que 11 heures par jour, au maximum. Ces heures supplémentaires leur sont payées à part et peuvent doubler leur semaine. Sur le montant des sommes qu'ils peuvent avoir ainsi gagnées, un tiers est retenu pour constituer leur *Caisse de réserve*. Cette réserve est destinée à fournir aux dépenses de chaussures et de vêtements quand les parents ne peuvent les acheter; à la fin de son apprentissage, le jeune ouvrier reçoit intégralement la part qui lui appartient dans cette caisse de réserve. C'est son entrée en campagne dans la carrière de l'industrie.

M. Lemaire a voulu que l'institution de la pension de retraite servît aux progrès de la Caisse de réserve de ses apprentis. Il a donc décidé que, dès qu'un enfant y aurait 150 francs à son avoir, la maison lui prendrait un livret de retraite sur lequel elle verserait 5 0/0 des sommes gagnées par lui dans le trimestre écoulé.

Le compte de réserve et le livret de retraite se prêtent donc un mutuel appui; ils concourent, l'un par l'autre, à encourager l'enfant au travail et à l'ordre, car, pour mériter les versements à la Caisse des retraites, il faut maintenir la réserve à un taux élevé, et pour soutenir cette réserve, il faut un travail actif dont le compte de retraite profite parallèlement.

COMITÉ DES ASSURANCES MARITIMES

Article premier. — Une caisse de Prévoyance est fondée à titre de libéralité, en faveur des employés et des garçons de recette et de bureau du comité.

Art. 2. — Il est versé, tous les ans, à la caisse de Prévoyance, une somme égale à quinze pour cent des traitements des employés qui ont été au service du Comité pendant l'année entière.

Art. 3. — Il est ouvert, à chacun des employés, un compte individuel. La somme versée, en vertu de l'article 2, est répartie au crédit des comptes individuels, au prorata des traitements respectifs reçus dans l'année par chaque employé.

Art. 4. — Les comptes sont déposés à la Compagnie d'Assurances générales sur la vie, laquelle s'est engagée à en bonifier l'intérêt, suivant une échelle en rapport avec le taux du 3 0/0, dans le cours de l'année précédente.

Le Comité répartit à son tour et capitalise les intérêts bonifiés entre tous les comptes individuels de ses employés.

Art. 5. — Il est délivré, à chaque employé, un livret portant, à la suite du présent règlement, un extrait de son compte individuel.

Art. 6. — Lorsqu'un employé a complété sa 20ᵉ année de service ou sa 60ᵉ année d'âge, son droit à la caisse de Prévoyance qui jusque-là n'a été que conditionnel, devient définitif.

Art. 7. — En cas de décès d'un employé en activité de service, laissant après lui une veuve non séparée de corps à la requête du mari, des enfants légitimes, adoptés ou légitimés par un mariage ultérieur, des petits-enfants ou enfin des ascendants, le

montant de son compte est remis, quels que soient son âge et la
durée de ses services, soit à sa veuve, soit à ses enfants ou petits-
enfants, soit à ses ascendants, dans les proportions qui sont déterminées par le Comité.

ART. 8. — Si un employé se trouve atteint d'infirmités ou de
maladie chronique entraînant incapacité de travail assidu, il peut
être relevé de ses fonctions, soit sur sa demande, soit d'office, par
décision du comité, et le montant de son compte lui est remis.

ART. 9. — Le montant du compte est pareillement remis à
l'employé congédié, sans aucun motif de mécontentement, par mesure
de réduction de personnel ou de suppression d'emploi.

ART. 12. — L'employé démissionnaire, congédié ou révoqué est
déchu de tous droits, même éventuels, dans la caisse de prévoyance.

Le montant de son compte est réparti entre ceux des autres
employés, au prorata des sommes qui y étaient déjà respectivement
inscrites et ne fait jamais retour au comité.

La même répartition a lieu au décès d'un employé qui ne laisse
ni veuve, ni descendants, ni ascendants.

ART. 14. — L'employé mis à la retraite, sur sa demande ou
d'office, peut, à son choix, demander que la somme disponible à
son compte soit appliquée à lui constituer une rente viagère sur
la Compagnie d'Assurances générales, avec ou sans reversibilité,
suivant les tarifs en vigueur, ou à lui acquérir l'usufruit de rentes
françaises ou d'obligations de chemins de fer français, la nue-
propriété à ses héritiers.

Le comité est seul juge des circonstances exceptionnelles dans
lesquelles il peut consentir à faire un autre usage de la somme
disponible et, notamment, à la remettre en argent comptant. Il n'est
tenu de donner aucun motif de ses décisions.

MAJORATION PROGRESSIVE

PARFUMERIE PINAUD

Boulevard de Strasbourg, 37.

MEYER, SUCCESSEUR.

Majoration progressive des salaires.

Art. 6 du règlement de la maison :

« Tout ouvrier ou ouvrière qui a passé, à la fabrique, cinq
» années consécutives, reçoit, sans aucune retenue sur son salaire,
» une gratification annuelle de 50 francs, en un livret de caisse
» d'épargne ou en un titre de rente française.

» A partir de :

» 10 ans de travail, cette gratification est portée à 100 francs.
» 15   —   —   —   150 —
» 20   —   —   —   200 —

» L'ouvrier est tenu de conserver le livret ou les titres de rente
» à lui remis intacts, sous peine de suppression de sa gratifica-
» tion ultérieure. »

Ce dernier paragraphe du règlement est d'une importance très-
grande, car c'est lui qui garantit la conservation des sommes inscrites au livret; c'est l'élément d'épargne. Il n'est pas interdit à
l'ouvrier de toucher à son capital dans un moment de gêne; mais
il lui est expressément recommandé de le reconstituer, et cela sous
peine d'être privé du bénéfice des répartitions ultérieures, tant que
le capital ne sera pas réformé. Aussitôt le livret revenu à son état
primitif, le droit à la répartition reprend son cours. Cette disposi-

tion mérite toute l'attention du lecteur, car elle tient compte des éventualités de la vie, tout en imposant, par l'intérêt, la pratique de l'épargne.

La fondation de l'institution, dans la maison Meyer, remonte à 1870. A l'heure actuelle, un capital de 16,000 francs a été distribué entre cinquante ouvriers. L'effet moral de cette institution s'est révélé éloquemment en 1871 : les magasins de vente à Paris et l'usine de Pantin étant restés ouverts pendant la Commune, le personnel ouvrier est resté, presque tout entier, fidèle à son travail.

MAISON BOUCHACOURT

Fabrique de boulons.

Article premier du règlement.

A dater de 1870, une caisse de retraite sera établie dans l'usine Bouchacourt.

Art. 3. — Le service des pensions de retraite sera assuré par la Caisse des dépôts et consignations. La quotité des annuités à payer et le chiffre des pensions seront fixés conformément aux tarifs établis par les lois qui régissent cette caisse.

Art. 2. — L'établissement Bouchacourt participera, dans une proportion qui ne pourra jamais être inférieure au quart du versement de chacun, au paiement des primes annuelles.

Art. 5. — Tout employé ou ouvrier, âgé de quinze ans ou plus, qui aura fait un séjour de trois ans, au moins, dans l'établissement, pourra, sur sa demande, être admis à la caisse de retraite. Le refus d'admission ne serait prononcé que pour des motifs exceptionnellement graves.

Art. 7. — Le chiffre des pensions de retraite variera de 200 à 600 francs par an, suivant le chiffre des versements annuels et suivant l'âge auquel les versements auront été commencés. Les pensions de retraite pourront même être portées à un chiffre plus élevé, pour ceux des déposants qui le demanderont; mais, à la condition qu'ils paieront seuls le supplément de prime annuelle que nécessitera cette augmentation du chiffre de la rente. L'établissement ne contribuera, pour aucune part, au paiement de ce supplément.

Art. 9. — Les retenues pour l'acquittement des primes annuelles seront faites chaque mois, sur la paie des déposants, conformément aux tarifs.

Art. 12. — En cas d'interruption, de réduction partielle ou de cessation totale des versements annuels, l'établissement interrompra ou cessera ses versements, en même temps et dans la même proportion que le déposant.

Toutefois, les versements pourront être repris plus tard et dans les mêmes conditions qu'à l'origine. Le déposant pourra même compenser, par un versement plus fort, l'arrêt des versements antérieurs, et éviter, ainsi, la réduction du chiffre de sa pension de retraite.

L'établissement contribuera, dans la même proportion, à ce versement supplémentaire, toutes les fois que l'interruption n'aura pas eu pour cause la mauvaise volonté, la mauvaise conduite ou le départ du déposant.

3° Par exception, et dans le cas où les interruptions des versements auront été causées par les exigences du service militaire, l'Établissement contribuera, pour moitié, à l'acquittement du versement supplémentaire ;

4° En cas d'interruption pour cause de maladie, l'Établissement, pour faciliter au déposant la continuation du versement de sa prime, pourra, s'il y a lieu, en faire l'avance momentanée.

Art. 13. — Tout déposant, en quittant l'établissement pour une cause quelconque, emportera son livret et restera propriétaire des versements antérieurs faits par l'établissement pour son compte.

Art. 14. — Le capital de chacune des pensions de retraite établies conformément aux règles précédentes, sera réservé au profit des héritiers du titulaire de la pension.

Il ne sera pas admis de pensions de retraite constituées à fonds perdus.

DEUXIÈME TYPE

PARTICIPATION AUX BÉNÉFICES

21 Maisons.

Trois cas :

Participation à jouissance immédiate; — participation à jouissance différée; — participation à jouissance mixte.

Participation à jouissance immédiate :

Bord, fabricant de pianos;
Lenoir, entrepreneur de peinture.

Participation à jouissance différée :

Compagnie des Assurances Générales;
Compagnie d'assurances LE SOLEIL,
    —   —   L'AIGLE,
    —   —   L'URBAINE,
    —   —   LA FRANCE;
Rolland-Gosselin, agent de change ;
Touage de la Haute-Seine;
Magasins du Bon Marché ;
Gasté, imprimeur ;
Paul Dupont, libraire-éditeur;
Deberny, fondeur en caractères d'imprimerie;
Fourdinois, fabricant de meubles ;

Participation à jouissance mixte :

Compagnies d'assurances LA NATIONALE, L'UNION ;
Goffinon et Barbas, entrepreneurs de plomberie et couverture;

Godchaux, imprimeur;
Masson, libraire-éditeur ;
Blancard, pharmacien ;
Chaix, imprimerie et librairie centrales des chemins de fer ;
COMPAGNIE DES CHEMINS DE FER D'ORLÉANS.

PREMIER CAS

PARTICIPATION A JOUISSANCE IMMÉDIATE

MAISON BORD

Fabrique de pianos à Paris.

ARTICLE PREMIER. — A dater du 1er avril 1865, tous ceux qui travailleront, d'une manière quelconque, dans la maison de M. A. Bord, ou spécialement pour ladite maison, jouiront d'un dividende proportionnel au travail qu'ils auront fait, dans le courant de l'année, et sur les bases suivantes :

ART. 2.— Le 1er avril 1865 et jours suivants, il sera dressé un inventaire régulier de tout l'actif servant à la fabrication, vente et location de pianos et, après qu'on en aura extrait le passif, il restera naturellement un capital, pour lequel il sera payé annuellement l'intérêt à 10 0/0.

ART. 3. — D'un autre côté, chaque employé ou ouvrier devra avoir un livre de paye, sur lequel sera marqué le montant de ce qu'il gagnera, d'après les tarifs établis.

ART. 4.— Après chaque inventaire, qui aura lieu tous les ans, les bénéfices seront divisés, au marc le franc, entre M. Bord, dans la proportion des intérêts qu'il aura perçus ou à percevoir et les ouvriers, d'après le montant du travail qu'ils auront fait.

ART. 5. — Pour avoir droit au dividende, il faudra avoir travaillé dans la maison pendant, au moins, six mois et y travailler encore, au moment de l'inventaire; dans tous les autres cas, il ne serait payé que le prix de la façon ordinaire.

Résultats de cette fondation depuis 1865.

Années.
—

1866. Sommes totales touchées par les ouvriers.	16.184, soit 9.40 0/0 du salaire.
1867. — —	30.237 — 17 —
1868. — —	29.286 — 12,86 —
1869. — —	47.399 — 20 —
1870. — —	47.170 — 18 —
1871. — —	55.367 — 15 —
1872. — —	68.494 — 20 —
1873. — —	88.084 — 20 —
1874. — —	117.412 — 22 —
1875. — —	108.995 — 20 —
1876. — —	100.581 — 17 —

MAISON LENOIR

Peintre en bâtiments.

RÈGLEMENT DE LA PARTICIPATION AUX BÉNÉFICES.

Les bénéfices nets de la maison sont partagés, chaque année, à raison de 75 0/0, pour le patron, et 25 0/0, pour le personnel ouvrier.

Les ouvriers, qui sont admis à cette participation, sont désignés par le patron, sans règles absolument fixes, mais en raison de la durée de service, de la capacité et de la moralité.

De même, le patron décide seul dans quelle proportion chacun de ces ouvriers entrera dans le partage des bénéfices réservés au personnel.

Les sommes dues à chaque participant sont payées : pour une première portion, dès la fin de l'année, le reste, dix-huit mois après, époque à laquelle, en général, les mémoires de travaux sont achevés de régler.

La déclaration du chiffre des bénéfices est faite par le patron et doit être acceptée par les ouvriers, sans qu'aucun contrôle des livres puisse être exigé par eux. Du reste, les employés du bureau de comptabilité sont des participants, ce qui donne aux ouvriers une suffisante garantie de la sincérité des déclarations.

Le nombre des participants est de vingt à vingt-deux en moyenne.

Le résultat de la participation aux bénéfices s'exprime pour eux par une augmentation de salaire d'environ 17 0/0.

Les sommes consacrées à cette participation s'élevaient, au 31 décembre 1870, à 31,370 fr. 76 c., plus un fonds de réserve de 1,250 francs.

Cette organisation date de 1870.

DEUXIÈME CAS

PARTICIPATION A JOUISSANCE DIFFÉRÉE

ASSURANCES GÉNÉRALES

ARTICLE PREMIER. — La caisse de prévoyance fondée, à titre de pure libéralité, en faveur des employés et garçons de service des quatre Compagnies d'Assurances générales : maritimes, contre l'incendie, sur la vie des hommes, contre la grêle, est régie sous l'autorité du Conseil d'administration.

ART. 2. — Le Conseil détermine quelles sont les catégories des employés admis au bénéfice de l'institution.

Les employés qui entrent au service de la Compagnie, dans le courant de l'année, ne participent pas aux bénéfices de l'année courante. Ils ne commencent à participer que pour la première année qu'ils ont passée tout entière au service de la Compagnie, du 1er janvier au 31 décembre. Toutefois, pour calculer leur temps de service, on a égard à la date exacte de leur entrée.

ART. 3. — Conformément aux décisions des assemblées générales des actionnaires, il est versé, chaque année, à la caisse de prévoyance, une somme égale à 5 0/0 des bénéfices nets répartis aux actionnaires, soit en dividendes, soit en accroissement du capital des actions.

ART. 4. — Il est ouvert, au nom de chaque employé participant, un compte individuel.

Les sommes versées à la caisse de prévoyance, en vertu de l'article 3, sont distribuées entre les comptes individuels, au prorata des traitements respectifs reçus par chaque employé, pendant l'année se terminant au 31 décembre qui a précédé la répartition.

Art. 5. — Il est bonifié, à tous les comptes individuels, un inté·rêt de 4 0/0 qui est calculé, au 31 décembre de chaque année, sur le montant de la somme inscrite à chaque compte.

Art. 7. — Lorsqu'un employé a complété sa vingt-cinquième année de service, ou à défaut sa soixante-cinquième année d'âge, et seulement si l'une ou l'autre de ces deux conditions est accomplie, son droit à la caisse de prévoyance est acquis.

Son compte individuel peut être liquidé, soit sur sa demande, soit d'office par le Conseil d'administration qui peut prononcer sa mise à la retraite.

Art. 8. — En cas de décès d'un employé en activité de service, laissant après lui une veuve, des enfants légitimes, adoptifs ou légitimés par mariage subséquent, des petits-enfants ou, enfin, des ascendants, les sommes portées à son compte, au 31 décembre qui a précédé son décès, sont remises, quels que soient son âge et la durée de ses services, en un ou plusieurs paiements, soit à sa veuve, soit à ses enfants ou petits-enfants, soit, enfin, à ses ascendants, de la manière, aux époques et dans les proportions qui sont déterminées par le Conseil d'administration.

Art. 9. — Si un employé se trouve atteint d'infirmités constatées entraînant incapacité de travail, le Conseil peut disposer, à son profit, de tout ou partie de la somme inscrite à son compte.

Art. 12. — Dans tous les cas de dissolution et de liquidation de la Compagnie, non accompagnées de reconstitution, et dans ceux où des employés sont congédiés sans aucun motif de mé·contentement, par mesure de réduction de personnel ou de suppression d'emploi délibérée en Conseil, le compte des employés congédiés est liquidé au jour de la cessation de leurs services, et le montant de la somme inscrite à leur compte individuel est mis à leur disposition, en argent comptant et pour solde, quel que soit le nombre de leurs années de services.

Art. 13. — Hors les cas ci-dessus, l'employé démissionnaire, congédié ou destitué, est déchu de tous droits, même éventuels, dans la caisse de prévoyance.

La somme inscrite à son compte individuel est répartie, au 31 décembre qui suit sa sortie, entre tous les autres comptes par-

ticipants, au prorata des sommes qui y sont respectivement inscrites.

La même répartition a lieu, en cas de décès d'un employé qui
ne laisse ni veuve, ni descendants, ni ascendants.

Art. 15. — Lorsqu'il y a lieu de liquider le compte individuel
d'un employé ayant complété sa vingt-cinquième année de services ou sa soixante-cinquième année d'âge, l'employé peut, à son
choix, demander que la somme disponible soit consacrée, soit à
lui constituer une rente viagère sur la Compagnie des *Assurances
générales* sur la vie, avec ou sans réversibilité, au profit de sa
femme ou de toute autre personne agréée par le Conseil, le tout
selon les tarifs en vigueur au moment de la constitution, soit à
lui acquérir des rentes françaises sur l'État ou des obligations de
chemins de fer français avec certificats nominatifs, les titres demeurant déposés dans la caisse de la Compagnie, jusqu'au décès
du titulaire, pour être alors remis à ses ayants droit.

Le Conseil est seul juge des circonstances exceptionnelles dans
lesquelles il peut consentir à faire un autre emploi de la somme
disponible, et, notamment, à la remettre en argent comptant; il
n'est tenu à donner aucun motif de ses décisions.

Art. 16. — Tout employé dont le compte est liquidé, hors le
cas de l'article 12, souscrit l'engagement d'honneur de ne pas porter ses services à une autre Compagnie d'assurances, quelle qu'elle
soit, sans l'autorisation expresse et écrite de la Compagnie.

S'il manque à cet engagement, toutes sommes et tous arrérages
qu'il a reçus, provenant de la liquidation de son compte, peuvent
être répétés au profit de la Caisse de Prévoyance.

Toutes sommes demeurées en dépôt à son nom, toutes valeurs,
tous titres de rentes viagères ou autres peuvent aussi, si le Conseil l'ordonne, faire retour à la Caisse de Prévoyance.

Art. 19. — Dans tous les cas, les sommes à payer, les intérêts ou rentes viagères à servir par suite des présentes dispositions, soit aux employés de la Compagnie, soit à leur femme,
héritiers ou toutes autres personnes désignées, sont, d'avance, déclarés expressément accordés à titre de libéralité et pour aliments,
et, comme tels, incessibles et insaisissables.

L'URBAINE

Compagnie d'assurances.

Les statuts de la Caisse de prévoyance et de retraite de la Compagnie *l'Urbaine* sont identiques à ceux adoptés par la Compagnie des Assurances générales.

LE SOLEIL ET L'AIGLE

Compagnies d'assurances.

RÈGLEMENT DE LA CAISSE DE PRÉVOYANCE DES EMPLOYÉS

ARTICLE PREMIER. — Il est formé une Caisse de prévoyance en faveur des employés des Compagnies *le Soleil* et *l'Aigle*, qui réuniront les conditions dont il sera parlé ci-après.

ART. 2. — Conformément aux décisions des assemblées générales des actionnaires, cette caisse sera formée et alimentée au moyen d'un prélèvement annuel de 3 0/0 sur les sommes distribuées en dividendes aux actionnaires de chacune des Compagnies *le Soleil* et *l'Aigle*, sous déduction des produits et intérêts des fonds de ces deux Compagnies.

ART. 3. — Les sommes à provenir de ce prélèvement sont réparties, savoir :

1° Moitié, au prorata du traitement annuel de chaque employé participant au 31 décembre précédant chaque répartition.

2° Un quart, au prorata du nombre d'années de services qu'aura atteint chaque employé participant, au 31 décembre précédant chaque répartition.

Ce nombre sera calculé à partir du 1er janvier qui aura suivi son entrée dans l'administration.

3° Le dernier quart formera une *masse générale* laissée à l'entière disposition du Conseil d'administration de la Compagnie *le Soleil*, qui en réglera l'emploi, comme il est dit à l'article 9.

ART. 5. — La Caisse de prévoyance est administrée, pour le compte des deux Compagnies, par la Compagnie *le Soleil*.

Le Conseil d'administration de la Compagnie *le Soleil* prononce, en dernier ressort, sur les réclamations ou demandes quelconques ayant trait aux dispositions du présent règlement. Il en demeure juge unique et souverain, sans appel ni recours, et n'est jamais tenu de faire connaître le motif de ses décisions.

Art. 6. — Les fonds appliqués à la Caisse de prévoyance seront placés en valeurs déterminées par le Conseil d'administration, au nom de la Compagnie *le Soleil*, sans que cette Compagnie puisse être, en aucun cas, responsable de ces placements.

Art. 7. — Le compte collectif intitulé « Caisse de prévoyance » se subdivise en un premier compte général intitulé « *Masse générale* », et en autant de comptes particuliers qu'il y aura de parties intéressées.

Art. 8. — Les intérêts des placements effectués comme il est dit à l'article 6 seront portés au crédit de la masse générale qui bonifiera aux comptes individuels un intérêt annuel de 4 0/0.

Art. 9. — Les fonds affectés à la masse générale, en vertu des articles 3 et 8, sont destinés :

1° A pourvoir, dans des cas exceptionnels, laissés à l'entière appréciation du Conseil, à l'insuffisance des résultats que pourrait donner la présente fondation, pour des employés actuellement attachés aux Compagnies, et dont les services sont déjà anciens ;

2° A reconnaître, lorsqu'il y aura lieu, par l'inscription de sommes portées d'office au crédit de leurs comptes individuels, les services exceptionnels que des employés pourraient rendre aux Compagnies ;

3° A venir en aide aux employés, dans des circonstances exceptionnelles, et particulièrement, à faire face aux frais de funérailles et de dernière maladie d'employés morts en activité de service ;

4° A bonifier, aux comptes individuels, un intérêt fixe de 4 0/0 par an, comme il est dit à l'article 8 ;

5° A combler les différences qui pourraient résulter de l'écart entre le cours d'achat des valeurs, à leur entrée dans la Caisse de prévoyance, et leur prix au moment du règlement définitif des comptes individuels.

Art. 11. — Les employés qui entrent au service des Compagnies, ne commencent à participer aux avantages de la Caisse de prévoyance, que pour la première année qu'ils ont passée tout entière au service, du 1er janvier au 31 décembre.

ART. 12. — Un compte individuel sera ouvert à chaque employé participant à la Caisse de prévoyance.

Ce compte sera arrêté, chaque année, après l'assemblée générale des actionnaires, pour régler, au 1er janvier précédent, le droit éventuel de l'employé qu'il concerne, et un extrait établi sur un livret lui sera remis.

ART. 13. — Nul ne peut faire valoir le droit au règlement de son compte individuel, qu'autant qu'il y aura été admis, préalablement, par une décision du Conseil d'administration.

ART. 14. — Pour être admis à faire valoir le droit au règlement de son compte individuel, l'employé devra :

Avoir atteint l'âge de 65 ans ou accompli sa vingt-cinquième année de service.

ART. 16. — L'employé peut, à son choix, demander que la somme résultant, à la dernière répartition, du règlement de son compte individuel, soit consacrée, soit à lui constituer une rente viagère sur la Compagnie *le Soleil* (vie) ou, à son défaut, sur l'une des principales Compagnies d'assurances sur la vie, selon les tarifs en vigueur au moment de la constitution, avec ou sans reversibilité au profit de sa femme ou de toute autre personne agréée par le Conseil, soit à lui acquérir une inscription de rente nominative ou toute autre valeur garantie par l'État, les titres nominatifs restant déposés dans la Caisse de la Compagnie *le Soleil* jusqu'au décès du titulaire, pour être alors remis à ses ayants droit.

Le Conseil d'administration est seul juge des circonstances exceptionnelles dans lesquelles il peut consentir à faire un autre emploi de la somme disponible, et, notamment, à la remettre, en totalité ou en partie, en argent comptant.

ART. 17. — Si un employé vient à être atteint d'infirmités constatées entraînant incapacité de travail, le Conseil, en dehors des conditions ci-dessus d'âge et de temps de service, pourra disposer, en sa faveur et de telle manière qu'il jugera devoir être plus profitable à cet employé, de tout ou partie de la somme portée à son compte.

Art. 18. — En cas de décès d'un employé en activité de service, son compte sera arrêté au jour de la dernière répartition, et la somme qui en formera le solde sera remise, de la manière qui sera déterminée par le Conseil d'administration, à sa veuve, à ses enfants, ou à ses ascendants et même à d'autres héritiers, dont le Conseil aura la faculté d'apprécier les titres.

A défaut de la veuve ou desdits héritiers, la dite somme fera retour à la Caisse de prévoyance, pour être jointe, à la première répartition, au prélèvement énoncé à l'article 2 et répartie comme il est dit à l'article 3.

Art. 3. — L'employé démissionnaire, congédié ou destitué, est déchu de tous droits, même éventuels, dans la Caisse de Prévoyance, et la somme inscrite à son compte individuel fait retour à la dite caisse.

Toutefois, si l'employé démissionnaire, congédié ou destitué se trouve débiteur des Compagnies, la somme inscrite à son compte est d'abord employée, jusqu'à due concurrence, à combler le déficit ou à réparer les préjudices par lui causés aux Compagnies.

Art. 20. — Le Conseil a la faculté d'apprécier la gravité des torts d'un employé congédié et, s'il y a lieu d'user d'indulgence, de lui remettre, sans être tenu de donner aucun motif de sa décision, tout ou partie de la somme inscrite à son compte.

Le Conseil peut ajourner la remise de ces sommes à une époque ultérieure, et les soumettre à telles conditions qu'il jugera bon de déterminer.

Art. 22. — Dans le cas où des employés seraient congédiés par mesure de réduction de personnel ou de suppression d'emploi, le solde de leur compte individuel, réglé au jour de la dernière répartition, serait mis à leur disposition en argent.

Art. 28. — Les sommes à payer, les intérêts ou rentes viagères à servir, par suite des dispositions qui précèdent, soit aux employés des Compagnies, soit à leurs femmes, héritiers, ou à toutes autres personnes désignées, sont, d'avance, déclarés expressément accordés à titre de libéralité et pour aliments et comme tels incessibles et insaisissables.

LA FRANCE

Compagnie d'assurances contre l'incendie.

CAISSE DE PRÉVOYANCE.

ARTICLE PREMIER. — Il est fondé une Caisse de prévoyance en faveur des employés de tous grades de la Compagnie, *la France*, qui réuniront les conditions ci-après. Cette caisse sera formée et alimentée au moyen d'un prélèvement annuel sur les bénéfices équivalant à 4 0/0 du montant du dividende à distribuer à MM. les actionnaires.

ART. 2. — L'emploi des sommes à provenir du prélèvement indiqué, aura lieu de la manière et dans les proportions suivantes :

35 0/0 seront répartis au prorata du nombre d'années de service qu'aura atteint chaque employé au 31 décembre précédant chaque répartition.

35 0/0 seront répartis au prorata du traitement de chaque employé.

30 0/0 feront l'objet d'un compte de réserve à la disposition du Conseil.

ART. 4. — Les sommes à provenir des deux premières réparti tions ci-dessus formeront un compte collectif sous le titre de Caisse de prévoyance, lequel se subdivisera en autant de comptes particuliers qu'il y aura de parties intéressées.

Ces fonds seront placés uniformément et au nom de la Compagnie, soit en rentes 3 0/0, soit en toute autre valeur, mais sans que la Compagnie puisse être, en aucun cas, responsable du sort des placements.

Les intérêts produits par les placements ci-dessus seront portés au crédit du compte collectif pour être, chaque année, réunis au prélèvement annuel et répartis en même temps que ce dernier.

ART. 5. — Lorsqu'un employé aura atteint sa vingt-cinquième année de service, ou à défaut, soixante-cinq ans d'âge, la part lui revenant dans le capital collectif pourra être réglée, soit sur sa demande, soit d'office par le Conseil d'administration, et ladite part lui sera remise en une inscription de rente nominative.

Le Conseil, toutefois, se réserve expressément le droit de conserver dans la Caisse de la Compagnie ladite inscription ou de prendre telles mesures qui seraient reconnues nécessaires pour que ladite inscription ne puisse être aliénée qu'après le décès du titulaire.

ART. 6. — Si un employé vient à être atteint d'infirmités entraînant incapacité de travail, le Conseil, en dehors des conditions ci-dessus d'âge et de durée de service, pourra disposer en sa faveur et de telle manière qu'il jugera devoir lui être plus profitable, de la somme portée à son compte.

ART. 7. — En cas de décès d'un employé en activité de service, son compte sera arrêté au jour de la dernière répartition, et la somme qui en formera le solde sera remise en toute propriété à sa veuve, à ses enfants ou à ses ascendants.

A défaut desdits héritiers, elle fera retour à la masse, et sera confondue dans la plus prochaine répartition.

ART. 8. — Feront aussi retour à la masse pour être confondues et distribuées avec elle, les parts portées au compte des employés qui quitteront volontairement la Compagnie et de ceux qui seront congédiés ou révoqués. Toutefois, le Conseil pourra prendre, à l'égard de ces derniers, telle décision que des circonstances spéciales auront rendues justes ou nécessaires.

ART. 9. — En cas de liquidation de la Compagnie, les comptes seront arrêtés et réglés à partir du jour où la liquidation aura été régulièrement prononcée, et les soldes seront remis aux ayants droit.

ART. 10. — Pour être admis à jouir du bénéfice des présentes dispositions, il faudra justifier de deux années de service.

Art. 12. — En outre de la Caisse de prévoyance, il est ouvert un compte intitulé : Fonds à la disposition du Conseil.

La création de ce compte a pour but de donner au Conseil le moyen de reconnaître exceptionnellement les services qui pourront être rendus à la Compagnie.

Elle a aussi pour but de venir en aide aux employés de la Compagnie, dans des circonstances à apprécier par le Conseil.

Art. 13. — Les parts portées au compte des employés, les inscriptions établies ou délivrées, les avantages quelconques accordés par suite des dispositions qui précèdent sont, à quelque moment que ce soit, déclarés accordés à titre de libéralité et pour aliments, et comme tels incessibles et insaisissables.

Art. 14. — Les présentes dispositions prendront effet à partir du 1er janvier 1858.

MAISON ROLLAND-GOSSELIN

Caisse de prévoyance des employés et garçons de recette et de bureau.

Art. 2. — Les fonds qui alimentent la caisse de prévoyance sont versés à la Compagnie d'Assurances générales sur la vie, laquelle s'est engagée à en servir l'intérêt dans les conditions suivantes.....

Art. 3. — Les employés ne participent aux bénéfices que pour la première année qu'ils ont passée dans le bureau à partir du 1er janvier jusqu'au 31 décembre.

Art. 4. — Il est versé, tous les six mois, à la caisse de prévoyance, une somme égale au tantième fixé ce jour par M. Rolland-Gosselin et pris sur les bénéfices nets répartis aux associés, défalcation faite des frais et prélèvements de toute sorte. Le chiffre de ce tantième est constaté par une déclaration visée par trois de ses employés.

Art. 5. — Il est ouvert à la Compagnie d'Assurances générales, au nom de chaque employé participant, un compte individuel. Les sommes versées à la caisse de prévoyance sont distribuées entre les comptes individuels, au prorata des traitements respectifs de chaque employé pendant l'année précédente.

Art. 7. — Lorsqu'un employé a complété sa vingt-cinquième année de service, ou, à défaut, sa soixantième année d'âge, et seulement si l'une ou l'autre de ces deux conditions est accomplie son droit à la caisse de prévoyance est acquis.

Art. 8. — En cas de décès d'un employé en activité de service, laissant après lui une veuve, des enfants légitimes, adoptifs ou légitimés par mariage subséquent, les sommes portées à son compte sont remises, quel que soient son âge et la durée de ses services soit à sa veuve, soit à ses enfants ou petits-enfants de la manière, aux époques et dans les proportions qui sont déterminées par M. Rolland-Gosselin.

Art. 9. — Si un employé se trouve atteint d'infirmités ou de maladie entraînant incapacité de travail, M. Rolland peut disposer, au profit de cet employé, de tout ou partie de la somme inscrite à son compte.

Art. 10. — Dans le cas où des employés sont congédiés sans aucun motif de mécontentement, par mesure de réduction du personnel ou de suppression d'emploi, leur compte est liquidé et mis à leur disposition en argent comptant et pour solde, quel que soit le nombre de leurs années de service.

Art. 11. — Hors les cas ci-dessus, l'employé démissionnaire, congédié ou destitué est déchu de tous droits. La somme inscrite à son compte individuel est répartie entre tous les autres employés participants, au prorata des sommes qui y sont respectivement inscrites.

La même répartition a lieu au décès d'un employé qui ne laisse ni veuve, ni descendants, ni ascendants.

Art. 13. — Lorsqu'il y a lieu de liquider le compte individuel d'un employé ayant vingt-cinq ans de service ou soixante ans d'âge, l'employé peut, à son choix, demander que la somme disponible soit consacrée, soit à lui constituer une rente viagère sur la Compagnie d'Assurances générales sur la vie, avec ou sans reversibilité au profit de sa femme ou de toute autre personne agréée, soit à lui acquérir des rentes françaises sur l'État, ou des obligations de chemins de fer français, avec certificats nominatifs, les titres demeurant déposés dans la caisse d'Assurances générales, jusqu'au décès dudit employé, pour être alors remis à ses ayants droit.

COMPAGNIE DU TOUAGE

DE LA HAUTE-SEINE

RÈGLEMENT DE LA CAISSE DE PRÉVOYANCE

ARTICLE PREMIER. — Une caisse de prévoyance est fondée, à titre de libéralité, en faveur des employés, mariniers et ouvriers de la Compagnie du touage de la Haute-Seine. Elle est régie, sous l'autorité du conseil d'administration, conformément aux conditions ci-après :

ART. 2. — L'assemblée générale des actionnaires fixe, chaque année, le chiffre de la somme à prélever sur les bénéfices nets répartis aux actionnaires et à verser à la Caisse de prévoyance.

ART. 3. — Il est ouvert à chacun des employés, mariniers et ouvriers qui ont été au service de la Compagnie, pendant l'année entière, un compte individuel.

Les sommes versées à la caisse de prévoyance, en vertu de l'article 2, sont distribuées entre les comptes individuels, au prorata des traitements et salaires respectifs.

ART. 4. — Les fonds sont provisoirement conservés par la Compagnie du touage de la Haute-Seine qui en bonifie l'intérêt de 4 0/0 à chaque compte individuel.

ART. 6. — Lorsqu'un employé, un marinier ou un ouvrier a complété sa vingtième année de service ou sa soixantième année d'âge, son droit à la caisse de prévoyance, qui, jusque-là, n'a été que conditionnel, est acquis.

ART. 7. — En cas de décès d'un employé, marinier ou ouvrier en activité de service, laissant après lui une veuve non séparée de corps à la requête du mari, des enfants légitimes, adoptés ou légitimés par mariage subséquent, des petits-enfants ou enfin des ascendants, le montant de son compte est remis, quels que soient son âge et la durée de ses services, soit à sa veuve, soit à ses enfants ou petits enfants, soit à ses ascendants, dans les proportions qui sont déterminées par le Conseil.

ART. 8. — Si un employé, marinier ou ouvrier, se trouve atteint d'infirmités ou de maladie chronique entraînant incapacité de travail assidu, le montant de son compte lui est remis.

ART. 9. — Le montant du compte est pareillement remis à l'employé, marinier ou ouvrier qui est congédié sans aucun motif de mécontentement.

ART. 12. — Hors les cas ci-dessus, l'employé, marinier ou l'ouvrier démissionnaire, congédié ou révoqué, est déchu de tous droits, même éventuels, dans la caisse de prévoyance.

Le montant de son compte est réparti entre ceux des autres employés, mariniers ou ouvriers, au prorata des sommes qui y étaient respectivement inscrites et ne fait jamais retour à la Compagnie.

La même répartition a lieu, au décès d'un employé qui ne laisse ni veuve, ni descendants, ni ascendants.

Le Conseil se réserve aussi la faculté d'apprécier la gravité des torts d'un employé, marinier ou ouvrier qu'il est amené à congédier ou à révoquer, ou les besoins de sa famille, et, s'il y a lieu, de remettre, soit à lui-même, soit à des membres de sa famille, une partie du compte individuel, sans être tenu de donner aucun motif de ses décisions.

ART. 14. — L'employé, le marinier ou l'employé mis à la retraite peut, à son choix, demander que la somme disponible à son compte soit appliquée à lui constituer, une rente viagère sur la Compagnie des Assurances Générales, ou à lui acquérir l'usufruit de rentes françaises sur l'État.

Le Conseil est seul juge des circonstances exceptionnelles où il peut consentir à faire un autre emploi de la somme ou la remettre en argent comptant.

MAISON DU BON MARCHÉ

CAISSE DE PRÉVOYANCE.

ART. 2. — Seront admis à participer aux bénéfices de la Caisse de prévoyance, tous les employés ayant cinq années de présence non interrompue dans la maison, au 31 juillet de chaque année.

Les employés ayant déjà un intérêt, soit sur les affaires générales de la maison, soit sur la vente de leur rayon, sont exceptés de la participation.

ART. 3. — La Caisse de prévoyance s'alimente au moyen d'une somme prélevée sur les bénéfices de la maison et dont le chiffre est fixé, au 31 juillet de chaque année, par MM. Boucicaut et fils, d'après les résultats de l'inventaire.

Il est ouvert au nom de chaque employé participant, un compte individuel pour la répartition des sommes versées, en vertu de l'article 3.

Chaque participant reçoit, en outre, un livret indiquant sa situation à l'égard de la Caisse de prévoyance.

La répartition, pour l'année de la fondation de la caisse, aura lieu d'après un règlement spécial annexé au présent.

Pour les années suivantes, la répartition se fera proportionnellement au chiffre total des appointements reçus par chaque employé, durant l'année commerciale, en calculant la quote-part minimum sur un chiffre d'appointements de 3,000 francs, même pour les employés ayant gagné moins, et la quote-part maximum sur un chiffre de 4,500 francs, même pour les employés ayant gagné plus.

ART. 5. — Il est bonifié à tous les comptes individuels un intérêt de 4 0/0.

ART. 6. — Le droit à la Caisse de prévoyance est acquis :

1° Aux employés hommes comptant vingt années et aux employées dames comptant quinze années d'emploi non interrompu dans la maison ;

2° Aux employés, hommes, ayant atteint 60 ans, et, aux employées dames, ayant atteint 50 ans d'âge.

ART. 7. — L'employé ayant atteint la limite d'âge ou de service prévue par l'article 6, peut rester attaché à la maison. Dans ce cas, son compte cesse de participer aux déchéances fixées par l'article 12, mais continue de s'accroître des intérêts et de la participation aux bénéfices. Il n'aura pas la disposition du capital, mais il pourra, s'il le désire, en toucher l'intérêt annuel.

ART. 8. — Les absences autorisées et les absences pour cause de maladie ne seront pas considérées comme interruption de présence à l'égard de la Caisse de prévoyance, à la condition, cependant, de ne pas se prolonger au-delà de trois mois.

Pour tout autre cas, MM. Boucicaut et fils se réservent d'apprécier la situation du participant et de statuer s'il y a lieu de le maintenir ou de le rayer. Toutefois, les employés appelés sous les drapeaux et qui rentrent à la maison, après avoir terminé leur service, reprennent de plein droit la situation qu'ils avaient dans la participation au moment de leur départ.

ART. 9. — En cas de décès d'un participant, quel que soit son âge ou son ancienneté dans la maison, les sommes figurant à son compte arrêté à l'inventaire précédent, seront remises à son conjoint, veuf ou veuve, à ses enfants légitimes adoptés ou légitimés, à ses petits-enfants ou à ses ascendants, ou placés à leur profit dans les proportions, aux époques et de la manière déterminées par MM. Boucicaut et fils.

ART. 10. — Si un employé participant se trouve atteint d'infirmités ou de maladies entraînant incapacité de travail, MM. Boucicaut pourront, à toute époque, disposer en sa faveur ou en faveur des siens, de tout ou partie de la somme inscrite à son compte.

ART. 12. — L'employé qui quitte la maison, soit volontairement, soit par suite de renvoi pour n'importe quelle cause, avant d'avoir atteint la limite d'âge ou le nombre d'années de présence prévus par l'article 8, est déchu de tous ses droits de participation.

La somme inscrite à son compte est répartie au 31 juillet suivant, entre tous les comptes participants. La même répartition a lieu en cas de décès d'un employé qui ne laisse ni conjoint, veuf ou veuve, ni descendants, ni ascendants.

ART. 13. — La dame ou demoiselle participante qui contracte mariage, quel que soit son temps de séjour et même si elle quitte la maison, a droit au paiement des sommes figurant à son compte, et le montant lui en sera remis le jour de son mariage.

ART. 16. — Les sommes à payer ou rentes à servir, par suite des présentes dispositions, sont incessibles et insaisissables.

TROISIÈME ANNÉE. — *Situation au 1er août 1878 de la Caisse de Prévoyance.*

Le compte de la Caisse de Prévoyance s'élevait, au 1er août 1877, à la somme de. 120.083 05

Les intérêts du 1er août 1877 au 31 juillet 1878 ont produit. 4.762 60
                                                        ───────────
                                                        124.845 65

En vertu de l'article 3 du réglement, la dotation pour l'année 1877-1878 a été fixée à . . . .   80.000 »
                                                        ───────────
                                       TOTAL. 204.845 65

Dont à déduire les comptes réglés dans le courant de l'année 4.204 25
                                                        ───────────
Capital de Prévoyance au 1er août 1878 . . . . . .   200.641 40

Le nombre des participants pour 1877-1878 a été de 275.

Le minimum des comptes, pour les derniers venus, est de 205 fr. 80; le maximum, pour les plus anciens, atteint 2199 fr. 00.

MAISON GASTÉ

Imprimeur à Paris.

CAISSE DE PRÉVOYANCE.

ARTICLE PREMIER. — La Caisse de Prévoyance fondée, à titre de
libéralité, par M. L. Gasté, fonctionne à dater du 11 septembre 1871.

L'allocation qui lui est attribuée est prélevée sur les bénéfices
nets de la maison, déduction faite des frais et charges de toute
nature qui incombent à l'industrie.

Le quantum de cette allocation est fixé, à titre d'essai, pour la
première année, au tiers des bénéfices nets.

Le chiffre en est constaté, chaque année, par une déclaration
visée par trois membres du Comité consultatif.

Le quantum pourra être réduit à l'avenir, si la bonne marche
des affaires de la maison exige qu'il en soit ainsi.

ART. 2. — Le montant de l'allocation attribuée à la Caisse de
Prévoyance est versé, chaque année, au 31 décembre, après règlement des comptes de l'inventaire, à la Compagnie d'assurances
générales sur la vie, laquelle s'est engagée à en servir les intérêts
dans les conditions suivantes....

Ces intérêts sont capitalisés tous les ans au 31 décembre dans
le compte ouvert à M. Gasté par la Compagnie d'Assurances.

M. Gasté répartit, à son tour, et capitalise les intérêts bonifiés,
entre tous les comptes individuels de ses employés.

ART. 3. — Il est ouvert, au nom de chaque participant, un
compte individuel.

Les sommes versées à la Caisse de Prévoyance, en vertu de l'article 2,
sont distribuées entre les comptes individuels, au prorata des traite-

ments ou salaires de chacun pendant l'année écoulée, mais en tenant compte des bonifications suivantes :

1° Les appointements de l'employé principal seront comptés triples dans l'état de répartition.

2° Ceux de l'employé comptable et des contre-maîtres seront comptés doubles.

ART. 11. — Toute personne renvoyée pour abandon prolongé ou réitéré du travail, faute grave, cas d'infidélité, est déchue de tous droits, même éventuels, à la Caisse de prévoyance.

ART. 12. — Si un participant se trouve atteint de maladie grave entraînant incapacité momentanée de travail, M. Gasté peut disposer, au profit de ce participant, de tout ou partie de la somme inscrite à son compte.

Il en est de même dans le cas de nécessité exceptionnellement grave, le Comité consultatif entendu.

ART. 13. — Si un participant se trouve atteint d'infirmités ou de maladies chroniques entraînant incapacité de travail assidu, il peut être relevé de ses fonctions, soit sur sa demande, soit d'office, et le montant de son compte lui est remis.

ART. 14. — En cas de décès d'un participant en activité de service, laissant après lui un conjoint non séparé de corps et de biens à la requête du participant, des enfants légitimes, adoptifs ou légitimés par un mariage subséquent, des petits-enfants ou, enfin, des ascendants, les sommes portées à son compte, au 31 décembre qui a précédé son décès, et sa part proportionnelle dans la répartition de l'année courante, sont remises, quels que soient son âge et la durée de ses services, en un ou plusieurs paiements, soit à son conjoint, soit à ses enfants ou petits-enfants, soit enfin à ses ascendants, de la manière, aux époques et dans les proportions qui seront déterminées par M. Gasté.

Si le participant ne laisse, à son décès, aucune des personnes ci-dessus désignées, les sommes inscrites à son compte sont réparties, au 31 décembre suivant, entre les autres participants, au prorata des sommes qui sont déjà respectivement portées à leurs comptes individuels.

Pour être admis à la Caisse de prévoyance, il faut être occupé depuis un an et un jour, au moins, dans la maison, à l'époque de l'inventaire et n'avoir, pendant ce laps de temps, donné lieu à aucune plainte sérieuse.

ART. 6. — Pour avoir droit à la totalité des avantages de la Caisse de prévoyance, il faut avoir vingt ans de présence effective et consécutive dans la maison, ou avoir atteint sa soixantième année d'âge.

ART. 7. — Toute personne qui sort de la maison, de sa propre volonté, avant d'avoir satisfait aux conditions de présence fixées par l'article 6, est considérée comme démissionnaire et déchue de tous droits, même éventuels, à la Caisse de prévoyance.

La somme inscrite à son compte individuel est répartie, au 31 décembre qui suit sa sortie, entre tous les autres comptes participants, au prorata des sommes qui y sont déjà respectivement inscrites.

ART. 8. — Dans le cas où un participant est congédié sans aucun motif de mécontentement, par mesure de réduction de personnel, de suppression d'emploi ou tout autre motif analogue, son compte est liquidé au jour de la cessation de ses services et le montant des sommes qui y sont inscrites est mis à sa disposition, en argent comptant, le 31 décembre suivant. Sa part proportionnelle dans la participation de l'année courante lui est versée en espèces, à la clôture de l'inventaire.

ART. 10. — Le participant forcé de quitter la maison pour répondre à l'appel du service militaire, peut, à son choix, faire régler son compte dans les conditions de l'article 8, ou en demander le maintien.

Si le compte est maintenu, le participant, dans le mois qui suit sa libération, est tenu de se mettre à la disposition de M. Gasté, sous peine d'être considéré comme congédié à l'époque où il a quitté la maison.

MAISON PAUL DUPONT

Imprimerie et librairie administratives.

CAISSE DE PARTICIPATION.

ARTICLE PREMIER. — Le partage des bénéfices entre le capital social et la somme totale des salaires et des appointements annuels est fixé ainsi qu'il suit :

Après prélèvement :

1° De l'intérêt, au taux commercial de 6 0/0, sur l'ensemble des capitaux engagés ;

2° Des dépenses d'exploitation, y compris les acquisitions de toute nature se rattachant aux divers services de la Société anonyme ;

3° et des réserves statutaires,

Les bénéfices nets, tels qu'ils ressortiront des comptes et inventaires, ratifiés par les assemblées générales des actionnaires, seront partagés proportionnellement entre le fonds social et le capital représenté par les salaires et les appointements.

ART. 2. — Chacun des ouvriers et employés aura droit indistinctement, à la même part, dans la répartition de la somme représentant le capital travail.

ART. 3. — Le droit à ce partage ne s'ouvrira, pour les ouvriers et les employés, qu'après l'expiration de leur quatrième année de présence dans les ateliers, magasins ou bureaux.

Les apprentis devenus ouvriers n'entreront en possession de ce droit qu'après la sixième année de présence dans les ateliers.

Ces dispositions s'appliquent également aux ouvrières.

ART. 4. — Les sommes allouées à chaque participant, conformément aux présentes résolutions, seront inscrites sur un livret qui sera remis à chaque ouvrier ou employé admis à la participation.

ART. 5. — Au fur et à mesure que les sommes inscrites sur ce livret atteindront l'un des chiffres fractionnaires ci-après : un quart, une demie ou trois quarts de la valeur d'une action, cette somme, vu l'impossibilité de délivrer légalement un titre spécial, sera inscrite sur un registre de comptabilité.

Lorsque la somme portée au crédit du participant atteindra le chiffre représentatif d'une action (actuellement 500 francs), le titulaire du livret aura droit à une action nominative, qui lui sera remise, aussitôt que faire se pourra, par les soins de la direction.

Pour assurer aux ayants droit de fractions d'action la part proportionnelle des avantages afférents à l'action même, la direction est autorisée à négocier le rachat d'autant de titres que l'indiquera le total desdites fractions.

L'intérêt des appoints au-dessous de la valeur d'un quart d'action, reste fixé à 6 0/0,

ART. 6. — Pourront, d'ailleurs, les titulaires de livrets, compléter de leurs deniers personnels les sommes nécessaires pour atteindre les fractions divisionnaires exprimées dans l'article 5.

ART. 7. — Conformément à la décision de l'assemblée générale du 25 mars 1873, la faculté d'accorder des emprunts soit de dépôts, soit de livrets, soit de titres d'actions, est supprimée.

Les actions et les subdivisions d'actions, autorisées par l'article 5, étant accordées à titre de pure libéralité, sont incessibles et insaisissables. Il en est de même des fractions au-dessous de la valeur d'un quart d'une action qui figureront temporairement au crédit des livrets, la Société anonyme ne reconnaissant qu'un titulaire ou ses héritiers directs, et n'admettant aucune délégation à titre onéreux ou gratuit.

ART. 9. — Sur la somme affectée à la caisse de participation, il sera prélevé 1 0/0 au profit de la Société de secours mutuels.

ART. 10. — Tout participant qui, pour cause de vieillesse ou d'infirmités, sera dans l'impossibilité de continuer son travail, jouira, pendant quatre ans, du revenu individuel attribué à la participation. Ce laps de temps pourra même être prolongé, soit pour la quotité de l'allocation réglementaire, soit pour une partie seulement.

Les deux comités de Paris et de Clichy s'entendront, à cet effet, pour l'appréciation de cette mesure exceptionnelle. Leur détermination sera sans appel.

ART. 11. — Nul ne peut exiger le remboursement de son livret et la disponibilité des actions ou parts divisionnaires d'action, tant qu'il sera en activité de travail ou de fonctions, mais seulement dans le cas de démission volontaire ou de licenciement et après deux mois d'intervalle, sauf les cas d'urgence, sur lesquels le Conseil d'administration délibérera.

Néanmoins, tout participant qui comptera vingt années consécutives de service dans la maison ou qui aura atteint l'âge de soixante ans, pourra disposer, à son gré, des revenus afférents à son compte de participation.

ART. 12. — Tout participant qui aura quitté volontairement la maison et qui manifestera le désir d'y rentrer, ne pourra revendiquer ses droits à la participation, qu'après avoir accepté les conditions qui lui seront imposées par la direction; dans le cas contraire, il sera considéré comme débutant et soumis aux conditions stipulées dans l'article 3.

ART. 13.— Le participant qui quittera la maison dans le courant de l'année à laquelle s'appliquera la répartition, n'y aura aucun droit. Il en sera de même si, pour des motifs graves, il a encouru la révocation.

DEBERNY ET CIE

Fonderie typographique.

CAISSE DE L'ATELIER PARTICIPANT AUX BÉNÉFICES

Fonds de la Caisse.

1. La Caisse de l'atelier est alimentée annuellement :

1° par une retenue de 2 0/0 sur les salaires des travailleurs ; 2° par les intérêts des fonds placés et prêtés ; 3° par la part des bénéfices attribuée à l'atelier.

Cette part de bénéfices correspond à la valeur du travail représentée par la somme des salaires de l'année ; la valeur de l'établissement et la valeur du travail constituant ensemble, chaque année, un capital fictif, selon lequel sont répartis les bénéfices (1).

2. Les fonds de la Caisse sont la propriété commune et viagère des travailleurs de l'atelier ; ils sont répartis entre les co-propriétaires, pour moitié selon les nombres de journées, et pour moitié selon les salaires inscrits, au compte de chacun d'eux, sur les registres, depuis son entrée dans la fabrique ; la journée des femmes comptant pour les 3/5 de la journée des hommes.

Le taux de la quote-part individuelle dans l'actif de la Caisse est déterminé chaque année. La liquidation de cette quote-part subit une retenue, en cas de départ de l'atelier.

3. La Caisse est administrée par le conseil de l'atelier composé

____

(1) De 1848 à 1872, une part dans les bénéfices de la fabrication fut attribuée à l'atelier et distribuée entre chacun des travailleurs au prorata de son travail. Depuis 1872, cette distribution individuelle n'a plus lieu, et la part annuelle de bénéfices attribuée à l'atelier est versée dans une caisse commune. En cas de déficit, la Caisse participerait aux pertes.

de membres, les uns élus par les ouvriers, les autres désignés par
la direction; les comptes sont tenus conjointement par un caissier
spécial et par le caissier de la Fabrique.

Service de la Caisse. — Prêts.

4. La Caisse fait, dans l'atelier, des prêts qui lui sont garantis
par la quote-part des emprunteurs dans l'actif de cette caisse;
ces prêts sont remboursables par quinzaine et portent intérêt.

Secours.

5. La Caisse donne aux membres de l'atelier des secours pour
cause de maladie ou de blessures.

6. La Caisse peut donner d'autres secours : elle peut allouer
aux enfants, parents ou aux amis du défunt, tout ou partie de la
quote-part qu'il possédait viagèrement. — Elle peut servir à la
veuve d'un pensionnaire une partie de la pension que recevait
son mari.

Pensions.

7. La caisse sert aux membres de l'atelier des pensions pour
cause d'infirmités et de vieillesse, avec la faculté, pour les pensionnaires, de cumuler leur pension avec un salaire, en continuant
à travailler dans l'atelier.

Les pensions sont entières ou partielles : la pension partielle
est du tiers, de la moitié ou des trois quarts de la pension entière.

8. Le tarif de la pension entière correspondant à un actif de
50,000,00 est de

Pour les hommes	5 centimes sur les journées	jusqu'à 6,000
	1 0/0 sur les salaires	journées
Pour les femmes	3 centimes sur les journées	et moitié au delà
	1 0/0 sur les salaires	des 6,000 journées

Quand l'actif est inférieur à 50,000 fr., les pensions sont rédui-
tes de deux pour cent par mille francs de différence; quand
l'actif est supérieur à 50,000 fr., les pensions sont augmentées de
un pour cent par mille francs d'écart, jusqu'à ce qu'elles attei-

gnent un supplément de 20 0/0. Le taux de chaque pension est revisé annuellement selon les indications qui précèdent.

9. Pour être apte à recevoir une pension *pour cause d'infirmités* il faut avoir 1,800 journées de travail dans l'atelier.

10. A l'âge de 55 ans, une pension partielle est acquise aux hommes qui ont fait 7,500 journées et aux femmes qui ont fait 6,200 journées de travail; cette pension, d'abord du tiers, est, après huit années, de la moitié, et après quatre autres années, des trois quarts de la pension entière.

11. A l'âge de 60 ans, une portion entière ou partielle est acquise aux hommes qui ont fait 6,000 journées et aux femmes qui en ont fait 5,000, savoir:

1° La pension entière est accordée au sexagénaire qui, voulant renoncer au travail de la Fonderie, demande à prendre sa retraite.

2° Une pension partielle est attribuée au travailleur qui reste à l'atelier: cette pension, d'abord du tiers, est, après quatre années, de la moitié, et, après quatre autres années, des 3/4 de la pension entière.

12. Le travailleur qui reçoit une pension abandonne, soit le tiers, soit la moitié, soit les 3/4 soit la totalité de sa co-propriété dans l'actif de la Caisse, proportionnellement à la pension qui lui est accordée.

13. La pension partielle est suspendue pendant qu'on reçoit des secours: la pension entière supprime les secours.

14. En cas de liquidation de la Caisse, les pensionnaires recevront, avant le partage, une indemnité de une année de pension.

COMPTES DE LA CAISSE EN 1877.

Recettes.			Dépenses.		
Retenues de 2 0/0 sur les salaires.	3.654	05	Secours pour maladies . .	1.471	»
Intérêts sur les prêts. . .	386	»	Pensions	5.632	90
Intérêts sur les fonds placés	2.543	10	Frais funéraires, souscriptions	468	05
Recettes diverses.	386	»	Liquidation de quote-parts de co-propriété	702	»
Plus-value sur un remboursement d'obligations	563	80			
Part des bénéfices de la Caisse.	5.040	»	Total.	8.273	95
Actif au 31 Décembre 1876.	72.590	40			
Total . .	85.163	35			
A retrancher les dépenses.	8.273	95			
Actif au 31 décembre 1877.	76.880	40			

MAISON FOURDINOIS

Fabrique de meubles, rue Amelot, 64.

RÉGLEMENT DE LA CAISSE DE PRÉVOYANCE.

ARTICLE PREMIER. — La caisse de prévoyance, fondée à titre de libéralité par M. Fourdinois, fonctionne à partir du 1er janvier 1873. Elle est constituée, à titre d'essai, au moyen d'une participation qui, lorsque l'inventaire annuel constate un bénéfice, est égale à la moitié du bénéfice afférent à la main-d'œuvre.

ART. 2. — Les fonds provenant de ladite participation seront versés à une caisse de dépôt, au mieux des intérêts des ayants droit.

ART. 3. — Un compte sera ouvert à tout employé qui, le comité consulté, en sera jugé digne par son travail et sa conduite, et un livret indiquant l'état de ce compte lui sera remis.

Chaque livret marquera le temps passé dans la maison, soit consécutivement, soit en plusieurs périodes, les sommes reçues annuellement et la répartition.

Cette répartition aura lieu entre les employés, au marc le franc du salaire de chacun ; mais elle peut être augmentée pour les employés ou contre-maîtres, ou pour services exceptionnels.

ART. 4. — Pour avoir droit aux avantages de la participation et au livret, il faut faire partie de la Société de secours mutuels.

Le total de la somme portée au livret ne peut être attribué au titulaire qu'en cas d'incapacité de travail résultant d'infirmités ou de la vieillesse ; au cas de décès du titulaire, le montant du livret sera attribué à sa veuve, à ses enfants ou à ses père et mère.

Le conseil institué par l'article ci-après, appréciera, suivant les circonstances, si les conditions du présent article sont remplies.

Art. 5. — Un conseil, élu par tous les ayants droit à la participation, sera composé de :

Trois employés, trois contre-maîtres, trois ouvriers anciens, rééligibles et renouvelables tous les trois ans.

Il donne son avis sur toutes les questions relatives à la caisse de prévoyance et sur toutes les propositions ou demandes relatives à l'exécution de l'article précédent.

Art. 6. — Tout titulaire d'un livret quittant la maison, de sa propre volonté, est déchu de tout droit à la participation, et les sommes inscrites à son livret font retour au capital de la caisse de prévoyance et sont réparties sur les autres comptes.

Art. 7. — Tout titulaire d'un livret qui aurait été contraint de quitter la maison sans avoir donné lieu à aucun mécontentement, mais par suite de réduction du personnel, conservera ses droits acquis et son compte continuera au moment de sa rentrée.

Art. 8. — En cas de liquidation ou de toute autre cause de cessation de commerce, l'exercice commencé ne peut créer pour les employés et ouvriers un droit de revendication quelconque sur les affaires, depuis l'époque du règlement de l'exercice précédent, le dernier versement terminant les comptes.

La caisse pourra être continuée ou liquidée, au mieux des intérêts des participants et sous le contrôle d'un fondé de pouvoirs, ou, en son absence, par un chef d'industrie choisi par le conseil, ayant établi la participation dans son établissement.

Art. 9. — M. Fourdinois se réserve expressément la faculté de faire cesser les effets du présent règlement, si les résultats ne répondaient pas à son attente.

TROISIÈME CAS

PARTICIPATION A JOUISSANCE MIXTE

LA NATIONALE

Compagnie d'assurances,

La Compagnie d'assurances *la Nationale* fait sur ses bénéfices :

1° Un prélèvement de 2,1/4 0/0 environ qui est distribué, en espèces, aux employés à titre de gratification;

2° Un prélèvement, dont le taux n'est pas fixé, mais suffisant pour constituer, chaque année, à chaque employé, une plus-value de 10 0/0 de ses appointements. Cette plus-value est inscrite sur des comptes individuels, ouverts au nom de chaque employé sur le grand livre de la Compagnie. Ces comptes sont bonifiés d'un intérêt de 4 0/0 par an.

Le droit de l'employé à la propriété de ce compte reste éventuel pendant les cinq premières années; tout employé, qui part avant l'achèvement de ce stage, se retire sans pouvoir rien réclamer des sommes qui avaient été inscrites à son livret; ces sommes sont réparties entre tous les autres livrets, au prorata des appointements de chaque employé,

Mais dès que le stage de cinq ans est accompli, le droit de l'employé à la propriété de son compte devient, à peu près, absolu, quelles que soient l'époque et la cause de son départ, sauf le cas de révocation pour faits d'une haute gravité.

Le compte est remis en espèces, la Compagnie n'intervient jamais pour constituer la pension de retraite.

L'Institution date de 1863.

L'UNION

Compagnie d'assurances.

Les employés, qui entrent encore jeunes au service de la Compagnie, sont tenus, depuis longtemps, de contracter une assurance de rente viagère différée de 25 ou 30 ans. Ils peuvent remplacer cette assurance de rente différée par une assurance en cas de décès d'importance à peu près égale.

Dans les deux cas, la moitié de la prime est prélevée sur la gratification annuelle de l'employé et l'autre moitié est à la charge du fonds de retraite.

La Compagnie l'*Union* a institué la participation sur le pied de 7 0/0 des bénéfices.

Sur ce prélèvement de 7 0/0 :

3 0/0 sont attribués, sous forme de parts d'intérêts, à divers employés supérieurs ;

3 0/0 sont répartis, soit à titre de distribution au marc le franc, soit à titre de gratification entre les employés, qui sont au nombre de cent vingt environ ;

1 0/0 est affecté à un fonds de retraite commun, au moyen duquel le Conseil vient en aide à des employés âgés ou infirmes, et qui, de plus, paie aux employés en fonctions la moitié de leurs primes d'assurances.

Depuis la fondation de ce fonds de retraite jusqu'au 31 décembre 1877, il a reçu 285,770 francs et payé 251,559 francs. La demi-prime annuelle qu'il paye annuellement au profit de chaque employé varie de 72 à 89 francs.

L'institution a été fondée en 1855.

MAISON GOFFINON ET BARBAS

Entreprise de couverture.

ARTICLE PREMIER. — A partir du 1ᵉʳ janvier 1872, un intérêt de participation sur les bénéfices nets de l'année, sera attribué, à titre gratuit, à tous les employés et ouvriers qui, à raison de leurs fonctions ou de leurs travaux, auront été désignés comme participant à ces bénéfices.

Cet intérêt de participation est fixé, pour l'année 1872, à 5 0/0 des bénéfices nets.

ART. 2. — Pour être admis comme participant, il faut avoir trois années de présence consécutive dans la maison, avoir fait preuve de zèle et d'aptitude dans son emploi.

ART. 4. — Les apprentis de la maison seront admis comme participants, à partir du 1ᵉʳ janvier qui précédera la fin de leur apprentissage.

ART. 5. — La répartition de l'intérêt de participation sera faite entre les participants, au prorata des sommes qu'ils auront touchées dans l'année, soit comme appointements fixes, soit comme salaires.

ART. 6. — De la somme attribuée à chaque participant, il sera fait deux parts égales :

L'une lui sera remise chaque année.

L'autre sera portée à son compte de prévoyance et de retraite.

ART. 7. — Tout participant qui sort de la maison, de sa propre volonté, avant d'avoir satisfait aux conditions de présence fixées par l'article 11, est considéré comme démissionnaire et déchu de tous droits, même éventuels, à la Caisse de prévoyance.

La somme inscrite à son compte est répartie entre tous les comptes participants, au prorata des sommes qui y sont déjà respectivement inscrites.

Toute personne renvoyée pour des motifs graves, sera dans le même cas.

ART. 9. — *Service militaire obligatoire.* — 1° Le volontaire d'un an aura sa place conservée et sera admis à la répartition, en prenant pour base l'année avant sa sortie pour le service militaire, s'il justifie à sa sortie d'un certificat de bonne conduite et d'un grade.

S'il n'a obtenu que le certificat, il n'aura droit qu'à la moitié de la répartition, celle placée à la retraite.

S'il a obtenu certificat et grade, il aura droit aux deux parts.

S'il n'a obtenu ni l'un ni l'autre, il ne lui sera rien accordé et sa place même ne lui sera réservée que si le comité donnait un avis favorable et si MM. Gosiinon et Barbas en décidaient ainsi ;

2° Le soldat pour cinq ans jouira des mêmes avantages. Sa cinquième et dernière année de service lui comptera pour sa part dans les bénéfices de la dite année, et son emploi lui sera réservé s'il justifie d'un certificat de bonne conduite et du grade de sergent.

Pour les autres conditions, comme le volontaire d'un an.

Le soldat pour cinq ans qui, dans le cours de son service, obtiendrait un congé dépassant quinze jours, aurait droit au travail de la maison pendant son congé.

Le temps d'absence pour le service militaire doit être remplacé par un temps de présence équivalent, pour avoir droit à la retraite.

CAISSE DE PRÉVOYANCE ET DE RETRAITE.

ART. 11. — Pour avoir droit à la totalité des avantages que cette caisse procure, il faut avoir vingt ans au moins de présence consécutive dans la maison ou avoir atteint l'âge de 50 ans.

ART. 15. — Lorsqu'un participant décède, en activité de service, les sommes portées à son compte, sont remises aux membres de sa famille désignés dans les articles 18 et 19 en un ou plusieurs paiements, de la manière, aux époques et dans les proportions déterminées par le comité.

ART. 16. — Si un participant se trouve atteint d'infirmités constatées, entraînant incapacité de travail, la remise de tout ou partie de la somme inscrite à son compte peut, le comité consulté, lui être faite immédiatement.

ART. 18. — Lorsqu'il y a lieu de liquider le compte individuel d'un participant, celui-ci peut, à son choix, demander que la somme disponible soit consacrée, s'il n'a pas d'enfant légitime, à lui constituer une rente viagère sur la caisse des retraites de l'État ou d'une Compagnie d'assurances sur la vie avec reversibilité sur la tête de sa femme. S'il a des enfants légitimes ou légitimés par le mariage, il pourra demander des rentes françaises sur l'État, etc.

Les titres, demeurant déposés dans la caisse de la maison ou dans une des caisses de dépôt désignées, jusqu'au décès du titulaire, pourront être alors remis aux membres de sa famille. A défaut, les sommes ou titres sont portés au compte des autres participants restants, au prorata des sommes qui y sont déjà inscrites.

ART. 21. — Le compte de chaque participant sera bonifié, chaque année, d'un intérêt de 4 0/0.

COMITÉ CONSULTATIF DE SURVEILLANCE.

ART. 22. — Un comité consultatif et de surveillance est institué pour seconder MM. Goffinon et Barbas.

ART. 23. — Ce comité est composé de : 1° un bureau fondé par les patrons,

2° Les conseillers, qui sont les deux plus anciens employés et les cinq plus anciens ouvriers.

DISPOSITIONS GÉNÉRALES

ART. 27. — Les sommes à payer, les intérêts à servir sont incessibles et inaliénables.

Art. 28. — Les patrons sont seuls juges de toutes les réclamations ; ils prendront toutefois l'avis du comité consultatif.

Art. 29. — La répartition annuelle a lieu d'après les comptes de la maison, sans que les participants aient le droit de s'immiscer en rien dans les écritures qui, du reste, sont tenues par des participants.

Art. 31. — Pour profiter de la caisse de participation et de retraite, chaque participant devra faire partie de la Société de secours mutuels.

MAISON GODCHAUX

Imprimeur-éditeur.

ARTICLE PREMIER. — Il est formé une caisse de participation et de retraite pour les employés, ouvriers et apprentis de la maison Aug. Godchaux et Cie, laquelle caisse est régie par les chefs de ladite maison.

ART. 2. — La caisse dont il s'agit est fondée, au moyen de la donation que font MM. Godchaux et Cie d'une somme de dix mille francs qui sera versée à ladite caisse de participation et de retraite le 1er janvier 1872.

La moitié de cette somme de 10,000 francs sera, immédiatement, distribuée entre les employés, ouvriers, ouvrières et apprentis qui figurent sur la liste dressée ce jourd'hui, au prorata des appointements et salaires calculés sur la moyenne du prix de la journée réglementaire à raison de 300 jours par année.

Les 5,000 francs formant la seconde moitié resteront en caisse et serviront de premier versement sur le fonds de réserve dont on va parler.

ART. 3. — Indépendamment des 10,000 francs, dont il est question dans l'article qui précède, MM. Aug. Godchaux et Cie s'engagent à verser à la même caisse de participation et de retraite, au plus tard le 1er avril de chaque année, une somme égale à 5 0/0 des bénéfices nets réalisés par leur maison dans l'année précédente.

La moitié de la somme que représentera ce nouveau versement sera également distribuée avant ledit jour, premier avril, entre tous les participants, dans les proportions et suivant le mode indiqué à l'article 2 ; la seconde moitié sera versée au compte des fonds mis en réserve.

Art. 4. — Les 5,000 francs restant libres sur les 10,000 francs que verseront MM. Godchaux et Cⁱᵉ le 1ᵉʳ janvier 1872, et la moitié des sommes qu'ils verseront, chaque année, en conformité de l'article 3 ci-dessus, seront affectés à un fonds de réserve, dont les intérêts serviront à payer les rentes viagères dont il sera question ci-après, article 18.

Ces mêmes fonds resteront aux mains de MM. Godchaux et Cⁱᵉ qui s'obligent, par ces présentes, à en servir l'intérêt sur le pied de 4 0/0 par an, à partir du jour où ladite somme sera inscrite à la caisse de participation et de retraite.

Art. 5. — Font partie de la caisse de participation et de retraite, tous les employés, ouvriers, ouvrières et apprentis, actuellement occupés dans la maison Aug. Godchaux et Cⁱᵉ, et tous ceux qui y entreront par la suite.

Toutefois, les employés, ouvriers, ouvrières et apprentis qui entreront au service de la maison dans le courant d'une année, ne participeront pas à la distribution des bénéfices provenant de cette même année.

Art. 7. — Pour faire partie de la caisse de participation et de retraite, dont il est question aux présentes, chaque participant devra, préalablement, se faire admettre dans une société de secours mutuels à Paris, ou justifier qu'il n'est pas dans des conditions d'admission pour une société de ce genre.

Le participant, admis dans la société de secours mutuels, devra justifier à toute réquisition aux chefs de la maison du paiement de ses cotisations mensuelles, sous peine d'être déchu des bénéfices résultant, à son profit, du présent règlement.

Art. 18. — Des pensions viagères de retraite sont accordées à tous les participants de la caisse de participation et de retraite dans les conditions suivantes :

1° A tout participant ayant 50 ans d'âge révolus et qui justifiera être resté vingt ans, sans discontinuer, attaché à la maison.

2° A tout participant qui deviendrait infirme, soit par accident arrivé dans la maison, soit pour toute autre cause, le mettant dans l'impossibilité de gagner sa vie.

Ces pensions viagères pour chaque ayant droit sont fixées, savoir :

Pour les hommes à 1,000 francs.

Et à une somme égale à autant de fois 50 francs qu'il aura passé d'années dans la maison, pour le participant blessé ou infirme qui aura moins de dix ans de service dans ladite maison.

Et pour les femmes ou filles :

A la moitié des sommes ci-dessus accordées aux hommes, dans les mêmes proportions et hypothèses.

Le participant qui serait obligé de sortir de la maison à cause du service militaire obligé, ne sera pas considéré comme démissionnaire si, après sa libération, il rentre dans la maison pour y reprendre son emploi, et pour calculer le temps pendant lequel il aura été occupé chez MM. Aug. Godchaux et C¹ᵉ, on comptera celui qu'il aura passé, avant d'entrer sous les drapeaux, avec celui qui se sera écoulé, depuis sa rentrée dans la maison.

Bien entendu que si, faute d'emploi vacant, il ne peut rentrer dans la maison, le participant qui se sera absenté pour le service militaire, n'aura aucun droit à la pension de retraite.

Tout participant, démissionnaire ou congédié, perd, bien entendu, tout droit à la caisse de participation et de retraite.

Art. 16. — Les pensions accordées à chaque participant sont reversibles, pour un quart, sur la tête de sa veuve ou de ses enfants mineurs.

Art. 17. — Les quarts des pensions accordées aux veuves et orphelins des participants, le seront dans les conditions suivantes :

La veuve qui, durant son mariage, aura été séparée de son mari, par suite de torts graves dont elle se serait rendue coupable envers lui, n'aurait aucun droit à la pension.

Les pensions des veuves cesseront, bien entendu, en cas de convol, et à partir du jour du nouveau mariage.

MAISON MASSON

Libraire éditeur, à Paris.

ARTICLE PREMIER. — Il est formé par les présentes, à partir du 1er juillet 1874, une caisse de participation et de prévoyance pour les employés de la librairie Masson.

ART. 2. — La caisse est fondée au moyen du versement que M. Masson fera annuellement, dans la quinzaine de la clôture de l'inventaire, d'une somme calculée sur le montant net des ventes à raison de 3 fr. par mille, jusqu'à concurrence d'un million, et de 5 fr. par mille, pour toutes les sommes dépassant un million.

M. Masson a seul qualité pour reconnaître et déclarer le chiffre net des ventes sur lequel est établie la participation.

Le tiers de la somme qui représente ce versement est immédiatement distribué, en espèces, entre les employés ayant au moins un an de service dans la maison et ce, au prorata de leurs appointements.

Les deux autres tiers sont réservés pour constituer un capital au profit des intéressés, dans les conditions ci-après...

ART. 4. — A cet effet, quiconque fait partie, au moins depuis un an, du personnel de la maison, est titulaire d'un carnet de participation.

Le chiffre total attribué aux carnets est réparti entre les titulaires, au prorata des appointements de chacun.

Il est bonifié à chaque carnet un intérêt de cinq pour cent qui est calculé, au 30 juin de chaque année, sur le montant de la somme antérieurement inscrite à chaque carnet et s'y ajoute en augmentation du capital.

ART. 5. — Le but de l'institution étant d'assurer un capital à ceux qui, par de longs services, auront contribué au développement et à la prospérité de la maison, il est expressément entendu que les sommes inscrites aux carnets individuels ne deviennent la propriété du titulaire qu'après que celui-ci aura été employé dans la maison pendant vingt années consécutives.

ART. 6. — Lorsqu'un employé a complété sa vingtième année de service ou, à défaut, sa soixante-cinquième année d'âge, son droit aux sommes inscrites au carnet est définitivement acquis et il peut s'en faire délivrer le montant, à telle époque qu'il lui convient, tout en continuant, aussi longtemps qu'il reste attaché à la maison, à jouir intégralement du bénéfice de l'article 3.

ART. 7. — En cas de décès d'un employé en activité de service, laissant après lui une veuve, des enfants légitimes, des petits-enfants ou des ascendants, les sommes portées à son compte au 30 juin qui a précédé son décès sont remises, quelle que soit la durée de ses services, en un ou plusieurs paiements, soit à sa veuve, soit à ses enfants ou petits-enfants, soit, enfin, à ses ascendants de la manière, aux époques et dans les proportions qui sont déterminées par M. Masson.

ART. 9. — Hors les cas ci-dessus, l'employé démissionnaire ou congédié est déchu de tous droits aux sommes inscrites à son carnet.

Le montant en est réparti au 30 juin qui suit sa sortie, entre tous les comptes participants, au prorata des sommes qui y sont déjà respectivement inscrites.

La même répartition a lieu, en cas de décès d'un employé qui ne laisse ni veuve, ni descendants, ni ascendants.

Toutefois, si l'employé démissionnaire, congédié ou décédé se trouve débiteur de la maison, la somme figurant à son compte est d'abord employée, jusqu'à due concurrence, à combler le déficit ou à réparer les préjudices par lui causés.

M. Masson se réserve, en outre, la faculté d'apprécier la gravité des torts d'un employé et de lui remettre, en le congédiant, tout ou partie de la somme inscrite à son carnet, sans qu'il soit tenu de donner aucun motif de ses décisions.

ART. 10. — Tout employé, dont le compte a été liquidé, sauf

les cas prévus dans l'article 9, et qui porterait ses services dans une autre maison de librairie de Paris ou qui fonderait à Paris un établissement de librairie, seul ou avec un associé, le tout sans l'autorisation écrite de M. Masson, prend l'engagement d'honneur de rembourser, dans le délai d'un mois, toutes sommes et tous arrérages lui ayant été comptés par suite de la liquidation de son carnet. Les sommes, ainsi remboursées, seraient versées dans la caisse de participation, conformément aux termes du paragraphe 2 de l'article 9 ci-dessus.

MAISON BLANCARD

Pharmacien, rue Bonaparte, à Paris.

La gratification accordée, chaque année, aux employés et ouvriers est basée sur un intérêt proportionnel au chiffre des affaires du patron ; elle est accordée à tous les employés ayant plus de deux ans de service dans la maison, et l'emploi en est fait de la manière suivante :

Un dixième alimente une caisse de secours mutuels ;

Deux dixièmes sont remis, en espèces, aux ayants droit ;

Sept dixièmes sont placés sur la tête de chacun d'eux à la caisse des retraites pour la vieillesse, en capital aliéné.

Cette institution a été fondée en 1858.

MAISON CHAIX & Cie

PARTICIPATION AUX BÉNÉFICES DES OUVRIERS. — RÈGLEMENT.

Exposé

En donnant au personnel de son Établissement un INTÉRÊT DE PARTICIPATION dans les bénéfices annuels, M. Chaix s'est proposé un double but.

Il a voulu : d'abord, AMÉLIORER DANS LE PRÉSENT la condition matérielle des ouvriers, ouvrières et employés de la Maison, en leur permettant de toucher chaque année une somme entièrement distincte de leurs salaires ou de leurs appointements ;

Ensuite, leur CRÉER POUR L'AVENIR un capital dont ils puissent disposer, soit à leur profit, soit au profit de leur famille.

M. Chaix pense que ces dispositions nouvelles doivent avoir, en outre, pour conséquence d'ÉTABLIR UN LIEN MORAL ET MATÉRIEL entre la Maison et ceux qui y sont employés ; de telle sorte que la Maison en puisse retirer un avantage, au point de vue de la bonne et rapide exécution des travaux.

Cet Intérêt de Participation est divisé en deux parts :

LA PREMIÈRE PART comprend la moitié de la somme attribuée à chaque intéressé. Elle est payée, à celui-ci, tous les ans à des époques déterminées.

LA SECONDE PART, formant l'autre moitié de la Participation, est réservée pour constituer un Fonds de Prévoyance et de Retraite.

A ces deux parts, M. Chaix en ajoute une troisième, au moyen d'un prélèvement spécial fait sur ses bénéfices.

CETTE TROISIÈME PART, absolument attachée à la présence du participant dans la Maison, ne lui est acquise qu'après vingt années de présence consécutive, ou à l'âge de soixante ans.

Pour les cinq exercices qui se sont écoulés depuis la fondation de cette institution (1872-1876), M. Chaix a fixé l'intérêt de Participation à 10 0/0, — et à 5 0/0 le prélèvement spécial formant la troisième Part.

Ainsi, le prélèvement total opéré annuellement sur les bénéfices de la Maison a été de *quinze pour cent*, répartis comme suit, au *prorata* des appointements et salaires de chacun :

5 0/0 remis, chaque année, aux participants ;

5 0/0 portés à leur compte pour constituer un fonds de Prévoyance et de Retraite ;

5 0/0 portés également à ce compte de Prévoyance et de Retraite, mais qui ne sont définitivement acquis aux participants qu'à l'âge de soixante ans, ou après vingt années de présence non interrompue.

Les dispositions fixées par le Règlement ci-après ne sont ni absolues ni établies pour un temps indéfini, et plusieurs d'entre elles ont déjà été améliorées dans la mise en pratique.

Si l'institution donne des résultats favorables, elle recevra de nouveaux développements, dans l'intérêt commun de la Maison et de la Participation.

Dans le cas contraire, M. Chaix se réserve la faculté d'en faire cesser l'effet à la fin de chaque année.

Intérêt de Participation.

ARTICLE PREMIER. — A partir du 1er janvier 1872, un Intérêt de Participation sur les bénéfices nets de l'année sera attribué à tous les employés ou ouvriers des deux sexes qui auront été désignés comme participants à ces bénéfices.

Cet Intérêt de Participation est fixé, pour l'année 1872, à 10 0/0.

ART. 2. — Pour être admis participants, les ouvriers, ouvrières et employés doivent avoir trois ans de présence dans la Maison, avoir fait preuve de zèle et d'aptitude dans leurs fonctions et adresser à M. Chaix une demande accompagnée d'un extrait de leur acte de naissance.

Pour former le premier noyau de la Participation, sont admis dès à présent, indistinctement, tous ceux qui, au 1er janvier 1872, ont trois années au moins de présence consécutive dans la Maison.

ART. 3. — En dehors des participants, des *aspirants-participants* pourront, d'après leurs services, être appelés à jouir d'une partie des avantages de la Participation.

Une décision du Comité consultatif déterminera, chaque année, la mesure et l'importance de ces avantages.

ART. 4. — Les apprentis de la Maison seront admis comme participants, à partir du 1er janvier qui précédera la fin de leur apprentissage.

ART. 5. — La répartition de l'Intérêt de Participation sera faite entre les participants, *au prorata* des sommes qu'ils auront touchées dans l'année, soit comme appointements, soit comme salaires, et suivant les dispositions fixées à l'article 6 ci-après.

Pour déterminer la part de chacun dans l'Intérêt de participation, il ne sera pas tenu compte des gratifications ni des autres allocations variables.

ART. 6. — De la somme attribuée à chaque participant, il sera fait deux Parts égales :

L'une lui sera remise, chaque année, après l'approbation des comptes de l'exercice et à des époques déterminées;

L'autre sera portée à son compte de Prévoyance et de Retraite, dont il sera parlé ci-après.

ART. 7. — Tout participant qui sortira de la Maison, avant la fin de l'année et de sa propre volonté, perdra tout droit dans l'Intérêt de Participation de l'année courante.

ART. 8. — Tout participant qui sera remercié, pour quelque motif que ce soit, ne perdra pas ses droits dans la Participation; mais son intérêt prendra fin avec le mois qui aura précédé celui de sa sortie de la Maison.

ART. 9. — Dans les deux cas prévus aux articles 7 et 8, le participant ne pourra réclamer la première part de la somme qui lui est attribuée en conformité de l'article 6, avant l'époque de la répartition générale, et il la touchera dans les mêmes conditions que les autres participants.

La seconde Part sera liquidée, conformément aux articles 19 et 23.

Art. 10. — En cas de baisse dans les travaux, ou de sortie non définitive de la Maison, pour un motif quelconque, le participant qui voudra conserver ses droits, devra, *préalablement*, demander à M. Chaix et obtenir une autorisation écrite d'absence.

Art. 11. — Les participants sortis de la Maison dans les conditions prévues à l'article précédent, devront se tenir prêts à se rendre à l'appel qui leur sera adressé. A défaut par eux de s'y conformer, il leur sera envoyé une mise en demeure, par lettre chargée, à laquelle ils seront tenus de répondre au plus tard dans les quarante-huit heures, en s'engageant à rentrer dans un délai de huit jours ; faute de quoi, ils seront réputés démissionnaires à dater du jour de leur sortie.

Art. 12. — Les participants obligés de quitter la Maison pour répondre à l'appel du service militaire, et qui voudront conserver leurs droits, devront en prévenir M. Chaix. Ils seront tenus, en outre, dans le mois qui suivra leur libération, de lui demander à rentrer dans leur emploi.

Caisse de Prévoyance et de Retraite.

Art. 13. — La Caisse de Prévoyance et de Retraite est établie au profit des ouvriers, ouvrières et employés de la Maison qui sont participants.

Art. 14. — Pour avoir droit à la totalité des avantages que cette Caisse procure, il faut avoir vingt années au moins de présence consécutive dans la Maison, — ou avoir atteint sa soixantième année d'âge.

Pour calculer le temps de présence, il sera tenu compte des années de présence non interrompue, antérieures au 1er janvier.

Le temps d'absence prévu par les articles 10 et 12 devra être remplacé par un temps de présence équivalent.

Art. 15. — La Caisse de Prévoyance et de Retraite est formée au moyen de versements faits au compte individuel de chaque intéressé, conformément au 3me paragraphe de l'article 6.

Art. 16. — De plus, un prélèvement sur les bénéfices de la Maison, fixé chaque année par M. Chaix, sera versé au compte de chaque participant et au *prorata* du montant de ce compte.

Ce prélèvement sera de 5 0/0 pour l'année 1872.

Mais les sommes en résultant ne profiteront aux participants que s'ils remplissent les conditions d'âge ou de service énoncées dans l'article 14.

Art. 16 *bis.* — En aucun cas, la Part totale attribuée annuellement à chaque participant, en vertu des articles 6 et 16, ne pourra excéder le quart de ses salaires ou appointements.

Le surplus, s'il y en a, sera réparti, sans distinction de service, entre les participants ayant dix ans de présence révolus, au prorata de leurs années de service.

Mais cette part supplémentaire ne profitera à ces participants que s'ils remplissent les conditions d'âge ou d'ancienneté énoncées dans l'article 14.

Art. 17. — Lorsqu'un participant, ayant complété sa vingtième année de service, ou, à défaut, sa soixantième année d'âge, quitte la Maison, soit volontairement, soit par suite de renvoi, son compte de Prévoyance et de Retraite est liquidé, sur sa demande, conformément à l'article 23.

Art. 18. — Le participant ayant complété sa vingtième année de service ou sa soixantième année d'âge, peut également, tout en restant dans son emploi, demander la liquidation de son compte de Prévoyance et de Retraite, conformément à l'article 23.

Dans ce cas, son compte cesse de prendre part aux avantages résultant des avantages des déchéances ; mais il continue de s'accroître de l'Intérêt de Participation et des versements opérés par M. Chaix, en vertu de l'article 16, sans que la liquidation de ce nouveau compte puisse avoir lieu avant sa sortie de la Maison.

Art. 13. — Tout participant qui, avant d'avoir atteint sa vingtième année de présence ou sa soixantième année d'âge, quitte la Maison, soit volontairement, soit par suite de renvoi, peut demander la liquidation de son compte de Prévoyance et de Retraite ; mais cette liquidation doit, *à peine de déchéance,* être demandée par écrit à M. Chaix, dans le délai d'un an et un jour, à dater du départ du participant ; — elle ne comprend que les sommes versées en conformité de l'article 6, et n'a lieu qu'un an après sa sortie de la Maison et dans les conditions prévues par l'article 23.

Quant aux sommes versées à son compte, en conformité de l'article 16, elles sont portées aux comptes des participants restants, au *prorata* des sommes qui y sont déjà respectivement inscrites.

Art. 20. — Lorsqu'un participant décède en activité de service, les sommes portées à son compte, en conformité des articles 6 et 16, sont remises aux membres de sa famille désignés dans l'article 24, en un ou plusieurs paiements, de la manière, aux époques et dans les proportions déterminées par le Comité.

Art. 21. — Si un participant se trouve atteint d'infirmités constatées, entraînant incapacité de travail, la remise de tout ou partie de la somme inscrite à son compte, en conformité de l'article 6, peut, le Comité consulté, lui être faite immédiatement.

Art. 22. — Si le participant, parti, congédié ou décédé, se trouve débiteur de la Maison, la somme inscrite à son compte est d'abord employée, jusqu'à due concurrence, à combler le déficit ou à réparer les préjudices par lui causés à la Maison.

Si ce déficit ou préjudice provenait de détournements dont le participant se serait rendu coupable, celui-ci encourrait la déchéance de ses droits, et la somme inscrite à son compte ferait retour à la Maison.

Art. 23. — Lorsqu'il y a lieu de liquider le compte individuel d'un participant, celui-ci peut, à son choix, demander que la somme disponible soit consacrée : à lui constituer une rente viagère sur la Caisse des Retraites de l'État ou une Compagnie d'assurances sur la vie avec ou sans réversibilité au profit des membres de sa famille appelés, par le présent règlement, à en jouir après lui, — ou à lui acquérir des Rentes françaises sur l'Etat ou des Obligations de chemins de fer français, — ou, enfin, des usufruits de Rentes françaises ou d'Obligations de chemins de fer français, — les titres demeurant déposés dans la Caisse de dépôt désignée, jusqu'au décès du titulaire, pour être alors remis aux membres de sa famille désignés dans l'article suivant.

Art. 24. — Sont appelés, après le décès du participant, à recueillir les sommes portées à son compte :

1° Son conjoint non séparé de corps et de biens ; — 2° Ses enfants légitimes ou légitimés par un mariage subséquent, ses enfants adoptifs et ses petits-enfants ; — 3° Ses ascendants.

Le Comité consultatif pourra, sur la demande des intéressés, modifier ledit ordre.

A défaut des appelés sus-institués, les sommes ou titres provenant de la liquidation du compte du participant décédé, sont portés à ceux des autres participants restants, au *prorata* des sommes qui y sont déjà respectivement inscrites.

Art. 25. — La répartition des déchéances entre les divers comptes individuels n'a lieu qu'une fois par an, au 31 décembre, et seulement au profit des membres présents dans la Maison à cette époque.

L'attribution de la Participation dans les bénéfices est faite, également une fois par an, par exercice, et après l'approbation des comptes par l'Assemblée générale des commanditaires de la Maison.

En conséquence, les comptes individuels, qu'il y a lieu de liquider dans le courant de l'année, sont toujours arrêtés au 31 décembre précédent.

Art. 26. — Le compte de chaque participant sera bonifié, chaque année, d'un intérêt de 4 0/0, produit par les sommes qui y sont portées, tant que la Maison en conservera la gestion financière.

Cette gestion pourra être confiée ultérieurement, d'accord avec le Comité consultatif, soit à une Compagnie d'assurances, soit à une Société de crédit, soit encore à une Caisse publique.

COMITÉ CONSULTATIF ET DE SURVEILLANCE

Art. 27. — Un Comité consultatif et de surveillance est institué pour seconder M. Chaix dans l'exécution des prescriptions relatives à la Participation, ainsi qu'à la caisse de Prévoyance et de Retraite.

Art. 28. — Ce Comité se compose de dix-neuf membres, savoir. M. Chaix, — les neuf membres du Bureau de la Société de secours mutuels, renouvelés chaque année par tiers en Assemblée générale, — les trois plus anciens Chefs de service et Contre-Maîtres — et les six plus anciens ouvriers, ouvrières (ou employés de la Maison.

ART. 29. — Les réunions ordinaires du Comité ont lieu le troisième dimanche de chaque mois. Les réunions extraordinaires font l'objet d'une convocation spéciale.

DISPOSITIONS GÉNÉRALES

ART. 30. — Il sera délivré à chaque participant un livret sur lequel seront indiquées toutes les sommes portées à son compte.

ART. 31. — Le titre de participant indiquant des conditions particulières de stabilité et d'attachement à l'Établissement, aucun participant ne pourra être renvoyé définitivement sans une décision de M. Chaix.

ART. 32. — Les sommes à payer, les usufruits, les intérêts ou rentes viagères à servir, par suite des présentes dispositions, soit aux participants, soit aux membres de leur famille désignés dans l'article 24, sont d'avance déclarés expressément de libéralité et pour alimentation, et, comme tels, incesssibles et insaisissables.

ART. 33. — Il est déclaré que M. Chaix est seul juge de toutes les réclamations qui pourraient se produire relativement au présent règlement. Il prendra toutefois l'avis du Comité consultatif.

ART. 34. — La répartition annuelle a lieu d'après les comptes approuvés par les commanditaires de la Maison, sans que les participants aient le droit de s'immiscer en rien dans les écritures.

ART. 35. — Les employés, ouvriers et ouvrières sortant d'un établissement où existeraient des institutions analogues et dans lequel ils seraient déjà membres participants, seront admis de droit, sur leur demande, *aspirants-participants*, et la durée de leur stage pour devenir participants sera fixée par le Comité dans les trois mois qui suivront leur entrée dans la Maison, sans toutefois que ce stage puisse excéder une année.

ART. 36. — Les présentes dispositions s'appliquent aux employés de la Librairie, en ce qui concerne les bénéfices réalisés dans ce Service.

ART. 37. — Les modifications que l'expérience pourrait faire apporter au présent Règlement ne produiront aucun effet rétroactif.

ART. 38. — M. Chaix se réserve expressément la faculté de faire cesser les effets du présent Règlement, s'il n'avait pas lieu d'être satisfait de ses résultats. Dans ce cas, la Caisse de prévoyance serait liquidée au 31 décembre qui suivrait la résolution prise, et les sommes ou les titres inscrits seraient remis à chacun pour solde, après l'approbation, par les commanditaires de la Maison, des résultats de l'exercice.

ART. 39. — En cas de décès de M. Chaix, si ses successeurs n'entendaient pas continuer la Participation, la Caisse de Prévoyance et de Retraite serait liquidée comme il est dit à l'article précédent.

ÉTAT DE SITUATION
DE LA
PARTICIPATION DANS LES BÉNÉFICES ET DE LA CAISSE DE PRÉVOYANCE ET DE RETRAITES (1872-1878)

ANNÉE	MONTANT PAR ANNÉE de la participation	INTÉRÊT ANNUEL	NOMBRE DE PARTICIPANTS admis par année.	NOMBRE de participants.			COMPTES LIQUIDÉS PAR ANNÉE	TIERS PAYÉ COMPTANT chaque année.	COMPTE DE RETRAITE ET DE PRÉVOYANCE — Encaisse par année
				RETRAITÉS	DÉCÉDÉS	PARTIS			
	FR. C.	FR. C.					FR. C.	FR. C.	FR. C.
1871. . .	50.900 (1)	» »	117	»	»	»	» »	» »	50.900 »
1872. . .	41.407 35	1.018 »	21	»	2	2	» »	13.769 10	28.630 25
1873. . .	34.809 55	3.125 08	45	»	2	10	1.423 82	11.504 65	23.006 16
1874. . .	52.405 30	4.178 75	50	»	2	9	176 88	17.439 95	38.967 22
1875. . .	44.581 10	5.030 56	63	»	8	13	2.013 56	13.323 45	31.278 05
1876. . .	29.137 05	6.761 10	49	4	5	27	8.776 27	8.467 60	18.054 18
1877. . .	52.063 42	7.632 15	30	1	4	16	5.566 09	11.919 75	39.210 03
1878. . .	49.336 85	9.320.15	40	2	4	14	2.662 85	11.332 50	41.685 65
TOTAUX .	354.660 62	37.672 09	416	7	27	94	21.227 57	93.757 »	277.354 15

(1) Cette somme de 50,900 francs provient de bénéfices réservés pendant plusieurs années en vue d'une fondation de retraites.

CHEMIN DE FER D'ORLÉANS

RÉGLEMENT SUR LA PARTICIPATION DES EMPLOYÉS DANS LES BÉNÉFICES
DE L'EXPLOITATION.

Le conseil d'administration. — Décide :

ART. 2. — Chaque année, avant toute répartition de la somme à répartir entre les employés, il est opéré pour le fonds de secours et d'encouragement, un prélèvement qui n'excède, dans aucun cas, 15 0/0 de la somme à répartir.

Une partie de ce fonds de secours et d'encouragement est attribuée :

1° Aux employés qui, dans l'exercice de leurs fonctions, ont reçu des blessures, contracté des maladies ou des infirmités qui les mettent dans l'impossibilité de continuer leur service ;

2° Aux familles de ceux qui ont succombé par suite des mêmes circonstances ou d'évènements extraordinaires ;

3° Aux employés nécessiteux ;

4° Enfin, aux employés qui se sont distingués dans leur service.

ART. 3. — Le prélèvement étant fait, le surplus de la somme à distribuer est réparti entre tous les employés, dans la proportion du traitement dont chacun d'eux à joui dans le cours de l'année.

ART. 4. — Sont seuls compris dans la répartition les employés dont le traitement est fixé à l'année, sauf les assimilations établies ou à établir par décisions spéciales du conseil d'administration.

Tout employé entrant définitivement au service de la Compagnie est admis à la répartition, à partir de la date de sa nomination.

Tout employé qui quitte le service de la Compagnie, dans le

courant de l'année, pour une cause quelconque, n'est admis à la répartition qu'en raison de la portion de son traitement qu'il a effectivement touchée cette année.

ART. 5. — Le montant de la somme attribuée à chaque employé est versé à son compte à la caisse des retraites pour la vieillesse instituée par l'État, jusqu'à 10 0/0 de son traitement.

Le surplus du montant de l'attribution est remis à l'employé en espèces, jusqu'à concurrence de 7 0/0 de son traitement.

Enfin, après ces deux prélèvements, le reliquat, s'il en existe un, est versé, au compte de l'employé, à la Caisse d'épargne de Paris.

ART. 6. — Les sommes à porter au compte de chaque employé soit à la caisse des retraites, soit à la caisse d'épargne, y sont versées à titre de don volontaire incessible et insaisissable.

ART. 7. — Les versements à la caisse des retraites pour la vieillesse, opérés avant que l'employé ait atteint l'âge de 50 ans, sont faits à la condition de lui constituer une pension viagère à cet âge, soit à fonds perdu, soit à capital réservé, suivant qu'il préfère.

Lorsque l'employé est arrivé à 50 ans, s'il reste au service de la Compagnie, le versement à la caisse des retraites de la somme lui revenant pour l'année dans laquelle il atteint l'âge de 50 ans, est opéré, avec entrée en jouissance à 51 ans. S'il reste au service de la Compagnie à 51 ans, le nouveau versement a lieu, avec entrée en jouissance à 52 ans et ainsi de suite.

Quant à la rente acquise à 50 ans, 51 ans, au moyen des versements antérieurs à ces âges, la jouissance en est reculée d'une année successivement.

ART. 8. — Les versements à la caisse d'épargne sont faits sous la condition de ne pouvoir être retirés par les titulaires qu'en vertu d'une décision spéciale du conseil d'administration.

ART. 10. — Les livrets de chaque employé à la caisse des retraites et à la caisse d'épargne sont conservés par la Compagnie.

Ces livrets sont remis, avec toute faculté d'en disposer, soit au titulaire au cas de démission ou de révocation, soit à ses héritiers ou ayants cause, en cas de décès.

ASSOCIATION COOPÉRATIVE

Maison LECLAIRE, entreprise de peinture.

MAISON LECLAIRE

PEINTURE, VITRERIE, MIROITERIE.

Rue Saint-Georges, 11.

Constitution de la maison Leclaire.

L'entreprise de travaux de peinture, qui porte encore le nom de son fondateur M. Leclaire, est une Société en commandite composée de deux associés et d'un commanditaire : la Société de Prévoyance et de secours mutuels des ouvriers et employés de la maison, représentée par son président depuis la fondation, M. Charles Robert, ancien conseiller d'État, directeur de la Compagnie d'assurances l'Union.

Cette organisation ne révèle jusqu'ici, en aucune façon, le caractère d'association ouvrière que possède la maison: ce caractère est cependant déjà renfermé dans ces premiers mots. D'une part, en effet, les deux associés, dont il vient d'être question, sont, d'après l'article 17 du règlement, choisis parmi les employés et ces employés ont été eux-mêmes choisis parmi les ouvriers de la maison ; d'autre part, la Société de Prévoyance et de secours mutuels représente une partie des intérêts des ouvriers, le gage éternel de leur assistance en cas de maladie, la garantie de leur bien-être au jour des infirmités et de la vieillesse.

Un troisième élément, dont le nom n'a pas trouvé place dans l'acte de Société, concourt avec les associés et le commanditaire à constituer la maison Leclaire. Ce troisième élément c'est le *noyau*. Cet organe, création aussi efficace en résultats commerciaux qu'en résultats moraux, est une phalange d'élite constituée par tous les ouvriers de la maison qui se sont distingués par leur savoir professionnel, leur probité et leur assiduité au travail.

A la suite du noyau, viennent : les candidats au noyau qui travaillent toute l'année dans la maison et, enfin, la masse des ouvriers qui travaillent plus ou moins longtemps, chaque année.

En 1877 cette organisation a renfermé 986 personnes, dont : deux associés, 117 membres du noyau, 104 candidats et 763 ouvriers de passage.

Fonctionnement de la maison.

Art. 17 du Règlement et 8 de l'acte social Leclaire. — *Associés.* — Les associés en nom collectif sont gérants et responsables; ils ont, l'un et l'autre, la signature sociale, mais seulement pour les opérations de la Société. Il est expressément interdit à chacun d'eux de souscrire des billets qui pourraient motiver une action contre la Société. Ils choisissent les employés de la maison.

Les deux associés ont un traitement annuel de 6,000 fr. à prélever par douzièmes, de mois en mois, et reportés au compte de frais généraux. Ils concourent, en plus, au partage des bénéfices, comme nous le verrons à l'article : Répartition des bénéfices.

Leur mise de fonds dans la Société est de 100,000 francs chacun, mais cette somme est formée par l'accumulation de tout, ou, au moins, des deux tiers de la part de bénéfices annuels qui leur revient, à moins que leurs ressources personnelles ne leur permettent de la compléter autrement.

Art. 19. — Chacun des associés aura le droit de se retirer quand bon lui semblera.

En cas de désaccord ou pour tout autre motif, l'un des associés pourra être tenu de donner sa démission, si elle était exigée par l'autre associé en nom collectif et par le Président de la Société de secours mutuels, après avis de deux membres délégués en exécution de l'article 9.

Quelle que soit la cause de la retraite d'un associé et à quelque époque de l'année qu'il se retire, il n'aura aucun droit sur le fonds de réserve ni sur les bénéfices de l'année courante.

En aucun cas, l'associé sortant ne pourra prétendre à des droits sur la clientèle, le matériel et le fonds de réserve; il en sera de même à l'égard des héritiers de l'associé décédé.

L'associé sortant ne retirera sa mise sociale qu'au fur et à mesure que le capital de son successeur se complétera.

En cas de décès ou de retraite d'un des associés, son successeur est désigné par l'assemblée générale de tous les ouvriers membres du noyau qui sera convoquée, dans les deux mois, par l'associé restant et, à défaut par lui de le faire, par le président de la Société de secours mutuels.

Le choix de cette assemblée ne pourra porter que sur un employé intéressé dans les bénéfices, lesquels, d'après l'article 17, sont recrutés parmi les employés faisant partie du noyau.

Art. 12 du Règlement. — *Noyau.* — Pour faire partie du noyau il faut être âgé de 25 ans au moins, de 40 ans au plus et savoir lire, écrire et compter. L'admission au noyau doit être précédée d'une demande qui est transmise à un comité; ce comité fait une enquête et un rapport à l'Assemblée générale, cette assemblée admet ou rejette le candidat.

Art. 13 du Règlement. — Les ouvriers faisant partie du noyau pourront recevoir un salaire de 25 centimes supérieur au prix accordé par le tarif de la ville de Paris. Tous les ans, l'assemblée générale doit en décider; les 25 centimes, quand ils seront accordés, ne seront remis aux ayants droit qu'à la fin de l'année.

Les ouvriers et les employés faisant partie du *noyau* ainsi que les membres de la Société de secours mutuels, obtiennent gratuitement en lecture des livres de la bibliothèque.

Art. 14 du Règlement. — L'assemblée générale de tous les ouvriers membres du *noyau* a lieu en février, chaque année. Elle procède, au scrutin secret :

1° A la nomination de deux Commissaires, choisis parmi ses membres, pour examiner, avec le Président de la Société de secours mutuels, le résultat du bilan et constater si la répartition des bénéfices a été opérée conformément aux statuts;

2° A l'élection des chefs d'atelier pour un an ;

3° A l'admission des ouvriers et employés au noyau ;

4° A la nomination, pour un an, des membres du comité de conciliation.

Art. 17 du Règlement. — *Comité de conciliation.* — Un comité de conciliation est élu par les ouvriers faisant partie du noyau et les employés classés.

Il est composé de neuf membres, dont :

5 ouvriers ou chefs d'atelier,

3 employés,

Et le patron, président de droit.

ART. 77 du Règlement. — Peuvent être appelés devant le comité de conciliation, tous les ouvriers faisant partie du noyau, les apprentis et les employés classés qui, pendant le travail, s'écarteraient de leurs devoirs ; il en est de même, à l'égard de ce qui touche à la moralité, à l'improbité, à l'ivrognerie et aux intérêts de la maison. Les pénalités à infliger au délinquant sont, suivant la gravité de la faute :

1° Des conseils ;

2° Des avertissements ;

3° Un congé d'un à trois mois ;

4° Le renvoi de la maison.

Dans ce dernier cas, l'expulsé pourra en appeler devant l'assemblée générale, mais la décision du comité sera exécutée, nonobstant appel.

Le renvoi n'est prononcé qu'au scrutin secret et à la majorité absolue.

Répartition des bénéfices.

ART. 15 de l'acte social Leclaire, Defourneau et Cⁱᵉ. — Avant tout partage, 10 0/0 des bénéfices seront prélevés pour former le fonds de réserve.

Ce prélèvement cessera, lorsque ce compte de réserve aura atteint 100,000 francs, et recommencera si ce fonds de réserve vient à être absorbé pour la totalité ou pour partie.

Après ce prélèvement, un quart du surplus appartiendra au deux associés, dans la proportion des 2/3 pour le plus ancien, et d'un tiers pour le second.

Et un deuxième quart ou 25 0/0, est alloué à la Société de secours mutuels.

Les 50 0/0 restants seront partagés entre tous les ouvriers, de la manière suivante :

Il sera fait masse des journées d'ouvriers de toutes catégories et de tous les traitements d'employés de la maison, et le chiffre représentant les 50 0/0 à répartir sera divisé par la somme des salaires et des traitements.

Le résultat de cette division sera mutiplié par la somme des salaires ou traitements que chacun aura reçus, et le produit de cette multiplication indiquera la part de bénéfices à laquelle il aura droit.

La part des bénéfices afférents à chacun des intéressés, lui sera remise aussitôt que le bilan sera établi et les comptes apurés.

Art. 17 *idem.* — L'employé ou l'ouvrier, qui cesserait de faire partie de la maison ou qui s'en ferait renvoyer, aura droit aux bénéfices de l'année courante, à moins que le renvoi résulte d'un préjudice causé à la maison et qu'il devrait réparer.

Société de secours mutuels.

Art. 3 du Règlement de la Société de secours mutuels. — La Société de Prévoyance et de secours mutuels des ouvriers et employés de la Maison Leclaire comprend des membres honoraires et des membres titulaires.

Les premiers sont nommés par le président, les autres par l'assemblée générale, après enquête du conseil de famille.

Art. 7 *idem.* — Les ressources de la Société se composent :

1° De sa part de 25 0/0 sur les bénéfices de la Maison.

2° Des gratifications que donnent les propriétaires pour qui la Maison fait les travaux, quand ils sont satisfaits des ouvriers.

3° Des amendes infligées à ses membres.

4° De la sommme de 20 fr. une fois payée, sans autre cotisation ultérieure, que verse chaque membre pour son droit d'admission dans la Caisse de la Société.

Art. 9 *idem.* — Les secours que la Société accorde consistent :

1° Dans les visites du médecin.

2° Dans les médicaments qu'il prescrit.

3° Dans une indemnité de 2 fr. 50 par jour pendant six mois ; passé ce délai, il sera statué, en assemblée générale, si les secours doivent être continués ou si le sociétaire doit être mis à la retraite.

Art. 13 *idem*. — La Société cherchant à atteindre un but moral en même temps que de bienfaisance n'accorde aucun secours pour les maladies résultant de la débauche ou de l'ivrognerie ni pour blessures reçues dans des rixes où le sociétaire aurait été l'agresseur.

Art. 14 *idem*. — Lors du décès d'un sociétaire, ses funérailles sont faites aux frais de la Société, et sa dépouille mortelle sera déposée dans une concession de cinq ans ; il en est de même pour les veuves des sociétaires.

Des pensions de retraite.

Art. 15. — Des pensions viagères de retraite sont accordées à tous les membres de la Société, dans les conditions suivantes : Auront droit à la pension :

1° Tout sociétaire qui, soit par accident arrivé en travaillant pour la maison, soit par suite d'infirmités, se trouve dans l'impossibilité de gagner sa vie ;

2° Tout sociétaire ayant cinquante ans d'âge révolus, et qui justifiera être resté vingt ans, sans discontinuer, attaché à la maison ;

3° Tout ouvrier non sociétaire qui, en travaillant pour la maison, aura reçu une blessure grave qui le mettra dans l'impossibilité de gagner sa vie ;

4° Les pensions de retraite pour tous les sociétaires sont fixées de 500 francs au minimum à 1,000 francs au maximum ; elles sont incessibles et insaisissables.

Art. 17. — Les pensions accordées à chaque sociétaire son reversibles, par moitié, sur la tête des veuves et des orphelins mineurs.

Art. 25 *idem*. — En cas de décès d'un sociétaire qui n'a pas droit à la pension, il sera accordé à sa veuve 20 francs par chaque année que son mari sera resté attaché, sans discontinuer, à la maison Leclaire, et, de plus, les 20 francs de droit d'admission payés par le mari seront remboursés.

Art. 28 *idem*. — Tout sociétaire qui quittera volontairement la maison, et, par conséquent, la Société de secours mutuels ; que

que soit le temps qu'il y ait passé, s'il n'a pas atteint sa cinquantième année, obtiendra seulement le remboursement :

1· Des 20 francs de son droit d'admission dans la Société ;

2° Une somme de 10 francs une fois payée, par chaque année de présence dans la Société de secours mutuels.

Tout sociétaire renvoyé sera indemnisé de la même manière, à moins que la cause de son renvoi ne soit le résultat de l'improbité; dans ce cas, aucune indemnité n'est accordée.

ART. 23 *idem.* — Toutes les pensions seront servies aux ayants droit par les revenus de la Société, soit sur les arrérages des rentes sur l'État qu'elle possède, soit sur les intérêts des capitaux placés à son nom.

Il ne pourra jamais être touché au capital.

Dans le cas où les revenus de la Société seraient insuffisants pour servir les pensions et les allocations accordées aux pensionnaires, l'assemblée générale pourra prendre, sur sa part des bénéfices annuels, la somme nécessaire. Dans tous les cas, la somme qui serait prélevée sur le bénéfice ne devra jamais dépasser un cinquième de cette part.

ART. 52 *idem.* — En cas de dissolution de la Maison, la Société de secours mutuels continuerait d'exister, mais elle prendrait le titre de : *Caisse des retraites des invalides peintres en bâtiment du département de la Seine*, et serait administrée sous la surveillance de M. le Directeur de l'Assistance publique qui en deviendra président de droit.

Les droits des ouvriers et employés de la maison Leclaire ainsi que de leurs veuves et orphelins seront expressément réservés, tant pour les secours en cas de maladie que pour les droits à la retraite.

La caisse des invalides peintres du département de la Seine n'emploiera uniquement ses revenus, les droits ci-dessus réservés, qu'à servir des rentes viagères de retraite de 365 francs :

1° Aux ouvriers peintres du département de la Seine qui, par suite de blessures graves reçues en travaillant, se trouveront dans l'impossibilité absolue de gagner leur vie ;

2° Aux veuves et orphelins des ouvriers tués au travail;

3° Enfin, aux ouvriers sexagénaires.

Le montant des arrérages payés par la Société pendant l'année 1877 à 40 pensionnaires (dont 24 anciens sociétaires et 11 veuves), est de 34,450 francs.

L'avoir de la Société de prévoyance au 1er mai 1878 est de 1,001,491 fr. 28 c.

INSTITUTIONS DIVERSES

—

1° Statuts de la Société libre
   de *Récompenses au travail*.
2° Caisse des retraites.
3° Assurances en cas de décès.

Statuts de la Société libre

DE

RÉCOMPENSES AU TRAVAIL

Siége social : 13, rue des Fontaines-du-Temple,
a Paris.

———

Article premier. — Il est fondé à Paris une Œuvre dite : *Société libre de Récompenses au Travail.*

Art. 2. — Elle a pour but d'encourager les ouvriers, à quelque catégorie qu'ils appartiennent, à se livrer consciencieusement aux travaux de leur profession ; — à s'attacher à la maison qui les emploie ; — à se montrer dévoués aux intérêts de leurs patrons ; — à mener une conduite régulière ; — à éviter le chômage volontaire, notamment celui du lundi ; en un mot, à être honnêtes et laborieux, bons pères, bonnes mères de famille et bons citoyens.

Art. 3. — Tous les ans, il sera décerné, en séance publique, des récompenses aux ouvriers et apprentis des deux sexes qui en seront jugés dignes par leurs patrons. Ces récompenses consisteront en livres, médailles, diplômes, livrets de la Caisse d'épargne ou de la Caisse de dotations.

Art. 4. — Il est entendu que tous les patrons adhérents auront droit à autant de récompenses qu'ils en demanderont ; toutefois, l'intérêt de tous étant de ne pas les prodiguer, afin de conserver leur prestige, chacun s'engage à ne proposer que des sujets réellement méritants.

Art. 5. — Un mois, au moins, avant la séance publique, chaque patron fournira sa liste au Comité, et sera tenu de participer aux frais de médailles, diplômes, impressions et tous autres relatifs à la cérémonie, au prorata du nombre des candidats qu'il aura présentés.

Art. 6. — Les livrets de Caisse d'épargne et de la Caisse des dotations seront laissés à la charge des patrons qui restent libres d'en fixer la quotité.

Art. 7. — Il sera établi un registre appelé *Livre d'or*, destiné à recevoir les noms, prénoms, âges, lieu de naissance et nature des services de tous ceux qui recevront une récompense de l'Association.

Art. 8. — Tout lauréat dont la conduite donnera ultérieurement lieu à un blâme, sera rayé du Livre d'or.

Art. 9. — Il est créé un Conseil administratif qui gérera ou déléguera ses pouvoirs à un Comité exécutif chargé de pourvoir à l'observance des présents Statuts, de fixer les époques des réunions, arrêter les détails des fêtes, recevoir les sommes versées par les adhérents, provoquer les adhésions et faire généralement tout ce qui sera utile à l'Association.

Art. 10. — Les fonctions des membres du Conseil et du Comité seront gratuites.

NOTE SUR LE FONCTIONNEMENT

DE LA

CAISSE DES PENSIONS DE RETRAITE

POUR LA VIEILLESSE

Administrée sous la garantie de l'État par la caisse des dépôts et
consignations.

RUE DE LILLE, 56, A PARIS.

***

DES VERSEMENTS.

Les versements sont facultatifs ; ils peuvent être interrompus ou
continués au gré des parties versantes, chaque versement donnant
lieu à une liquidation distincte; ils peuvent être faits au profit
de toute personne âgée de plus de trois ans, quelle que soit sa
nationalité.

Les versements peuvent être effectués à la Caisse des dépôts et
consignations, ou chez ses préposés dans les départements, *les receveurs généraux et particuliers des finances*, soit par les intéressés
eux-mêmes, soit à leur profit par des tiers, soit enfin par des
Caisses d'épargne, Sociétés de secours mutuels ou autres intermédiaires choisis par les déposants.

Il n'y a pas d'obligation pour les déposants de faire leurs versements entre les mains du même préposé. Ainsi les versements
commencés dans un département peuvent être continués dans un
autre.

Les versements opérés par un mineur âgé de moins de dix-huit
ans, doivent être autorisés par ses père, mère ou tuteur, et, à
leur défaut, par le juge de paix.

Les versements effectués par des déposants *mariés* et *non séparés de biens* profitent par moitié à chacun des deux conjoints. Un

déposant ne peut pas priver son conjoint du bénéfice de cette division des versements ; il ne peut même y renoncer pour son propre compte. Cependant, si l'un des époux a déjà atteint le maximum légal de la rente viagère, les versements ultérieurs peuvent profiter exclusivement à l'autre.

Le partage du versement par moitié entre deux conjoints n'est de droit qu'autant que le versement est opéré de leurs deniers. Les sommes versées par un tiers à titre de donation peuvent être appliquées au profit exclusif de l'un des époux, sauf autorisation du mari, si l'épouse est donataire.

Les versements antérieurs au mariage restent propres à celui qui les a faits.

Les versements ne sont reçus à la Caisse des dépôts et chez ses préposés que par sommes de 5 francs au moins, et sans fraction de franc.

Les versements effectués au profit de deux conjoints doivent être de 10 francs au moins, et multiples de 2 francs.

Les versements inscrits au compte d'une même personne ne peuvent excéder 4,000 francs dans le cours d'une année. Sont remboursées, sans intérêts, les sommes versées en excédant de ce maximum, dans le courant d'une même année, ainsi que celles qui dépassent le capital nécessaire pour obtenir 1,500 francs de rente viagère, et celles dont la liquidation définitive ne produirait pas 5 francs de rente.

La limite de 4,000 francs, dans une année, n'est pas applicable aux versements effectués, de leurs deniers, par les Sociétés de secours mutuels, au profit de leurs membres, par les Sociétés anonymes, au profit de leurs agents, par les administrations publiques ou par suite de décisions judiciaires.

DES CONDITIONS DES VERSEMENTS.

Les conditions des versements se rapportent soit au capital déposé, soit à l'époque d'entrée en jouissance de la rente viagère que le déposant veut acquérir.

Le capital peut être versé, au choix du déposant, soit avec *abandon*, soit avec *réserve* et à charge de remboursement aux ayants droit, lors du décès du titulaire de la rente.

Dans le cas de versement opéré par un donateur, la réserve du capital peut être stipulée, soit au profit du donateur, soit au profit des ayants droit du donataire.

Le donateur qui stipule à son profit le retour du capital versé, peut, le cas échéant, réclamer la délivrance d'un certificat constatant le chiffre du capital réservé.

Ce certificat est transmis au donateur par l'entremise du préposé qui a reçu le versement.

L'époque d'entrée en jouissance de la rente viagère est fixée, au choix du déposant, à une année d'âge accompli du titulaire depuis cinquante ans jusqu'à soixante-cinq ans.

En conséquence, si le versement profite à un individu qui a dépassé sa cinquantième, sa cinquante et unième année, etc., l'entrée en jouissance de la rente ne peut être fixée, *au plus tôt*, qu'à l'âge de cinquante et un ans dans le premier cas, cinquante-deux dans le second, etc., *sans fraction trimestrielle*.

Si le versement est opéré au profit d'une personne âgée de plus de soixante-cinq ans, l'entrée en jouissance de la rente est immédiate et doit être fixée au premier jour du trimestre qui suit le versement.

Les conditions fixées, à l'égard d'un versement, régissent non-seulement ce versement, mais aussi ceux effectués ultérieurement.

Le déposant est toujours libre de soumettre de nouveaux versements à des conditions autres que celles choisies précédemment.

Tous les versements faits antérieurement restent soumis aux conditions fixées.

Deux exceptions à cette règle sont autorisées dans les circonstances suivantes :

Le déposant ou le donateur qui a réservé le capital peut, à toute époque, en faire l'abandon total ou partiel à l'effet d'obtenir une augmentation de rente ou une rente nouvelle, sans qu'en aucun cas la rente puisse excéder 1,800 francs, ni qu'il y ait lieu au remboursement anticipé d'une partie du capital déposé.

L'ayant droit à une rente viagère, qui a fixé son entrée en jouissance à un âge inférieur à soixante-cinq ans, peut, dans le trimestre qui précède l'ouverture de la rente, reporter sa jouissance à une autre année d'âge accomplie, sans que, en aucun cas, la rente augmentée d'après les tarifs en vigueur puisse excéder le maximum de 1,500 francs, ni qu'il y ait lieu au remboursement d'une partie du capital déposé.

DES DÉCLARATIONS DE VERSEMENTS.

Tout premier versement fait, soit directement, soit par intermédiaire, doit être accompagné d'une déclaration souscrite par le déposant.

Cette déclaration énonce, dans tous les cas :

1º Les nom, prénoms, date et lieu de naissance, qualité civile, profession et domicile du titulaire de la rente qu'il s'agit d'acquérir ;

2º Si le capital versé est abandonné, ou s'il en est fait la réserve, lors du décès du titulaire de la rente, au profit de ses ayants droit ou du tiers donateur ;

3º A quelle année d'âge accomplie, depuis la cinquantième, le titulaire doit entrer en jouissance de la rente viagère.

Lorsque le versement doit profiter à deux époux, la déclaration doit comporter les mêmes énonciations à l'égard de chaque conjoint. Si la déclaration ne contient qu'une seule stipulation au sujet de l'abandon ou de la réserve du capital et de l'âge d'entrée en jouissance, elle est réputée commune aux deux conjoints.

Cette disposition est applicable même au cas de mariage ultérieur.

Lorsque le versement est effectué des deniers d'une personne mariée, ayant exceptionnellement droit à en profiter seule, la déclaration énonce les motifs de l'exception.

En cas de donation, la déclaration indique les nom, prénoms et domicile du donateur.

L'autorisation des père, mère ou tuteur, pour les versements faits par ou au nom d'un mineur de moins de dix-huit ans, et celle du mari pour les versements faits au profit de sa femme, peuvent être consignées dans la déclaration.

Lorsqu'un versement est effectué des deniers d'une autre personne que celle qui a déposé précédemment, ou lorsque le dépo-

sant veut soumettre de nouveaux versements à d'autres conditions que celles des versements antérieurs, une nouvelle déclara-
ration de versement devient nécessaire, et doit être faite conformément aux règles ci-dessus indiquées pour tout versement.

Il en est de même lorsqu'un changement est survenu dans
l'état civil du titulaire, ou lorsque l'époque d'entrée en jouissance de la rente doit être nécessairement changée en exécution
de la loi.

Le titulaire d'un livret qui veut user de la faculté d'accroître le
montant de sa rente, soit en abandonnant tout ou partie d'un capital réservé, soit en reportant à une autre année d'âge accomplie
l'époque de son entrée en jouissance, doit constater ses intentions
par une nouvelle déclaration.

Dans le premier cas, la déclaration doit être signée par la partie intéressée ou par son mandataire spécial.

Dans le second cas, elle peut être signée par l'intermédiaire.

La femme mariée ne peut signer, dans aucun cas, sans être
assistée ou autorisée de son mari.

S'il s'agit d'un capital réservé par un donateur aux ayants droit
du titulaire de la rente, ce dernier n'en peut faire l'abandon qu'autant qu'il y a été autorisé par le donateur.

S'il s'agit d'un capital réservé à un donateur, ce dernier seul ou
ses représentants peuvent en consentir l'abandon.

La feuille de déclaration est signée par le préposé de la Caisse
qui reçoit le versement, et par la personne qui l'effectue, soit directement, soit comme intermédiaire ; si le déposant ne sait pas
signer, il en est fait mention sur la feuille.

Les déclarations qui contiennent les conditions du versement
forment un contrat de rente viagère entre le déposant et l'État.

DES PIÈCES A PRODUIRE A L'APPUI DES DÉCLARATIONS.

Aux déclarations doivent être annexées, suivant les circonstances,
les pièces justificatives ci-après :

Acte de naissance du titulaire de la rente, ou des deux titulaires
si le versement profite à des conjoints. En cas d'impossibilité de
produire cette pièce, il ne peut y être suppléé que par un *acte de*

notoriété délivré dans la forme prescrite par l'article 71 du Code Napoléon. Les expéditions des actes de naissance doivent être libellées *in extenso.*

Si l'autorisation donnée au mineur âgé de moins de dix-huit ans n'a pas été consignée dans la déclaration : *autorisation des père, mère ou tuteur,* légalisée par le maire et accompagnée d'un *extrait de la délibération du conseil de famille* qui a nommé le tuteur, lorsque la tutelle est dative.

A défaut, ou en cas d'empêchement des père, mère ou tuteur : *autorisation du juge de paix.* Les autorisations données à un mineur doivent spécifier les conditions du versement, relatives soit à l'âge d'entrée en jouissance de la rente, soit à la réserve ou à l'abandon du capital. Elles peuvent être données d'une manière générale pour tous les versements que le mineur effectuera ; dans ce cas, elles sont révocables.

En cas de séparation de biens contractuelle : *extrait du contrat de mariage.*

En cas de séparation de corps : *extrait du jugement* qui a prononcé la séparation, accompagné des certificat et attestation prescrits par l'article 548 du Code de procédure civile.

En cas de séparation de biens par jugement : *mêmes pièces que ci-dessus* et, en outre, *justification* prescrite par l'article 1444 du Code Napoléon, à l'effet d'établir que la séparation a été exécutée.

En cas d'absence ou d'éloignement de l'un des conjoints depuis plus d'une année : *autorisation du juge de paix* ou *de la chambre du conseil* en cas d'appel.

Si le consentement donné par le mari n'a pas été consigné dans la déclaration : *consentement du mari* au versement effectué au profit de sa femme par un donateur, *légalisé par le maire.* Ce consentement peut être donné d'une manière générale pour tous les versements que le donateur effectuera ; dans ce cas, il est révocable.

En cas de changement d'état civil : *acte de mariage ou de décès.*

En cas d'abandon d'un capital primitivement réservé : *procuration, si la déclaration n'est pas signée par le titulaire de la rente.*

En cas d'ajournement de la jouissance de la rente, une procuration n'est pas nécessaire si la déclaration est signée par un tiers.

Dans les cas où une femme mariée, non autorisée à verser à son profit exclusif, intervient à la déclaration sans l'assistance de son mari : *autorisation du mari, légalisée par le maire.*

Dans le cas où l'original des pièces justificatives énumérées ci-dessus n'est pas produit, il doit en être remis des expéditions délivrées par les dépositaires publics de l'original ou d'une expédition authentique.

Une copie délivrée, même par un officier public, *conforme à l'original représenté et immédiatement rendu* ne peut être acceptée.

Les actes de naissance servant de base à la liquidation de la rente viagère, qui ne peut être opérée qu'à la direction générale, sont, par cette raison, en réalité produits directement à Paris. Ils doivent donc toujours être légalisés, à moins qu'ils n'émanent d'un officier du département de la Seine. La légalisation peut être faite soit par le président du tribunal, soit par le préfet ou le sous-préfet.

Les autres pièces justificatives qui ont seulement pour objet de constater la validité du versement n'ont besoin d'être légalisées (dans la forme ordinaire) qu'autant qu'elles sont produites au préposé de la Caisse des dépôts et consignations hors du ressort administratif ou judiciaire dont dépend l'officier qui les a délivrées.

Les actes de naissance et autres pièces justificatives délivrés en pays étranger doivent être légalisés par l'autorité compétente, et, en dernier lieu, au ministère des affaires étrangères.

DES LIVRETS.

Chaque premier versement effectué au nom d'un individu, ou à son profit, donne lieu à l'émission d'un livret qui est remis par le préposé de la Caisse au déposant ou à son représentant, moyennant le remboursement du prix, fixé à 25 centimes.

Le livret de la Caisse des retraites pour la vieillesse est revêtu du timbre de la Caisse des dépôts et consignations.

Il porte un numéro d'ordre correspondant à celui du registre matricule sous lequel est ouvert le compte des versements.

Il est disposé de manière qu'en cas de mariage il puisse y être ouvert un compte pour chacun des conjoints.

Il contient en outre les dispositions législatives et réglementaires en vigueur.

Le livret peut être retiré et représenté soit par le titulaire lui-même, soit par l'intermédiaire.

Le livret émis doit énoncer les nom, prénoms, date et lieu de naissance, qualité civile, profession et domicile du titulaire de la rente, et généralement tous les faits et conditions résultant des déclarations et productions prescrites par les articles 3 à 10 du décret.

Les énonciations ci-dessus ont lieu au moyen d'extraits des diverses déclarations souscrites, suivis de l'indication des pièces produites à l'appui.

Ces extraits sont signés par le préposé.

Ils mentionnent notamment :

1° Les changements survenus dans la qualité civile du titulaire ;

2° Les nouvelles conditions stipulées à l'égard des versements subséquents ;

3° En cas de donation, les nom et prénoms du donateur qui a effectué le versement, et s'il a réservé le capital à son profit ou au profit des ayants droit du titulaire ;

4° Les autorisations données, soit dans le corps de la déclaration, soit par actes séparés, en relatant si l'autorisation est générale ou spéciale à un seul versement.

L'inscription des versements sur le livret est faite pour les déposants directs, au moment même du dépôt. L'inscription de la somme de la rente viagère correspondant à chaque versement peut être requise trois mois après la date du versement, sur la simple présentation du livret au préposé dans la Caisse duquel le versement a eu lieu.

Il peut *exceptionnellement*, et pour la facilité des opérations, être émis plus d'un livret au nom du même titulaire, lorsque des versements sont effectués à son profit, ou en son nom, par plusieurs donateurs ou intermédiaires.

Il peut de même être délivré un livret à chacun des deux conjoints lorsque, ne résidant pas dans la même localité, ils manifestent l'intention d'opérer des versements chacun de son côté.

En cas de perte du livret, il est pourvu à son remplacement, sous le même numéro, par la direction générale de la Caisse des dépôts et consignations, sur la demande du titulaire et la production d'une déclaration faite devant le maire du domicile du déposant, en présence de deux témoins, dans la forme prescrite par l'article 2 du décret du 3 messidor an XII, pour le remplacement des titres de rente sur l'État.

DES INTERMÉDIAIRES.

L'intermédiaire qui effectue des versements dans l'intérêt de plusieurs déposants produit un bordereau en double expédition des sommes versées pour chacun d'eux.

Des modèles de bordereaux se trouvent à la direction générale et chez tous les préposés dans les départements.

Ces bordereaux indiquent, en regard des sommes versées portées dans la colonne, *capital aliéné* ou *capital réservé*, suivant la condition du dépôt :

1° Pour les premiers versements, les nom et prénoms du titulaire de la rente;

2° Pour les versements subséquents, le numéro du livret et le nom du titulaire. Les prénoms ne sont nécessaires que pour distinguer, sur le bordereau, plusieurs titulaires du même nom.

La portion du versement applicable à une femme mariée doit être inscrite en regard de son nom patronymique, suivi de son nom d'alliance, et immédiatement au-dessous de la portion applicable au mari.

Des bordereaux distincts doivent être établis pour les premiers versements et pour les versements subséquents.

Si l'intermédiaire agit au nom d'un donateur, il en est fait mention en tête des bordereaux.

Les versements provenant des deniers du titulaire et ceux provenant des deniers d'un donateur ne peuvent être confondus. A défaut de bordereaux distincts, ils doivent être séparés par la mention : *Versements opérés à titre de donation* suivie du nom du donateur.

L'intermédiaire joint aux bordereaux précités, suivant les circonstances, les déclarations de versement et pièces justificatives mentionnées plus haut.

Les versements subséquents doivent toujours être accompagnés des livrets.

Lors du versement collectif fait par un intermédiaire, le préposé en donne quittance au bas de l'une des expéditions du bordereau.

Cette quittance ne forme titre envers l'État qu'à la charge, par l'intermédiaire qui a fait le versement, de la soumettre, dans les vingt-quatre heures de sa date, au visa pour contrôle du préfet ou du sous-préfet.

Le préposé procède, alors, dans le plus court délai possible, à l'ouverture des livrets dont l'émission est nécessaire, aux mentions qui peuvent être à faire sur les livrets déjà émis, et à l'enregistrement, sur chaque livret, de tous les versements partiels.

Il soumet l'enregistrement des sommes versées au visa pour contrôle du préfet ou du sous-préfet, et remet ensuite les livrets à l'intermédiaire, en échange du bordereau quittancé.

L'enregistrement des sommes versées devant être présenté au visa du préfet ou du sous-préfet dans la dizaine du versement, il convient que les intermédiaires, dans les départements, effectuent leurs versements au commencement d'une dizaine mensuelle.

A Paris, l'enregistrement et le contrôle s'effectuent dans les bureaux de la Caisse.

DES RENTES VIAGÈRES.

Les rentes viagères sont liquidées par la direction générale de la Caisse des dépôts et consignations à Paris.

Elles sont fixées conformément à des tarifs arrêtés par le ministre de l'agriculture et du commerce, tenant compte pour chaque versement :

1° De l'intérêt composé du capital, à raison de cinq pour cent ;

2° Des chances de mortalité, en raison de l'âge du titulaire au jour du versement et de l'âge auquel commence la jouissance de la rente, calculée d'après les tables dites de Deparcieux ;

3° Du remboursement, au décès, du capital versé, si la réserve en a été faite par le déposant.

Les tarifs sont établis sur l'unité de franc, et calculés par trimestre pour le versement et par année pour la jouissance.

Pour l'application des tarifs, les trimestres commencent les 1er janvier, 1er avril, 1er juillet, 1er octobre.

L'intérêt des sommes déposées est compté à partir du premier jour du trimestre qui suit la date du versement.

L'âge du titulaire de la rente est calculé comme s'il était né le premier jour du trimestre qui a suivi la date de sa naissance.

Les tarifs sont calculés jusqu'à l'âge de soixante-cinq ans.

Les rentes liquidées au profit de personnes âgées de plus de soixante-cinq ans ne peuvent excéder les tarifs déterminés pour cet âge.

Les arrérages des rentes viagères sont payés par trimestre, par les agents du Trésor public.

Pour obtenir la liquidation définitive de l'inscription au grand-livre de la dette publique de la rente viagère à laquelle il a droit, le titulaire, à l'époque déterminée pour l'entrée en jouissance de la rente, fait parvenir au directeur général de la Caisse des dépôts et consignations son livret, accompagné de son certificat de vie.

Le certificat de vie ne peut être d'une date antérieure au jour de l'entrée en jouissance ; il est délivré par un notaire ou par le maire de la résidence du rentier ; il doit être légalisé lorsqu'il n'est pas dressé dans le département de la Seine.

L'envoi des pièces ci-dessus peut être fait à la Caisse des dépôts et consignations, soit directement, soit par l'entremise des préposés.

Un bulletin de dépôt est délivré au titulaire du livret qui en fait la remise à un préposé. Il est accusé réception des livrets adressés directement au directeur général, lorsque la demande en est faite par la lettre d'envoi.

On ne peut faire inscrire au grand-livre une rente inférieure à 5 francs.

Toutefois, si l'ayant droit à une rente de moins de 5 francs se trouve déjà en possession d'un titre de rente viagère, il peut demander que la nouvelle rente à liquider soit inscrite en son nom, au moyen d'une réunion à son titre principal. A cet effet, il joint à son livret son certificat de vie et le titre dont il s'agit, après l'avoir ramené à la jouissance courante par la perception des arrérages échus.

Ce cas excepté, le titulaire d'une rente inférieure à 5 francs a le choix de demander :

Ou que cette rente soit réunie au montant des rentes à liquider ultérieurement à son profit, par suite de versements faits ou à faire, sans que cette réunion puisse donner lieu à un rappel d'arrérages ;

Ou le remboursement du capital versé.

Il peut encore, s'il y a lieu, élever la rente à un chiffre inscriptible, par l'abandon du capital primitivement réservé, ou par l'ajournement de sa jouissance.

Aussitôt que la Caisse des dépôts et consignations a reçu, de la direction de la dette inscrite, les extraits d'inscription des rentes viagères liquidées définitivement, elle les transmet aux parties intéressées par l'entremise du préposé de leur arrondissement.

Le titre de rente est accompagné du livret revêtu d'une estampille constatant l'inscription.

Le titre et le livret ci-dessus relatés sont remis au titulaire ou à son représentant, sur son reçu, au bas d'une lettre d'avis de retrait qui lui est adressée par la direction générale, et sur la production, le cas échéant, du bulletin de dépôt.

Le paiement des rentes viagères acquises par des versements à la Caisse des retraites pour la vieillesse rentre, comme celui de toutes autres rentes dues par l'État, dans les attributions du Trésor public. Il est effectué par l'entremise des payeurs (1), sur la production des titres de rente et d'un seul certificat de vie pour

(1) Les rentiers de la vieillesse peuvent recourir à l'intervention des percepteurs pour faire parvenir aux payeurs du département leurs titres de rente et leurs certificats de vie, qui sont renvoyés ensuite, dûment estampillés et visés, *afin que le paiement des arrérages puisse avoir lieu sans déplacement pour les parties.* (Circulaire de la comptabilité générale du ministère des finances du 28 décembre 1854, § XXII.)

chaque titulaire, quel que soit le nombre d'extraits d'inscription présentés et de trimestres échus.

La mission dévolue à la Caisse des dépôts et consignations, en ce qui concerne les rentes viagères, s'arrête à la remise des titres réguliers d'inscription sur le grand-livre de la dette publique.

En conséquence, toutes réclamations relatives au paiement des arrérages desdites rentes, et toutes demandes concernant, soit la réunion de plusieurs titres en un seul, soit une modification du titre, devenue nécessaire par suite de changements de nom ou de qualité civile postérieurs à sa délivrance, doivent être adressées à S. Exc. M. le Ministre des Finances (direction de la dette inscrite), directement ou par l'entremise des préposés du Trésor public.

Dans le cas de blessures graves ou d'infirmités prématurées, régulièrement constatées entraînant incapacité absolue de travail, la rente viagère peut être liquidée définitivement, même avant que le titulaire ait atteint cinquante ans. Le chiffre en est fixé d'après les tarifs, en raison de l'âge et en proportion des versements effectués.

Cette liquidation anticipée ne peut être réclamée qu'à l'égard de versements antérieurs à l'accident qui a entraîné l'incapacité de travail. Une personne déjà infirme et incapable de travailler ne peut se prévaloir de l'article 6 précité, pour opérer des versements sous condition d'entrée en jouissance de la rente avant l'âge de cinquante ans.

DES REMBOURSEMENTS.

Sont remboursées sans intérêts, les sommes versées irrégulièrement (sans droit ou autorisation, ou par suite de fausse déclaration), celles dépassant les maxima fixés par la loi ou insuffisantes pour produire une rente inscriptible ainsi que celles dont la réserve a été stipulée lors du versement.

Aucun remboursement n'est effectué, par les préposés, sans une *autorisation préalable* du directeur général de la Caisse des dépôts et consignations.

La demande du remboursement, au décès du titulaire de la rente, du capital par lui réservé aux ayants droit doit être adressée, par les parties intéressées ou en leur nom, soit directement, soit par l'entremise des receveurs de finances au directeur général de la Caisse des dépôts et consignations à Paris.

Cette demande doit être accompagnée :

1° Du livret, si le titulaire en était en possession lors de son décès, ou, dans le cas contraire, du certificat de réserve de capitaux;

2° D'un certificat de propriété délivré dans les formes et suivant les règles prescrites par la loi du 28 floréal an VII, relative aux transferts de la dette publique (1),

3° De l'acte de décès du titulaire, à moins qu'il ne soit relaté dans le certificat de propriété comme étant au nombre des minutes de l'officier qui a délivré ce certificat.

Les parties intéressées produisent, en outre, suivant les circonstances, les pièces que leur situation particulière rend nécessaires pour la validité du paiement.

S'il s'agit d'un capital réservé à un donateur, il suffit que ce dernier joigne à sa demande le livret ou le certificat de réserve de capitaux, s'il y a lieu, et l'acte de décès du titulaire.

En cas de prédécès du donateur réservataire, ses ayants cause sont tenus aux mêmes productions que celles énoncées ci-dessus.

Les certificats de propriété, actes de décès et toutes autres pièces fournies pour obtenir le remboursement des capitaux réservés, étant produits directement à Paris, doivent toujours être légalisés s'ils n'ont pas été délivrés dans le département de la Seine.

(1) Conformément aux prescriptions de l'article 6 de la loi du 28 floréal an VII, le certificat de propriété ou acte de notoriété doit contenir les noms, prénoms et domicile des ayants droit, la qualité dans laquelle ils procèdent et possèdent, l'indication de leur part et portion. Cette pièce est délivrée par le notaire détenteur de la minute, lorsqu'il y a eu inventaire ou partage par acte public ou transmission gratuite, à titre entre-vifs ou par testament.

Le certificat de propriété est délivré par le juge de paix du domicile du décédé, sur l'attestation de deux citoyens, lorsqu'il n'existe aucun desdits actes en forme authentique. Dans le cas où les droits des parties résultent d'une décision judiciaire, le greffier dépositaire de la minute du jugement délivre le certificat. Quant aux successions ouvertes à l'étranger, les certificats délivrés par les magistrats autorisés par les lois du pays sont admis, lorsqu'ils sont rapportés dûment légalisés par l'agent du gouvernement français. Ces certificats peuvent être délivrés sur *papier libre*.

EXEMPLES TIRÉS DES TARIFS

Les valeurs des trois colonnes du tableau — **CAPITAL ALIÉNÉ**, **CAPITAL RÉSERVÉ**, **CAPITAL RENDU aux hérit.** — correspondent aux lignes ci-dessous.

1. — Pour constituer, au profit d'un enfant de 3 ans, le maximum légal de 1,500 francs de rente viagère, il faut verser en une fois :

	CAPITAL ALIÉNÉ	CAPITAL RÉSERVÉ	CAPITAL RENDU aux hérit.
Pour la jouissance à 50 ans	1.003	1.281	1.281
Pour la jouissance à 60 ans	391	500	500
Et pour la jouissance à 65 ans	231	282	282

2. — Le versement de 20 francs par an, depuis 3 ans jusqu'à 50 ans, produit une rente viagère de.

	CAPITAL ALIÉNÉ	CAPITAL RÉSERVÉ	CAPITAL RENDU aux hérit.
(jusqu'à 50 ans)	467 02	300 12	940
Et jusqu'à 60 ans de	1.231 74	950 52	1.140

3. — Pour constituer, au profit d'un enfant actuellement âgé de 10 ans, le maximum légal de 1,500 francs de rente viagère, il faut verser en une fois :

	CAPITAL ALIÉNÉ	CAPITAL RÉSERVÉ	CAPITAL RENDU aux hérit.
Pour la jouissance à 50 ans	1.609 50	1.065 75	1.065 75
Pour la jouissance à 60 ans	627 60	766 50	766 50
Et pour la jouissance à 65 ans	353 85	432 15	432 15

4. — Le versement de 20 francs par an, depuis 10 ans jusqu'à 50 ans, produit une rente viagère de.

	CAPITAL ALIÉNÉ	CAPITAL RÉSERVÉ	CAPITAL RENDU aux hérit.
(jusqu'à 50 ans)	297	228 84	800
Jusqu'à 60 ans, produit une rente viagère de	704	604.48	1.000
Et jusqu'à 65 ans, produit une rente viagère de	1.424	1.070 50	1.100

5. — Si un ouvrier âgé de 25 ans gagne 1,500 fr. par an ; si le patron exerce une retenue de 3 0/0 sur son salaire et y ajoute une subvention d'égale valeur, pour verser l'une et l'autre, soit 90 fr. par an, à capital réservé à la caisse des retraites, cet ouvrier aura, à 50 ans, une rente de :

	CAPITAL ALIÉNÉ	CAPITAL RÉSERVÉ	CAPITAL RENDU aux hérit.
à 50 ans, une rente de		336.06	2.250 »
55 —		554.22	2.700 »
60 —		941.40	3.150 »

Si les versements avaient été faits à capital aliéné, l'ouvrier aurait :

	CAPITAL ALIÉNÉ	CAPITAL RÉSERVÉ	CAPITAL RENDU aux hérit.
A 50 ans	467 91		
A 55 ans	782 73		
A 60 ans	1.346 58		

(Extrait du *Guide du déposant à la caisse des retraites pour la vieillesse. — E. BEAUVISAGE.*)

LOI ET DÉCRET

CONCERNANT LES CAISSES D'ASSURANCE EN CAS DE DÉCÈS ET EN CAS D'ACCIDENTS.

Loi du 11 Juillet 1868.

Portant création de deux caisses d'assurance, l'une en cas de décès et l'autre en cas d'accidents résultant de travaux agricoles ou industriels.

Article premier. — Il est créé, sous la garantie de l'État :

1° Une caisse d'assurance ayant pour objet de payer, au décès de chaque assuré, à ses héritiers ou ayants droit, une somme, déterminée suivant les bases fixées à l'article 2 ci-après ;

2° Une caisse d'assurance en cas d'accidents, ayant pour objet de servir des pensions viagères aux personnes assurées qui, dans l'exécution de travaux agricoles ou industriels, seront atteintes de blessures entraînant une incapacité permanente de travail, et de donner des secours aux veuves et aux enfants mineurs des personnes assurées qui auront péri, par suite d'accidents survenus dans l'exécution desdits travaux.

TITRE PREMIER.

De la caisse d'assurance en cas de décès.

Art. 2. — La participation à l'assurance est acquise par le versement de primes uniques ou de primes annuelles.

La somme à payer au décès de l'assuré est fixée conformément à des tarifs tenant compte :

1° De l'intérêt composé à quatre pour cent par an des versements effectués ;

2° Des chances de mortalité, à raison de l'âge des déposants, calculées d'après la table dite *de Deparcieux*.

Les primes établies d'après les tarifs sus énoncés seront augmentées de six pour cent.

Art. 3. — Toute assurance faite, moins de deux ans avant le décès de l'assuré, demeure sans effet. Dans ce cas, les versements effectués seront restitués aux ayants droit, avec les intérêts simples à quatre pour cent.

Il en est de même, lorsque le décès de l'assuré, quelle qu'en soit l'époque, résulte de causes exceptionnelles qui seront définies dans les polices d'assurance.

Art. 4. — Les sommes assurées sur une tête ne peuvent excéder trois mille francs.

Elles sont insaisissables et incessibles jusqu'à concurrence de la moitié, sans toutefois que la partie incessible ou insaisissable puisse descendre au-dessous de six cents francs.

Art. 5. — Nul ne peut s'assurer s'il n'est âgé de seize ans au moins et de soixante au plus.

Art. 6. — A défaut de payement de la prime annuelle dans l'année qui suivra l'échéance, le contrat est résolu de plein droit. Dans ce cas, les versements effectués, déduction faite de la part afférente aux risques courus, sont ramenés à un versement unique, donnant lieu, au profit de l'assuré, à la liquidation d'un capital au décès. La déduction est calculée d'après les bases du tarif.

Art. 7. — Les sociétés de secours mutuels approuvées, conformément au décret du 26 mars 1852, sont admises à contracter des assurances collectives sur une liste indiquant le nom et l'âge de tous les membres qui les composent, pour assurer au décès de chacun d'eux une somme fixe qui, dans aucun cas, ne pourra excéder mille francs.

Ces assurances seront faites pour une année seulement et d'après des tarifs spéciaux déduits des règles générales arrêtées à l'article 2.

Elles pourront se cumuler avec les assurances individuelles.

TITRE II.

De la caisse d'assurance en cas d'accidents.

Art. 8. — Les assurances en cas d'accidents ont lieu par année. L'assuré verse, à son choix et pour chaque année, huit francs, cinq francs ou trois francs.

Art. 9. — Les ressources de la caisse en cas d'accidents se composent :

1° Du montant des cotisations versées par les assurés, comme il est dit ci-dessus;

2° D'une subvention de l'État à inscrire annuellement au budget et qui, pour la première année, est fixé à un million;

3° Des dons et legs faits à la caisse.

Art. 10. — Pour le règlement des pensions viagères à concéder, les accidents sont distingués en deux classes :

1° Accidents ayant occasionné une incapacité absolue de travail;

2° Accidents ayant entraîné une incapacité permanente du travail de la profession.

La pension accordée par les accidents de la seconde classe n'est que de la moitié de la pension afférente aux accidents de la première.

Art. 11. — La pension viagère due aux assurés, suivant la distinction de l'article précédent, est servie par la caisse des retraites, moyennant la remise qui lui est faite, par la caisse de assurances en cas d'accidents, du capital nécessaire à la constitution de ladite pension d'après les tarifs de la caisse des retraites.

Ce capital se compose, pour la pension en cas d'accidents de la 1re classe :

1° D'une somme égale à trois cent vingt fois le montant de la cotisation versée par l'assuré;

2° D'une seconde somme égale à la précédente et qui est prélevée sur les ressources indiquées aux paragraphes 2 et 3 de l'article 0.

Le montant de la pension correspondant aux cotisations de cinq francs et de trois francs ne peut être inférieur à deux cents francs pour la première et à cent cinquante francs pour la seconde. La seconde partie du capital ci-dessus est élevée de manière à atteindre ces minima, lorsqu'il y a lieu.

Art. 12. — Le secours à allouer, en cas de mort par suite d'accident, à la veuve de l'assuré, et, s'il est célibataire ou veuf sans enfants, à son père ou à sa mère sexagénaires, est égal à deux années de la pension à laquelle il aurait eu droit aux termes de l'article précédent.

L'enfant ou les enfants mineurs reçoivent un secours égal à celui qui est attribué à la veuve.

Les secours se payeront en deux annuités.

Art. 13. — Les rentes viagères constituées, en vertu de l'article 9 ci-dessus, sont incessibles et insaisissables.

Art. 14. — Nul ne peut s'assurer s'il n'est âgé de douze ans au moins.

Art. 15. — Les administrations publiques, les établissements industriels, les compagnies de chemins de fer, les sociétés de secours mutuels autorisées peuvent assurer collectivement leurs ouvriers ou leurs membres par listes nominatives, comme il a été dit à l'article 7.

Les administrations municipales peuvent assurer de la même manière les compagnies ou subdivisions de sapeurs-pompiers contre les risques inhérents, soit à leur service spécial, soit aux professions individuelles des ouvriers qui les composent.

Chaque assuré ne peut obtenir qu'une seule pension viagère. Si, dans le cas d'assurances collectives, plusieurs cotisations ont été versées sur la même tête, elles seront réunies, sans que la cotisation ainsi formée pour la liquidation de la pension puisse dépasser le chiffre de 8 fr. ou de 5 fr., fixé par la présente loi.

DISPOSITIONS GÉNÉRALES.

Art. 16. — Les tarifs des deux caisses seront révisés tous les cinq ans, à partir de 1870. Ils seront, s'il y a lieu, modifiés par une loi.

Art. 17. — Les caisses d'assurances créées par la présente lo sont gérées par la Caisse des dépôts et consignations.

Toutes les recettes disponibles provenant soit des versements des assurés, soit des intérêts perçus par les caisses, sont successivement, et dans les huit jours au plus tard, employées en achat de rentes sur l'État. Ces rentes sont inscrites au nom de chacune des caisses qu'elles concernent.

Une commission supérieure, instituée sur les bases de la loi du 12 juin 1861, est chargée de l'examen des questions relatives aux deux caisses.

Cette commission présente, chaque année, à l'Empereur, un rapport sur la situation morale et matérielle des deux caisses d'assurance, lequel est communiqué au Sénat et au Corps législatif.

Art. 18. — A dater de la promulgation de la présente loi, le Gouvernement fera préparer de nouvelles tables de mortalité, d'après les données de l'expérience.

Il fera également dresser une statistique annuelle indiquant le nombre, la nature, les causes des accidents qui se produisent dans les différentes professions.

Art. 19. — Un règlement d'administration publique déterminera, d'après les bases posées dans la présente loi, les conditions spéciales des polices et la forme des assurances ; il désignera les agents de l'État par l'intermédiaire desquels les assurances pourront être contractées.

Les certificats, actes de notoriété et autres pièces exclusivement relatives à l'exécution de la présente loi seront délivrés gratuitement et dispensés des droits de timbre et d'enregistrement.

Décret du 10 août 1868.

Portant règlement d'administration publique pour l'exécution de la loi du 11 juillet 1868.

TITRE PREMIER.

De la Caisse d'assurance en cas de décès.

Article premier. — Toute personne qui veut contracter une assurance fait une proposition à l'administration de la Caisse des dépôts et consignations.

Cette proposition contient les nom et prénoms de l'assuré, sa profession, son domicile, le lieu et la date de sa naissance, la somme qu'il veut assurer, ainsi que les conditions spéciales de son assurance. Elle est signée par l'assuré ou par son mandataire spécial. Cette signature est légalisée par le maire de la résidence du signataire.

Art. 2. — Les propositions d'assurance sont reçues, à Paris, à la Caisse des dépôts et consignations, et, dans les départements, par les trésoriers payeurs généraux et par les receveurs particuliers des finances.

Elles sont également reçues par les percepteurs des contributions directes et les receveurs des postes.

Elles sont toujours accompagnées d'un versement qui comprend la prime entière, si l'assurance a lieu par prime unique, et la première annuité, si elle a lieu par primes annuelles.

Art. 3. — Les propositions faites à Paris, à la Caisse des dépôts et consignations, lorsqu'elles sont reconnues régulières, sont immédiatement suivies de la délivrance d'un livret formant police d'assurance.

Celles qui ont lieu dans les départements sont transmises, sans délai, avec le montant du versement, par le comptable qui les a reçues à la direction générale, qui, après les vérifications nécessaires, fait remettre le livret-police à l'assuré, en échange du récépissé provisoire qui lui a été donné au moment du versement.

Art. 4. — Le livret-police est revêtu du timbre de la Caisse des dépôts et consignations. Il porte un numéro d'ordre et reproduit les mentions indiquées dans la proposition d'assurance.

Il contient également, par extrait, les lois, décrets, instructions et tarifs concernant la caisse des assurances en cas de décès.

Art. 5. — Les primes annuelles, autres que la première, peuvent être versées par toute personne munie du livret, dans toute localité, entre les mains des comptables indiqués à l'article 2.

Art. 6. — Chaque versement est constaté sur le livret-police par un enregistrement signé du comptable entre les mains duquel il a été opéré.

Cet enregistrement ne fait titre envers l'État qu'à la charge par l'assuré de le faire viser, dans les vingt-quatre heures, à Paris, pour les versements faits à la Caisse des dépôts et consignations, par le contrôleur près de cette caisse, et, dans les départements, pour les versements faits chez les trésoriers payeurs généraux ou chez les receveurs particuliers des finances, par le préfet ou le sous-préfet.

Quant aux versements faits, à Paris ou dans les départements, entre les mains des percepteurs et des receveurs des postes, leur enregistrement sur le livret-police est visé, dans le même délai que ci-dessus, par le maire du lieu où le versement a été opéré.

Art. 7. — Les registres matricules et les comptes individuels des assurés sont tenus à la direction générale de la Caisse des dépôts et consignations, qui conserve les propositions d'assurance et les pièces produites à l'appui.

Art. 8. — Les assurés peuvent, à toute époque, adresser leur livret-police à la direction générale pour faire vérifier l'exactitude des mentions qui y sont inscrites et leur conformité avec celles qui sont portées aux comptes individuels.

Art. 9. — Les propositions d'assurance et les premiers versements, lorsqu'ils sont faits par un même mandataire pour plusieurs assurés, sont accompagnés d'un bordereau en double expédition, indiquant la prime afférente à chaque assuré.

Les versements subséquents doivent toujours figurer dans un bordereau distinct.

Le comptable donne, sur l'un des doubles du bordereau, une quittance qui ne forme titre envers l'État qu'à la charge, par le mandataire, de la faire viser dans les vingt-quatre heures, suivant les distinctions portées à l'article 6.

Le même comptable enregistre sur chaque livret la somme versée applicable à chaque titulaire. Cet enregistrement est soumis au même visa que ci-dessus.

Art. 10. — Les préfets et sous-préfets relèvent, sur un registre spécial, les sommes enregistrées au bordereau et sur chacun des livrets-polices, et adressent, dans le mois, un extrait dudit registre à la Caisse des dépôts et consignations pour servir d'élément de contrôle.

Les maires transmettent, également à la Caisse des dépôts et consignations, avis des visas par eux donnés, dans les délais et suivant les formes déterminés par le ministre des finances.

Art. 11. — Les primes annuelles sont acquittées, chaque année, à l'échéance indiquée par la date du premier versement.

A défaut de paiement dans les trente jours, il est dû des intérêts à quatre pour cent, à partir de l'échéance jusqu'à l'expiration du délai d'un an, fixé à l'article 6 de la loi du 11 juillet 1868.

Art. 12. — A toute époque, l'assuré peut anticiper la libération de sa police.

Sa proposition, à cet effet, est remise à l'un des comptables désignés dans l'article 2 ; elle est adressée par ce comptable à la Caisse des dépôts et consignations, avec le livret sur lequel cette caisse mentionne la modification du contrat.

Art. 13. — Dans l'application des tarifs, la prime est fixée d'après l'âge de l'assuré au prochain anniversaire de sa naissance.

Art. 14. — Les sommes dues par la caisse des assurances, au décès de l'assuré sont payables aux héritiers ou ayants droit, à Paris, à la caisse générale, et, dans les départements, à la caisse de ses préposés. Le paiement a lieu sur une autorisation donnée par le directeur général de la Caisse des dépôts et consignations, auquel les demandés doivent être adressées, soit directement, soit par l'intermédiaire des préposés ou agents désignés à l'article 2.

Ces demandes doivent être accompagnées du livret-police et de l'acte de décès de l'assuré, ainsi que d'un certificat de propriété, délivré dans les formes et suivant les règles prescrites par la loi du 28 floréal an VII, constatant les droits des réclamants.

Art. 15. — Les oppositions au paiement des sommes assurées, ou les cessions desdites sommes dans les limites déterminées par l'article 4 de la loi du 11 juillet 1868, doivent être signifiées au directeur général de la Caisse des dépôts et consignations.

Art. 16. — Dans le cas où le décès résulte de suicide, de duel ou de condamnation judiciaire, l'assurance demeure sans effet, conformément à l'article 3 de la loi du 11 juillet 1868.

Art. 17. — Les propositions d'assurances collectives pour une année, au profit de sociétés de secours mutuels approuvées, sont faites par les présidents de sociétés et déposées, avec les versements correspondants, chez les comptables désignés à l'article 2.

Ces propositions sont accompagnées de listes nominatives comprenant les personnes assurées et indiquant, la date de naissance de chacune d'elles.

Les assurances collectives ont leur effet à partir du 1er janvier qui suit l'envoi des listes et le paiement des primes.

Art. 18. — Le paiement des sommes dues aux sociétés de secours mutuels, après décès d'un de leurs membres, se fait entre les mains du trésorier desdites sociétés, dûment autorisé.

Ce paiement a lieu, sur une autorisation donnée par le directeur général de la Caisse des dépôts et consignations, auquel la demande doit être adressée avec l'acte de décès du sociétaire.

Art. 19. — En cas de perte du livret-police, il est pourvu à son remplacement dans les formes prescrites pour les titres de rentes sur l'État, sur la production d'une déclaration faite devant le maire de la commune où l'assuré a sa résidence.

TITRE II.

De la caisse d'assurance en cas d'accidents.

Art. 20. — Les articles 1er, 2, 3, 4, 5, 6, 7, 8, 9 et 10 ci-dessus sont applicables aux assurances en cas d'accidents, sauf la modification énoncée à l'article qui suit.

Art. 21. — La proposition d'assurance en cas d'accidents contient les nom et prénoms de l'assuré, sa profession, son domicile, le lieu et la date de sa naissance et le taux de cotisation qu'il choisit.

Art. 22. — Les propositions d'assurances collectives pour les administrations publiques, les établissements industriels, les compagnies de chemins de fer, les sociétés de secours mutuels autorisées sont faites par les chefs, directeurs ou présidents desdites administrations, établissements, compagnies ou sociétés, et déposées chez les comptables désignés à l'article 2.

Ces propositions sont accompagnées de listes nominatives comprenant les personnes assurées et indiquant la date de naissance de chacune d'elles.

Les assurances collectives en cas d'accidents ont leur effet à partir du jour où elles sont contractées.

Art. 23. — Un comité institué au chef-lieu de chaque arrondissement donne son avis sur les demandes de pensions viagères ou de secours présentées par les assurés domiciliés dans l'arrondissement ou par leurs ayants droit.

Art. 24. — Ce comité est composé, sous la présidence du préfet ou sous-préfet ou de leur délégué, de quatre membres désignés par le préfet, savoir : un ingénieur des ponts et chaussées ou des mines en résidence dans l'arrondissement, un médecin et deux membres de sociétés de secours mutuels, s'il en existe dans l'arrondissement.

A défaut de sociétés de secours mutuels, le préfet nomme deux membres pris parmi les chefs d'industrie, les contre-maîtres ou les ouvriers des professions les plus répandues dans l'arrondissement.

A Paris et à Lyon, il est institué un comité par arrondissement municipal. Le maire en est président ; les autres membres sont désignés par le préfet, qui, à défaut d'ingénieurs, choisit parmi les architectes voyers.

Art. 25. — Lorsqu'un assuré est atteint par un accident grave, le maire, sur l'avis qui lui en est donné, constate les circonstances, les causes et la nature de cet accident.

Il consigne sur son procès-verbal les déclarations des personnes présentes et ses observations personnelles.

Art. 26. — Le maire charge un médecin de constater l'état du blessé, d'indiquer les suites probables de l'accident, et, s'il y a lieu, l'époque à laquelle il sera possible d'en déterminer le résultat définitif.

Art. 27. — Le certificat dressé par le médecin est remis au maire, qui, après l'avoir dûment légalisé, le transmet au préfet ou au sous-préfet avec son procès-verbal.

Art. 28. — Les pièces ci-dessus sont transmises, dans le plus bref délai, avec la demande de la partie intéressée, an comité institué par l'article 23 ci-dessus.

Art. 29. — Ce comité donne son avis, dans les huit jours, sur les affaires susceptibles de recevoir une solution définitive.

Pour les autres, le comité sursoit jusqu'à production d'un nouveau certificat médical.

Ce certificat est dressé, après serment prêté devant le juge de paix, soit par le médecin membre du comité, soit par tout autre médecin désigné par le préfet ou le sous-préfet, sur la demande du comité.

Avis de la visite du médecin est donné, huit jours à l'avance, au maire de la commune, qui lui-même en avertit le blessé. Celui-ci peut demander l'ajournement de la visite.

Art. 30. — Les avis du comité sont adressés, sans délai, au préfet du département.

Le préfet les transmet, avec les pièces à l'appui, au directeur général de la caisse, qui statue.

Art. 31. — Nos ministres secrétaires d'État aux départements de l'agriculture, du commerce et des travaux publics, et des finances, sont chargés, chacun en ce qui le concerne, de l'exécution du présent décret, lequel sera inséré au *Bulletin des lois*.

CAISSE D'ASSURANCE EN CAS DE DÉCÈS

Tarif des primes à verser pour s'assurer une somme de 100 francs,
payable à son décès.

AGE de L'ASSURÉ	PRIMES UNIQUES	PRIMES ANNUELLES A PAYER PENDANT				LA DURÉE de la vie
		5 ANS	10 ANS	15 ANS	20 ANS	
16 à 17 ans	25'968	5'636	3'152	2'346	1'956	1'323
20 à 21.	27 558	5 986	3 352	2 497	2 084	1 432
25 à 26.	29 675	6 448	3 615	2 605	2 249	1 585
30 à 31.	32 180	6 994	3 924	2 924	2 442	1 777
35 à 36.	35 221	7 652	4 288	3 199	2 683	2 020
40 à 41.	39 387	8 560	4 809	3 612	3 053	2 411
45 à 46.	44 412	9 670	5 486	4 163	3 551	2 940
50 à 51.	49 523	10 819	6 204	4 757	4 106	3 575
55 à 56.	54 816	12 016	6 966	5 410	4 776	4 366

CAISSE D'ASSURANCE EN CAS DE DÉCÈS

Produit d'une prime de 10 francs.

AGE de L'ASSURÉ	SOMME ASSURÉE PAR UNE PRIME DE 10 FRANCS VERSÉE PENDANT					LA VIE ENTIÈRE
	1 AN	5 ANS	10 ANS	15 ANS	20 ANS	
16 à 17 ans.	38'51	177'42	317'21	426'31	511'15	755'05
20 à 21.	36 20	167 05	298 29	400 45	470 81	698 17
25 à 26.	33 70	155 09	276 63	371 05	444 59	630 86
30 à 31.	31 08	142 07	254 84	341 07	409 46	562 67
35 à 36.	28 39	130 68	233 21	312 64	372 69	492 90
40 à 41.	25 39	116 83	207 05	276 89	327 52	414 83
45 à 46.	22 53	103 41	182 29	240 23	281 58	340 14
50 à 51.	20 10	92 43	161 18	210 23	243 54	270 72
55 à 56.	18 24	83 22	143 56	184 53	209 38	220 03

CAISSE D'ASSURANCE EN CAS DE DÉCÈS

ASSURANCES COLLECTIVES

Tarif des primes à verser par les sociétés de secours mutuels, au nom de leurs membres, suivant leur âge, pour assurer sur la tête de chacun d'eux une somme de 100 francs, payable en cas de décès dans le délai d'un an.

AGE des Sociétaires.	PRIME pour ASSURER 100 francs.	AGE des Sociétaires.	PRIME pour ASSURER 100 francs.	AGE des Sociétaires.	PRIME pour ASSURER 100 francs.
16 à 17 ans.	0f 851	41 à 42 ans.	1f 104	66 à 67 ans.	4f 521
21 à 22 —	1 017	46 à 47 —	1 335	71 à 72 —	7 254
26 à 27 —	1 070	51 à 52 —	1 983	76 à 77 —	10 611
31 à 32 —	1 129	56 à 57 —	2 608	81 à 82 —	16 439
36 à 37 —	1 121	61 à 62 —	3 103	86 à 87 —	24 340

CAISSE D'ASSURANCE EN CAS D'ACCIDENTS

Tarif des pensions allouées à chaque âge pour les accidents dits de la première classe, ayant occasionné une incapacité absolue de travail.

AGES	RENTE VIAGÈRE obtenue par une cotisation de			AGES	RENTE VIAGÈRE obtenue par une cotisation de			AGES	RENTE VIAGÈRE obtenue par une cotisation de		
	8 francs	5 francs	3 francs		8 francs	5 francs	3 francs		8 francs	5 francs	3 francs
	fr.	fr.	fr.		fr.	fr.	fr.		fr.	fr.	fr.
12	290	200	150	30	320	200	150	50	417	260	156
14	293	200	150	32	325	203	150	53	442	276	166
16	297	200	150	35	333	208	150	55	462	289	173
18	300	200	150	38	343	214	150	58	497	311	186
20	303	200	150	40	351	219	150	60	525	328	197
22	306	200	150	42	361	226	150	63	579	362	217
25	311	200	150	45	379	237	150	65	624	390	234
28	316	200	150	48	401	250	150				

NOTA. — Les accidents de la deuxième classe, c'est-à-dire ceux qui ont occasionné une incapacité permanente seulement de la profession, ont droit à la moitié des pensions indiquées ci-dessus.

CHAPITRE II

DESCRIPTION DES DIFFÉRENTES ORGANISATIONS
DU TRAVAIL
DANS L'INDUSTRIE PARISIENNE

TABLEAU SYNOPTIQUE DES DIFFÉRENTES ORGANISATIONS DU TRAVAIL, ADOPTÉES DANS L'INDUSTRIE PARISIENNE

Majoration des salaires.

Nature de l'institution	DÉSIGNATION des MAISONS	DATE DE FONDATION ou d'exécution	RESSOURCES — Donation de patron	RESSOURCES — Donation avec réserve	JOUISSANCE — immédiate pour une partie	JOUISSANCE — partielle	DROIT absolu dès l'admission — pour la totalité	DROIT absolu — pour une partie	DROIT conditionnel	GESTION — par la caisse des pensions-retraites à la mutualité	GESTION — par des établissements de crédit	GESTION — par la maison dans une caisse intérieure	FORMES — possession pleine et entière	FORMES — droit de propriété partiel sur les actions	FORMES — intérêts variables
Majoration fixe	A. Chalé et Cie (apprentis)	1860	1			1	1			1					1
	Compagnie des Omnibus	1858		1		1	1			1					
	Christofle, orfèvre	1845	1			1	1						1		
	Jacquy, négociant en vins	1877	1			1	1			1					
	Hachette, libraire-imprimeur			1		1	1			1					
	Piat, mécanicien	1870	1			1			1				1		
	Pleyel et Wolff, pianos		1			1			1				1		
	Compagnie Paris. du gaz	1860	1			1			1				1		
Majoration proportionnelle aux salaires	Fougerousse, travaux publics	1877		1		1	1			1					
	Chemin de fer de l'Est	1802		1		1			1				1		
	Cie générale des Eaux	1871		1		1			1				1		
	Chemin de fer de P.-L.-M.	1876		1		1			1				1		
	Delalain, libraire	1876	1			1	1			1			1		
	Chemin de fer de l'Ouest	1869		1		1		1	1	1			1		
	Chemin de fer du Nord	1870		1		1		1	1	1					p. une partie
	Manufactures de l'État	1862	1			1	1			1					
	Piat, fabricant de chaussures	1876	1			1	1			1					
	Roteau, fabricant de perles	1870	1			1	1			1					
	Debray, essayeur à la Monnaie	1872	1			1	1								
	Caisse d'Épargne de Paris	1840		1		1			1	1			1		
	Lemaire, fabricant de jumelles	1870	1		1	1	1			1					p. partie
	Comité des Assur. maritimes		1			1					1		1		
Majoration progressive	Boucharcourt, fabr. de boulons	1876		1		1	1			1					
	Pinaud, Meyer, parfumeur	1870	1			1									1
TOTAL. 24. TOTAUX PARTIELS			**14**	**10**	**4**	**24**	**12**	**4**	**10**	**14**	**4**	**11**	**4**	**6**	**15**

Participation aux bénéfices.

Nature de l'institution	DÉSIGNATION des MAISONS	DATE DE FONDATION ou d'exécution	DROIT — Admis dès l'admission à l'institution	DROIT — Conditionnel	TAUX de la participation	TAUX — Répartition proportionnelle entre le capital et le travail	RÉPARTITION DES SOMMES — Égale pour chaque participant	RÉPARTITION — au prorata des salaires	RÉPARTITION — au prorata des salaires et des années de service	GESTION — par le groupe des participants	GESTION — par un établissement public	GESTION — par la maison	FORMES — possession pleine et entière	FORMES — droit de propriété partiel sur les actions	FORMES — intérêts variables
Ajournement immédiat	Bord, fabric. de pianos	1805	1			1			1	Pas de gestion. Les fonds sont remis en espèces.			1		
	Lenoir, peintres	1870	1		25 0/0				1				1		
À jouissance différée	Cie d'Assur. la France	1858		1	4 0/0			1				1		1	
	Cie des Assur. Générales	1860		1	5 0/0				1			1		1	
	Cie d'Assur. l'Urbaine			1	5 0/0				1			1	1		
	» le Soleil	1872		1					1			1		1	
	» l'Aigle	1872		1	6 0/0				1			1		1	
	Relland et G., ag. de ch.	1871		1	non rendu public.				1		1			1	
	Tissage de la Hte-Seine			1	Fixé chaque				1		1			1	
	Yernes, banquier	1871	1	1	année par				1			1		1	
	Magasins du Bon Marché	1870		1	les patrons				1			1	1	1	
	Gorté, imprimeur	1871		1	33 0/0				1			1			
	Paul Dupont, libr.-éd.	1873	1				1	1				1	1		
	Debercy, fondeur	1872	1		50 0/0 du bénéfice de la main-d'œuvre	1			1	1	1				1
	Fourdinois, meubles	1873		jusqu'à l'incorp. d. trav.	2 1/3 0/0 bén.				1				1		
	Cie d'Assur. la Nationale	1853	1		4 à 10 0/0 des appointements				1		1	1	1		
	» l'Union	1853	1		7 0/0				1			1	1		
À jouissance mixte	Gaillard-Berhus, plomb.	1872	1	1	5 0/0				1					1	
	Godchaux, imprimeur	1872	1	pour une partie	5 0/0				1			1	1		1
	Masson, libraire-éditeur	1874	1	1	tant pour mille des ventes				1			1	1		
	Poussielgue, libraire	1873		pour une partie	non rendu public.				1			1			
	Blancard, pharmacien	1858	1						1		1		1		1
	Chaix, impr. et librairie	1872	1		15 0/0				1			1	1		
	Chem. de fer d'Orléans	1860	1		actuel. 100/0 d'appointem.				1			1	1	1	

Association coopérative.

Nature de l'institution	DÉSIGNATION des MAISONS	DATE DE FONDATION	DROIT — Admis	DROIT — Conditionnel	TAUX	Répartition proportionnelle	Égale	au prorata salaires	au prorata salaires et années	par le groupe	par un établissement public	par la maison	possession pleine	droit de propriété partiel	intérêts variables
Coopérative	Leclaire, entrepreneur de peintures	1842	1	1	75 0/0 comp. la sociétaire			1		1			1		1
TOTAL. 25. TOTAUX PARTIELS			**14**	**14**		**3**	**1**	**20**	**4**	**2**	**0**	**14**	**15**	**10**	**4**

CHAPITRE II

DESCRIPTION DES DIFFÉRENTES

ORGANISATIONS DU TRAVAIL

DANS L'INDUSTRIE PARISIENNE

Le tableau qui précède donne la liste de toutes les maisons de Paris qui ont cherché à améliorer les conditions du travail. Cette liste comprend 40 établissements qui appartiennent à 22 espèces différentes d'industries: l'imprimerie, la librairie, les transports par terre, par eau et par voie ferrée, les assurances, la peinture en bâtiment, la plomberie et couverture, les terrassements, la finance, les pianos, l'orfévrerie, l'ameublement, la cordonnerie, la parfumerie, les perles, les jumelles, les vins, les produits pharmaceutiques, les nouveautés, les forges et fonderies, la mécanique, l'éclairage et le chauffage au gaz, et des administrations publiques. Une notable partie des industries diverses se trouve ainsi représentée dans cette nomenclature, et l'esprit est saisi, au premier regard jeté sur ce tableau, de cette réflexion féconde que la préoccupation d'améliorer le sort des travailleurs se répand, grandit et s'impose, à tous les degrés de l'industrie, et que la solution du problème peut se concilier avec les formes les plus diverses du travail.

Le principe devient donc général, mais sous des formes très-variées, en raison de la diversité des professions, de la nature des besoins des travailleurs, et des degrés différents de moralité et d'instruction. Sans entrer plus avant dans le détail, notons de suite que les mêmes institutions se sont, de préférence à toutes autres, implantées dans la même industrie et que certaines professions ont été bien plus accessibles que d'autres à la propagation des réformes. Ainsi, les professions qui touchent au livre, au domaine de la pensée, occupent dans notre collection le premier rang, par le nombre et l'importance des institutions créées dans leur sein.

MAJORATION DES SALAIRES

L'organisation la plus élémentaire du travail perfectionné, à Paris, consiste dans la majoration des salaires.

Par ces mots on entend :

La création d'un second salaire spontanément octroyé par le patron, en sus du salaire courant, mais rigoureusement distinct de lui, dans son origine et sa destination.

Quelques personnes nous accuseront, peut-être, d'avoir cédé, sans motif, au désir de lancer une expression nouvelle, et de n'avoir pas, plus modestement, choisi l'une ou l'autre de ces deux ci : *augmentation de salaire*, ou *primes d'encouragement.*

Ce n'est pas sans raisons que nous les avons écartées. Et en effet, l'augmentation des salaires est un fait et non une institution; la plupart du temps, elle est imposée par la force des hommes ou des choses, au patron qui s'y soumet, mais avec l'arrière-pensée, en général, de s'y soustraire, dès que les circonstances le permettront.

D'autre part, la somme que représente l'augmentation de salaire, rentre et se confond absolument dans le salaire ordinaire.

Quant au mot de *primes*, il s'applique généralement à des avantages variables, éventuels, accordés facultativement, sans continuité ni régularité.

Or, l'institution que nous traduisons par ce mot: *majoration des salaires*, ne dépend que de l'initiative absolument libre du patron; la somme qu'elle ajoute reste entièrement distincte du salaire courant; enfin, l'avantage qui résulte de ce régime est fixe, permanent et continu, comme le salaire lui-même, sauf la clause de révocabilité qui est partout réservée.

Il fallait donc logiquement une expression nouvelle à un fait qui avait tous les caractères d'une innovation.

La majoration des salaires a été adoptée par les Manufactures de l'État, la Caisse d'épargne de Paris, le Comité des assureurs maritimes, la Compagnie des Omnibus, les compagnies des Eaux, des chemins de fer de l'Ouest, du Nord, de P.-L.-M., de l'Est, et

MM. Bouchacourt, Chaix (apprentis), Christofle, Delalain, Debray, Fougerousse, Hachette, Jarry, Lemaire, Meyer, Pinet et Ruteau. Ces maisons accordent à tous leurs ouvriers, pendant leur temps de service, un sursalaire qui n'est point le payement d'un travail supplémentaire et qui reste complétement distinct du salaire courant.

Une variété de la majoration des salaires a été adoptée par la Compagnie parisienne d'éclairage au Gaz, et MM. Piat et Pleyel et Wolf. Ces maisons, en effet, n'attribuent pas à l'employé un surcroît de salaire pendant la durée de son service, mais à la fin de sa carrière ; elles lui servent une pension de vieillesse qu'elles prennent dans leur propre caisse, sans qu'aucune retenue ait été exercée sur les appointements. Il y a donc une différence de procédé, mais, si on remarque que cette pension de retraite n'est, en réalité, qu'un second salaire accordé au delà de la période des services réels, la différence ne tient plus qu'à une question de temps, l'époque d'application, et, sous cette réserve, ces maisons peuvent, sans conteste, être rangées dans la catégorie de celles qui créent le second salaire.

D'après cela, le nombre des maisons qui appliquent, à Paris, la *majoration des salaires*, s'élève à 24.

Quotité de la majoration de salaires.

La subvention accordée par le patron, ou, en termes plus concis, le *sursalaire* de l'ouvrier est fixé de trois manières différentes, qui constituent trois formes distinctes de majoration : la majoration fixe, la majoration proportionnelle et la majoration progressive.

MAJORATION FIXE.

Le premier mode consiste dans l'attribution, chaque année, par le patron, d'une somme fixe au profit de chaque employé.

Il a été appliqué :

1° Dans la maison Chaix, à raison de 18 francs par an, par chaque apprenti ;

2° Dans la Compagnie des Omnibus, à raison de 1 franc par quinzaine ;

3° Dans la maison Christofle, à raison de 50 francs par an ;

4° Dans la maison Jarry, — 150 francs par an ;

5° Dans la maison Hachette, la moitié de la somme affectée volontairement par chaque employé au service de sa pension de retraite ;

6° Dans la maison Piat qui complète à 300 francs la pension de retraite fournie à ses ouvriers par la société de secours mutuels ;

7° Par la maison Pleyel et Wolf, pension de retraite de 365 francs ;

8° Par la Compagnie du Gaz qui prélève chaque année 25,500 francs sur ses recettes brutes, pour alimenter la caisse des retraites de son personnel et possède, en outre, une rente de 2,500 francs provenant d'un don de M. Dubochet.

MAJORATION PROPORTIONNELLE AUX SALAIRES.

La majoration proportionnelle n'a pas besoin d'être définie, le mot explique la chose suffisamment ; l'accroissement de salaire est proportionnel aux sommes gagnées par l'ouvrier. Ce régime est établi dans les maisons suivantes :

Chemins de fer de l'Est, à raison de 2 0/0 du salaire.

Maison Fougerousse,	—	2 0/0.
Compagnie des Eaux,	—	3 0/0.
Compagnie de P.-L.-M.,	—	3 0/0.
Maison Delalain,	—	3 1/2 0/0 environ.
Compagnie de l'Ouest,	—	4 0/0.
Manufactures de l'État,	—	4 0/0 (1).
Maison Pinet,	—	5 0/0.
Maison Ruteau,	—	5 0/0.
Maison Debray,	—	8, 5 0/0 environ.
Caisse d'épargne de Paris,	—	10 0/0.
Maison Lemaire,	—	10 0/0.
Assureurs maritimes,	—	15 0/0.

(1) L'Administration des manufactures de l'État, lorsqu'elle a établi le régime des pensions de retraite pour la vieillesse au profit de ses agents secondaires, n'a pas voulu que cette institution constituât une charge pour eux : elle a donc, à ce moment, augmenté les gages et salaires, de manière que la retenue pour la caisse des retraites restât, en réalité, à sa charge.

MAJORATION PROGRESSIVE DES SALAIRES.

Par cette expression: majoration progressive des salaires, nous entendons un second salaire qui augmente de valeur, non plus en proportion du salaire courant, mais en raison de l'âge de l'ouvrier ou de l'ancienneté de ses services.

Deux maisons seulement ont appliqué ce régime et encore sous des formes différentes : M. Bouchacourt a établi chez lui la majoration des salaires progressive en raison de l'âge de l'ouvrier. Ainsi, si un ouvrier commence à verser pour la retraite à 15 ans, dans le but de se faire une pension viagère de 500 francs à 55 ans, la maison verse pour lui 18 francs par an ; si l'ouvrier ne commence qu'à 30 ans, la maison verse 32 francs.

Cette variation tient à ce que la constitution d'une même pension de retraite, à partir d'âges différents, nécessite des versements d'autant plus élevés que le titulaire est plus âgé, et que la maison a voulu prendre une part croissante aux sacrifices de l'ouvrier, à mesure qu'ils deviennent plus lourds.

M. Bouchacourt a tenu compte également de la situation de fortune de ses ouvriers et il a fait un tarif spécial en faveur de ceux qui touchent un salaire inférieur à 1,000 francs. La maison prend à sa charge une part plus élevée de la prime annuelle que ces ouvriers devraient verser à la caisse des retraites : ainsi deux hommes de 25 ans, voulant se faire à 55 ans une rente de 400 francs, auraient à verser 68 francs par an. La maison en fournit 20 pour celui qui touche moins de 1,000 francs, et 17, seulement, pour celui dont le salaire est supérieur.

La maison Meyer, ancienne maison Pinaud, a adopté également une majoration progressive des salaires, mais en raison seulement de l'ancienneté des services. La donation qu'elle consent en faveur de chaque ouvrier s'accroît, après chaque période de 5 années de service, de 50 francs par an, de sorte que, commençant par 50 francs, dès la fin de la cinquième année et pendant toute la durée de la seconde période quinquennale, elle est de 100 francs pendant chaque année de la troisième, de 150 francs pendant la quatrième et ainsi de suite.

Les sommes allouées par la maison Meyer aux ouvriers, étant destinées à l'épargne, s'augmentent de leurs intérêts, et le patri-moine qui se constitue ainsi s'élève rapidement.

Voici les valeurs que ce patrimoine atteindrait aux divers âges de l'ouvrier, en supposant l'intérêt à 5 0/0. Ce tableau montre qu'un apprenti entré à la fabrique à l'âge ordinaire, c'est-à-dire à 15 ans, est assuré d'avoir, en prenant sa retraite à 60 ans d'âge, 16,263 fr. 03 c.; et, à 65 ans, 21,862 fr. 42 c. de capital.

L'ouvrier possède à partir de :

5 ans de service.		10 ans de service.		15 ans de service.	
fr.	c.	fr.	c.	fr.	c.
50	»	390	09	1.100	40
102	50	500	59	1.305	42
157	02	635	06	1.520	60
215	50	766	80	1.746	72
276	28	905	15	1.984	05

20 ans de service.		25 ans de service.		30 ans de service.	
fr.	c.	fr.	c.	fr.	c.
2.283	25	4.019	17	6.234	70
2.507	40	4.420	13	6.746	43
2.927	27	4.841	13	7.283	75
3.273	03	5.283	18	7.847	93
3.637	31	5.747	34	8.440	32

35 ans de service.		40 ans de service.		45 ans de service.	
fr.	c.	fr.	c.	fr.	c.
9.062	33	12.071	19	17.277	07
9.718	44	13.504	75	18.340	97
10.401	21	14.370	08	19.457	07
11.121	27	15.208	08	20.030	87
11.877	33	16.263	03	21.862	42

Destination et gestion de la majoration des salaires.

Dans la plupart des maisons de Paris, la majoration des salaires est destinée à créer des pensions de retraite pour la vieillesse des ouvriers. Trois patrons, seulement, M. Meyer, M. Christofle, et la Caisse d'épargne de Paris, ont appliqué cette majoration des salaires à la constitution d'un capital d'épargne dont l'ouvrier a la pleine disposition à la fin de son service.

La gestion des sommes produites par la majoration des salaires s'effectue, soit par la Caisse des pensions de retraite pour la vieillesse, gérée par la Caisse des dépôts et consignations, rue de Lille, 56, soit par les maisons elles-mêmes.

Quatorze patrons de Paris, MM. Bouchacourt, Chaix, Delalain, Debray, Fougerousse, Hachette, Jarry, Lemaire, Pinet, Ruteau, la Compagnie des Omnibus et celles du Nord, de l'Ouest, et les manufactures de l'État, ont choisi la Caisse de la vieillesse comme dépositaire des sommes consacrées aux pensions de leurs ouvriers. Les versements y sont faits tous les trois mois, en général, attendu que l'administration de cette Caisse calcule les intérêts, en prenant pour point de départ le premier jour du trimestre qui suit celui où le versement a été opéré. La rente produite est donc la même quelle que soit l'époque du versement entre le 1er janvier et le 31 mars de la même année.

On sait que la Caisse des pensions de retraite pour la vieillesse reçoit les versements qui lui sont faits, à deux titres différents : à capital réservé et à capital aliéné. Nos patrons de Paris ont, en général, adopté le système du versement à capital réservé. Néanmoins, M. Chaix et la Compagnie des Omnibus versent leur donation, à capital aliéné; quant aux retenues, dans cette même Compagnie ainsi qu'aux chemins de fer de l'Ouest et du Nord, elles sont versées à capital réservé ou à capital aliéné, suivant le choix des employés, mais le décompte des pensions de retraite est établi, dans les deux lignes de chemins de fer, comme si les versements avaient tous été faits à capital aliéné et sur une seule tête.

Quelques dispositions de détail, bonnes à citer, ont été adoptées par

M. Chaix et les Compagnies de l'Ouest, du Nord et M. Lemaire.

Sur les 18 francs donnés annuellement par M. Chaix, au profit de chaque apprenti, le premier tiers, seulement, est versé de suite à la caisse; les deux autres le sont dans une caisse de la maison, où ils sont bonifiés d'un intérêt annuel de 8 0/0 et augmentés du produit des amendes et d'une gratification annuelle que M. Chaix se réserve de donner. A l'expiration des cinq ans d'apprentissage, cette caisse est inventoriée et la totalité des sommes qu'elle renferme est répartie également entre les apprentis qui ont terminé l'apprentissage et versée, à leur profit, à la Caisse des retraites. La part de chacun s'est augmentée de celle de tous leurs camarades qui sont partis prématurément.

Les Compagnies du Nord et de l'Ouest versent à la Caisse des retraites le produit des retenues exercées sur les salaires, de manière que, contrairement à ce qui existe dans beaucoup d'autres Compagnies, le produit de ces retenues ne soit jamais perdu pour celui qui les a subies. Le produit des donations faites par les Compagnies est versé dans une caisse intérieure qui sera plus tard chargée de servir une fraction des pensions; le bénéfice de ces donations est seul éventuel. C'est une innovation très-importante à signaler, car elle marque la suppression prochaine d'un système de la plus criante injustice, l'éventualité du bénéfice des retenues faites sur les appointements.

M. Lemaire verse à la Caisse la moitié de sa donation et donne l'autre moitié, argent comptant, à la fin de chaque semaine.

Le second mode d'emploi des sommes fournies par la majoration des salaires consiste dans leur gestion par la maison elle-même; il a été adopté par MM. Christofle, Piat, Pleyel-Wolf, Meyer, la Compagnie du Gaz, celles de l'Est, de Paris-Lyon-Méditerranée, et des Eaux, la Caisse d'épargne de Paris, soit neuf maisons, et les deux Compagnies de l'Ouest et du Nord pour la part provenant de leur donation. Les Compagnies font, en général, valoir ces sommes en obligations de leur propre industrie.

Le Comité des assureurs maritimes verse la majoration de salaires dont il gratifie ses employés à la Caisse de la Compagnie des Assurances Générales, qui sert un intérêt variable, calculé sur la valeur du 3 0/0 au 31 décembre de l'année précédente.

Dans toutes les vingt-trois maisons désignées ci-dessus, le patron a réalisé l'épargne au profit de l'ouvrier, sous la forme obligatoire, l'ouvrier ne pouvant en détourner aucune partie. Chez M. Meyer seulement, il peut, dans des moments difficiles, utiliser les sommes portées à son livret d'épargne, mais à la condition de les y replacer lui-même, et, comme sanction de cette obligation, il ne peut participer aux allocations ultérieures, que lorsque les sommes portées à son livret ont été reconstituées, en totalité, par ses propres efforts.

Droit de l'ouvrier aux fruits de l'institution.

Dans les quatorze maisons où le versement à la Caisse des pensions de retraites pour la vieillesse a été adopté, le droit de l'ouvrier aux résultats de l'institution est irrévocable. Dès qu'un versement est opéré en son nom, aucun événement, autre que la mort ne peut empêcher le titulaire de recueillir son produit, quand il aura atteint l'âge fixé pour l'entrée en jouissance. Quel que soit donc le temps passé dans la maison, quelle que soit la cause du départ, démission ou révocation, ce temps de service créera toujours un revenu, à toucher par l'ouvrier, à partir d'une certaine année d'âge accomplie. Le caractère absolu du droit de l'ouvrier existe également chez MM. Christofle, Meyer, ainsi qu'à la Caisse d'épargne de Paris.

Dans les autres maisons, au contraire, au nombre de sept, le droit au produit de l'institution reste éventuel jusqu'à l'accomplissement d'une durée de service déterminée, ici 20 ans, là 25; ailleurs, la durée de service est remplacée par l'âge; ailleurs, enfin, les deux conditions sont réunies; donc, si l'ouvrier quitte la maison avant que l'une ou l'autre de ces deux conditions, ou toutes deux ensemble, soient satisfaites, il s'en va, n'emportant aucun fruit des années de service écoulées.

Coopération de l'ouvrier à l'institution.

Dans dix des maisons que nous avons citées, l'ouvrier concourt, avec le patron, à constituer son avoir de l'avenir, tandis que quatorze autres en prennent à elles seules toute la charge. Ainsi, les employés de la Caisse d'épargne de Paris, des Compagnies des Eaux, des Omnibus, de l'Ouest, du Nord, de l'Est et de Paris-Lyon-Méditerranée, et des maisons Bouchacourt, Fougerousse et Hachette, supportent obligatoirement pour les neuf premières, et, volontairement pour la dernière, une retenue sur leurs salaires, en général, égale à la donation de la maison; chez M. Bouchacourt et chez M. Hachette, cette retenue est plus forte que la donation, partout ailleurs elle lui est égale.

Dans les quatorze autres maisons, au contraire, chez MM. Chaix, Christofle, Delalain, Debray, Jarry, Lemaire, Meyer, Piat, Pleyel et Wolf, Pinet, Ruteau, au Comité des assureurs maritimes, aux manufactures de l'État et à la Compagnie parisienne du Gaz, l'employé ne coopère, en aucune façon, aux versements qui sont faits à son profit; ce sont les patrons qui les fournissent en totalité.

Conditions de l'admission à l'institution.

Dans les maisons où le droit à la jouissance d'une retraite ne devient définitif qu'après un temps de service de 20 ou de 25 ans, ce temps de service prend date de l'entrée de l'employé dans la maison. Il n'y a donc pas de stage d'admission. C'est ce qui arrive aux Compagnies de l'Est, du Nord, de l'Ouest, de P.-L.-M., des Eaux, du Gaz, chez MM. Piat, Pleyel et Wolf. Parmi les autres maisons où la jouissance de la retraite n'est subordonnée à aucune question de durée de service, MM. Chaix, Debray, Jarry, Fougerousse, commencent les versements, au profit de chaque ouvrier, à partir de son entrée dans la maison; d'autres patrons ne les font, au contraire, qu'après un certain temps de présence dans leurs maisons. Ce temps est de un an chez M. Ruteau et à la Compagnie des Omnibus, deux ans chez M. Pinet, trois ans chez M. Bouchacourt, cinq ans chez M. Meyer, dix ans chez M. Christofle. Ce dernier a partagé le stage en trois étapes : la première de cinq ans, la deuxième de trois, la troisième de deux; le compte ouvert à l'employé s'enrichit de 150 francs à l'expiration de chacune des deux premières périodes, et de 200 francs à la fin de la troisième. Les intérêts commencent à courir dès l'inscription de chacune des sommes, mais le droit définitif de l'ouvrier au montant de son compte ne commence qu'à l'expiration de la troisième période. Jusque-là il était conditionnel et s'annulait dans les cas de révocation ou de départ volontaire.

M. Lemaire a réduit le stage à un nombre d'heures de travail hebdomadaire : il faut soixante-cinq heures de travail pour créer à la fin de la semaine un droit définitif au sur-salaire de 10 0/0.

PARTICIPATION AUX BÉNÉFICES

La participation aux bénéfices, telle qu'elle est pratiquée à Paris, consiste:

1° Dans l'existence d'un salaire ou d'un appointement fixes, de même valeur que dans les autres maisons de la même industrie;

2° Dans le droit de l'ouvrier à une quote-part des bénéfices de l'entreprise.

Dès le premier examen de la participation, on voit qu'elle observe fidèlement cette règle économique, d'après laquelle l'ouvrier doit, avant tout, tirer de son travail une rémunération fixe, soustraite à tous les risques des affaires, et qu'il a droit, en outre, à une seconde rémunération en rapport direct avec son assiduité, son activité, son savoir professionnel et le succès des affaires de la maison.

Bien que la participation aux bénéfices n'ait encore eu à Paris qu'un petit nombre d'applications, elle présente déjà une extrême variété dans ses dispositions principales qui sont:

La quotité de la participation, le mode de répartition et de distribution des parts, l'emploi des sommes, la nature du droit de l'employé aux produits de la participation, etc., etc.

Nous allons examiner successivement chacun de ces points:

Quotité de la participation.

La compagnie d'assurances *la France* prélève sur ses bénéfices, au profit de ses employés, 4 0/0 des dividendes des actionnaires.

Le taux de 5 0/0, adopté dès 1866 par M. de Courcy, est également appliqué par deux des patrons qui ont pris pour guide ce généreux initiateur: MM. Goffinon et Barbas, et Godchaux.

Les employés de *l'Aigle* et du *Soleil*, compagnies qui, tout en restant, l'une et l'autre, dans un état de parfaite indépendance, ont un seul et même personnel dans un local commun, reçoivent de chacune d'elles 3 0/0 des dividendes distribués aux actionnaires, soit, en définitive, 6 0/0 de ces dividendes.

Le quantum de participation est fixé :

A 7 0/0 dans les deux branches de la compagnie d'assurances *l'Union* ;

A 10 0/0 dans la Compagnie du Touage de la haute Seine ;

A 15 0/0 chez M. Chaix, en tenant compte des 5 0/0 éventuels qui servent de prime à l'ancienneté ;

A 25 0/0 chez M. Lenoir ;

A 33 0/0, chez M. Gasté ; ce quantum très élevé ne représente, en réalité, qu'un peu plus de 7 0/0 des salaires.

A 50 0/0 des bénéfices réalisés sur la main-d'œuvre, chez M. Fourdinois.

Il n'y a pas de quantum de participation chez MM. Vernes et Cie, ni chez M. Boucicaut, non plus qu'au touage de la Haute-Seine. Les trois patrons fixent eux-mêmes, chaque année, la somme qu'ils y consacrent.

Chez MM. Rolland-Gosselin, de même que chez M. Blancard, le quantum n'est pas rendu public.

M. Poussielgue et M. Masson, libraires-éditeurs, ont pris pour base de la participation le chiffre des affaires et non celui des bénéfices ; ils donnent 3 par mille du montant des ventes de leur maison. M. Masson porte ce taux à 5 pour mille, sur les sommes au delà du premier million.

Chez MM. Bord, Deberny et Paul Dupont, la proportion de la part des ouvriers n'est pas fixée par un quantum chiffré, mais par une règle qui se rapproche bien plus du principe de l'association que de celui de la participation.

Dans ces trois maisons, on considère l'entreprise comme constituée par deux éléments uniques : le capital et le travail ; et on partage proportionnellement les bénéfices nets entre ces deux agents de la production.

Par bénéfices nets, on entend la somme qui reste, après qu'on a prélevé sur les bénéfices bruts l'intérêt du capital et les réserves statutaires.

L'intérêt du capital est fixé à 6 0/0 chez M. Paul Dupont et à 10 0/0 chez M. Bord.

Une fois ces prélèvements opérés, la répartition se fait, chez

MM. Deberny et Paul Dupont, au prorata de la masse des salaires et du montant du capital engagé. M. Bord s'est placé à un point de vue un peu spécial : il s'est dit : le travail et le capital, qui ont concouru à la production des bénéfices ne peuvent pas être mesurés par leur valeur absolue, puisque la valeur absolue du travail se représenterait difficilement par un chiffre, mais ils ont une commune mesure, qui est leur salaire respectif ; c'est ce salaire respectif qui servira de coefficient de répartition. Le salaire du capital, c'est l'intérêt de 10 0/0 qui lui a été servi ; le salaire du travail, c'est la masse des salaires.

Quel que soit le mode adopté pour fixer la part de bénéfices affectée au personnel, le chiffre de ces bénéfices est déclaré par les patrons, et aucun contrôle de son exactitude, par l'examen des livres, n'est permis aux employés et ouvriers. La maison Goffinon et Barbas a formellement déclaré cette condition par l'article 29 de son règlement. « La répartition annuelle a lieu d'après les comptes de la maison arrêtés, à la clôture de l'exercice, sans que les participants aient le droit de s'immiscer en rien dans les écritures, qui, du reste, sont tenues, par des participants. »

Répartition et distribution des parts de bénéfices.

La répartition se présente, tout d'abord, sous deux formes principales : la répartition individuelle et la répartition collective.

La répartition individuelle est la plus généralement appliquée : elle a été adoptée par MM. Bord, Boucicaut, Blancard, Chaix, Deberny, Paul Dupont, Fourdinois, Gasté, Goffinon et Barbas, Lenoir, Masson, Poussielgue, Rolland-Gosselin, Vernes, et les *Assurances générales*, *la France*, *l'Aigle*, *le Soleil*, *l'Union*, *le Touage de la haute Seine* et le Chemin de fer d'Orléans.

La répartition collective a été appliquée, et encore partiellement, dans une seule maison : chez MM. Godchaux ; le produit de la participation est, en effet, chez ces messieurs, versé, pour moitié, dans un fonds commun de retraite.

Dans le système de la répartition individuelle, les sommes attribuées aux ouvriers sont immédiatement, soit remises, en espèces, soit inscrites à l'avoir de chacun sur un livret nominatif. C'est le régime de la propriété individuelle.

Dans la maison Deberny, les sommes, tout en étant réparties en comptes individuels, sont versées dans une caisse collective, constituant une propriété commune et viagère des travailleurs de l'atelier, et destinée par les règlements à faire des prêts garantis par la quote-part des emprunteurs, à participer aux frais funéraires, etc.

La répartition individuelle s'opère suivant deux procédés différents ; elle est proportionnelle aux salaires et appointements et quelquefois aux années de service, ou bien uniforme.

La proportionnalité entre les parts de bénéfices et les salaires existe dans toutes les maisons à participation, sauf chez M. Paul Dupont qui fait les parts égales entre tous ses ouvriers. Pour opérer la répartition proportionnelle, on divise la somme totale des bénéfices attribués aux ouvriers, par la somme de tous les salaires gagnés par eux, dans le cours de l'année, et on multiplie successivement ce quotient par le salaire de chacun, pour avoir le chiffre des parts individuelles.

L'opération arithmétique rigoureusement exécutée, donne des parts très-différentes dans une même maison, en passant des employés les moins rétribués à ceux qui reçoivent les plus gros salaires. M. Boucicaut a voulu éviter ce résultat, un peu cruel pour les jeunes ; à cet effet, il limite à un maximum de 4,800 francs et à un minimum de 3,000 francs la valeur des appointements, pour figurer dans le calcul de la répartition ; de cette façon, la part la plus forte n'excédera jamais, de plus de moitié, la part la plus faible.

La maison Deberny s'est inspirée, dans la fixation des pensions de retraite de ses ouvriers, d'un sentiment de bienveillance envers les petits, analogue à celui qui a poussé M. Boucicaut ; elle fixe le chiffre des pensions en tenant compte de deux éléments : le montant des salaires de chacun et le nombre de ses journées de travail. Les salaires élevés ne créent donc pas des avantages exagérés au détriment des plus faibles.

Les compagnies *le Soleil*, *l'Aigle* et *la France* ont adopté le même principe, en répartissant les sommes, partie au prorata des traitements, partie au prorata du nombre des années de services.

Ce mode de répartition tient un juste compte du mérite et de l'ancienneté.

Enfin, le même sentiment, poussé à ses dernières limites, a décidé M. Paul Dupont à faire égales les parts de bénéfices attribuées aux ouvriers. « On peut supposer à tous les ouvriers, a-t-il dit, le même zèle et le même dévouement. Il est donc équitable que les parts de bénéfices soient égales, puisqu'elles sont distribuées comme récompenses du zèle et du dévouement. »

Emploi des sommes.

Dans la participation aux bénéfices, comme dans la majoration des salaires, l'emploi le plus fréquent des sommes est encore l'épargne.

Deux maisons seulement se sont écartées de cette règle; M. Lenoir et M. Bord donnent, chaque année, en espèces, aux ouvriers, la totalité des parts de bénéfices qui leur reviennent. C'est le système de la participation à jouissance immédiate.

Dans toutes les autres maisons, au contraire, la totalité ou, tout au moins, la moitié de ces parts est consacrée rigoureusement à l'épargne. Ainsi, chez M. Paul Dupont, les sommes attribuées à chacun sont converties, aussitôt que possible, en actions qui restent dans les mains de la maison pendant la durée du séjour des ouvriers, mais leur sont remises à l'époque de leur départ, pour fait de démission ou de licenciement. Dans d'autres maisons : la compagnie des *Assurances générales*, les compagnies *l'Aigle*, *la France*, *le Soleil*, *l'Urbaine*, MM. Rolland-Gosselin, Boucicaut, Gasté, Deberny, Fourdinois, Vernes, le Touage de la Haute-Seine, les sommes inscrites au livret ne deviennent la propriété définitive des titulaires qu'après un temps de service donné ou une certaine année d'âge accomplie et, si l'employé part avant cette époque, sont réparties entre les autres livrets. C'est le système de la participation à jouissance différée.

Un certain nombre d'autres maisons ont voulu satisfaire, à la fois, aux besoins de l'avenir et à ceux du présent, et pour cela elles ont fait deux parts des sommes provenant de la participation, l'une distribuée, chaque année, en argent comptant, l'autre réservée, comme plus haut, à la vieillesse. C'est le système de la participation à jouissance mixte, adopté par MM. Goffinon et Barbas,

Godchaux, Masson, Poussielgue et les compagnies d'assurances *la
Nationale* et *l'Union*. Ces deux parts sont égales chez MM. Gofli-
non et Barbas, et Godchaux. Chez M. Masson, de même que chez
M. Poussielgue, la distribution en espèces est du tiers de la participation.

Trois maisons, enfin, ont divisé, davantage encore, les sommes
provenant de la participation aux bénéfices : elles en ont fait trois
parts, dont l'une réservée à la jouissance immédiate, l'autre affectée à un avenir peu éloigné, la troisième, enfin, rigoureusement
consacrée aux besoins de la vieillesse.

Ainsi, M. Blancard remet en espèces, chaque année, les 2/10⁰
de la répartition totale, M. Chaix 5 0/0 des bénéfices, la Compagnie d'Orléans une portion évaluée, en principe, à 7 0/0 du
traitement annuel. Voilà le lot du présent.

Dans le premier de ces trois établissements, 1/10⁰ de la répartition totale est versé, chaque année, à la société de secours mutuels ;
dans le deuxième, une seconde part de 5 0/0 des bénéfices, inscrite
annuellement sur le carnet individuel de chaque employé, lui
revient lorsqu'il quitte la maison, quelles que soient la date et la
cause de ce départ ; à la Compagnie d'Orléans, une seconde part
des bénéfices est versée à la Caisse d'épargne, les sommes ne
pouvant être retirées qu'avec l'autorisation de la Compagnie ou au
départ de l'employé. C'est là le lot d'un avenir peu éloigné.

Enfin, la vieillesse a sa part rigoureusement réservée : par un
troisième 5 0/0, chez M. Chaix, et par un versement à la Caisse
des pensions de retraite pour la vieillesse : de 7/10⁰ de la répartition
totale, chez M. Blancard, et de 1/10⁰ de l'appointement annuel,
à la Compagnie d'Orléans.

Quel que soit le mode d'emploi adopté, l'employé ne peut,
pendant toute la durée de son service, tirer aucun parti des sommes
réservées à l'épargne, sauf, comme nous venons de voir, chez
M. Deberny, où on a adopté le système de prêts avec intérêts,
toujours limités en durée et en importance, pour éviter que ces
prêts deviennent de véritables distributions de dividendes en
espèces. Une disposition semblable, qui existait chez M. Paul
Dupont, a été supprimée par la délibération de l'assemblée générale
du 23 mars 1873.

Jouissance des produits de la participation.

Lorsque l'époque fixée pour l'entrée en jouissance est arrivée, la plupart des maisons n'accordent à l'employé que l'usufruit de ces sommes; le fonds devant être, après son décès, remis à ses ayants droit.

Cette dernière disposition, créée par M. de Courcy à la compagnie des *Assurances générales*, et, depuis, adoptée par la plupart des maisons qui ont été dirigées dans la voie de la participation par son exemple et ses conseils, se traduit, en général, par un article calqué sur celui-ci :

« L'employé peut, à son choix, demander que la somme résultant, à la dernière répartition, du règlement de son compte individuel, soit consacrée, soit à lui constituer une rente viagère sur une Compagnie d'assurances sur la vie, selon les tarifs en vigueur au moment de la constitution, avec ou sans reversibilité au profit de sa femme ou de toute autre personne agréée par le Conseil, soit à lui acquérir une inscription de rente française nominative ou toute autre valeur garantie par l'État, les titres demeurant déposés dans la caisse de la maison jusqu'au décès du titulaire, pour alors être remis aux ayants droit.

» Le Conseil d'Administration est seul juge des circonstances exceptionnelles dans lesquelles il peut consentir à faire un autre emploi de la somme disponible, et notamment à la remettre en totalité ou en partie, en argent comptant. »

Les compagnies *l'Union* et *l'Urbaine*, après avoir pratiqué l'épargne au profit de leur employé, pendant toute la durée de son service, lui abandonnent le capital en pleine propriété, quand il arrive à l'époque fixée pour l'entrée en jouissance.

Admission à la participation aux bénéfices.

L'admission à la participation aux bénéfices exige, en général, l'accomplissement de certaines conditions :

1° Une condition de temps : M. Bord exige un stage de 6 mois, MM. Gasté, Godchaux, Masson, Poussielgue, Rolland-Gosselin, la compagnie des *Assurances Générales*, la compagnie du Touage de la haute Seine exigent un an; MM. Blancard et Vernes, deux ans,

MM. Goffinon et Barbas, Chaix, trois ans, M. Paul Dupont, quatre ans, M. Boucicaut, cinq ans.

2° Une condition de prévoyance : MM. Godchaux, Fourdinois, Goffinon et Barbas exigent que l'ouvrier soit membre d'une société de secours mutuels et soit constamment en règle avec elle.

Droit de l'ouvrier à recueillir les fruits de la participation.

Dans les maisons qui ont adopté la majoration des salaires, le droit des ouvriers aux résultats de l'institution est, le plus souvent, absolu ; dans celles, au contraire, qui appliquent la participation, la règle commune est l'éventualité de ce droit ; ce n'est que dans un petit nombre de maisons qu'il est absolu.

Huit maisons ont admis le droit absolu, sans condition, à partir de l'admission à la participation.

Ce sont les maisons : Blancard, Bord, Chaix, Deberny, Lenoir, Paul Dupont, *la Nationale* et la Compagnie d'Orléans. Article 8 du règlement Chaix : « Tout participant qui sera remercié, *pour quelque motif que ce soit, ne perdra pas ses droits à la participation ; mais son intérêt prendra fin avec le mois qui aura précédé celui de sa sortie de la maison.* »

Toutes les autres maisons ont adopté l'éventualité des droits de l'ouvrier. La compagnie des *Assurances Générales*, qui a été le promoteur ardent et écouté de la participation aux bénéfices, a établi cette disposition dans différents articles de son règlement dont l'esprit, sinon la lettre, a été reproduit dans les règlements des maisons Rolland-Gosselin, Boucicaut, Paul Dupont, Fourdinois, Touage de la haute Seine, Gasté, compagnies *le Soleil, l'Aigle, l'Urbaine.* Ces articles sont ainsi rédigés :

« ART. 15. — Les employés de la compagnie ne peuvent prétendre à aucun droit quelconque sur les sommes portées à leurs comptes individuels, à moins d'avoir accompli les conditions déterminées par le présent règlement (1). »

La rigueur de ces dispositions est un peu adoucie par le paragraphe suivant : « Le Conseil se réserve la faculté d'apprécier la

---

(1) 25 ans de service ou 55 ans d'âge.

gravité des torts d'un employé qu'il est amené à congédier, et, s'il y a lieu d'user d'indulgence, de lui remettre, en le congédiant, une partie de la somme inscrite à son compte, sans que le Conseil soit tenu de donner aucun motif de ces décisions. » Cette indulgence, on le voit, ne vise que l'employé révoqué, le démissionnaire n'est pas appelé à en profiter.

Tout en s'inspirant de la ligne de conduite tracée par la compagnie des *Assurances générales*, quelques maisons ont apporté une atténuation à la règle de déchéance édictée par les articles qui précèdent, en distribuant, chaque année, une part en espèces qui ne peut jamais être retirée, dans la suite, à celui qui l'a reçue. C'est ce qu'ont fait MM. Godchaux, Goffinon et Barbas, Masson, Poussielgue.

Les cas de maladies graves, d'infirmités et de mort et celui de dissolution ou de liquidation de la maison, font réduire ou annuler entièrement la clause suspensive dans toutes les maisons où elle a été adoptée.

« Art. 9 du règlement de la compagnie des *Assurances générales*. — Si un employé se trouve atteint d'infirmités entraînant incapacité de travail, le Conseil peut disposer, à son profit, de tout ou partie de la somme inscrite à son compte.

» Art. 8. — En cas de décès d'un employé en activité de service, laissant après lui une veuve, des enfants légitimes, adoptés ou légitimés par mariage subséquent, des petits-enfants ou enfin des ascendants, les sommes portées à son compte, au 31 décembre qui a précédé son décès, sont remises, quels que soient son âge et la durée de ses services, en un ou plusieurs paiements, soit à sa veuve, soit à ses enfants ou petits-enfants, soit enfin à ses ascendants, de la manière, aux époques et dans les proportions qui sont déterminées par le Conseil d'administration. »

Par une mesure non moins généreuse, M. Boucicaut a supprimé la clause suspensive pour le cas de mariage d'une dame ou d'une demoiselle participante, quel que soit le temps de son séjour dans la maison, et, même si elle vient à la quitter; le montant de son compte lui est remis le jour de son mariage.

Le service militaire a donné lieu également à des dispositions particulières. La plus fréquente est celle-ci : « Les employés appelés sous les drapeaux et qui rentrent à la maison aussitôt après avoir terminé leur service reprennent, de plein droit, la situation qu'ils occupaient dans la participation au moment de leur départ. »

La disposition la plus remarquable est celle de la maison Goffinon et Barbas :

Art. 9. — Le volontaire d'un an aura sa place conservée et sera admis à la répartition, en prenant pour base l'année avant sa sortie pour le service militaire, s'il justifie à sa sortie d'un certificat de bonne conduite et d'un grade.

» S'il n'a obtenu que le certificat, il n'aura droit qu'à la moitié de la répartition : celle placée à la retraite.

» S'il a obtenu certificat et grade, il aura droit aux deux parts.

» S'il n'a obtenu ni l'un ni l'autre, il ne lui sera rien accordé.

» Le soldat pour cinq ans jouira des mêmes avantages. La cinquième et dernière année de service lui comptera pour sa part dans les bénéfices de la maison, pendant ladite année, et son emploi lui sera réservé s'il justifie d'un certificat de bonne conduite et du grade de sergent.

» Pour les autres conditions, comme le volontaire d'un an. »

Dispositions diverses.

L'admission des ouvriers et employés à participer aux bénéfices n'entraîne dans aucune maison, si ce n'est chez M. Deberny, la participation aux pertes. Dans cette maison seule il est établi que, en cas de déficit, la caisse de l'atelier participerait aux pertes.

Les sommes à payer, les usufruits, les intérêts ou rentes viagères à servir soit aux participants, soit à leurs ayants droit, sont d'avance déclarés expressément accordés à titre de libéralité et, comme tels, incessibles et insaisissables.

Les patrons se sont réservé la faculté de modifier l'organisation qu'ils ont adoptée, comme bon leur semblera, mais sans que les modifications apportées produisent jamais aucun effet rétroactif.

ASSOCIATION OUVRIÈRE

Sous ce titre, notre recueil renferme le règlement d'une seule maison, par ce motif que nous n'avons trouvé dans notre enquête qu'un seul établissement où l'association ait été créée par le patron lui-même. — Il existe bien d'autres associations ouvrières à Paris, mais ce sont des entreprises constituées par les efforts collectifs des ouvriers et notre étude ne s'applique qu'aux organisations du travail dérivant des patrons.

Quelques personnes éprouveront, peut-être, un certain étonnement à voir la maison Leclaire désignée sous le nom d'association ouvrière; on est plus habitué à l'idée que c'est simplement une maison à participation aux bénéfices. Cette idée n'est pas exacte. Le monument élevé à la mémoire de M. Leclaire, dans le palais de l'Exposition universelle de 1878, portait ces mots : *Association des ouvriers aux bénéfices du patron*. On voit déjà le mot association substitué à celui de participation. D'autre part, dans une publication récente (1), M. Charles Robert s'exprime ainsi : « Sans tomber dans l'anarchie ni le chaos, la maison Leclaire, société en commandite, prend ainsi plusieurs des caractères d'une association coopérative de production. » A la fin de cet article, nous justifierons, du reste, plus largement le titre que nous lui avons donné.

Description de l'organisation de la maison Leclaire

Toute entreprise industrielle se compose de trois éléments : le Capital, le Travail et la Direction. L'absence de l'un quelconque de ces éléments paralyse et condamne les efforts des deux autres, et toute organisation combinée en dehors de l'association intime de

____

(1) *Biographie d'un homme utile*, par M. Charles Robert. Librairie Sandoz et Fischbacher.

ces trois forces réunies est, d'avance, vouée à l'insuccès. C'est pour avoir oublié cette loi économique et avoir tenu peu de compte surtout de l'élément « direction » que la plupart des tentatives d'associations ouvrières faites, jusqu'ici, à Paris ont généralement échoué.

Ainsi, les associations de 1848 avaient le capital à leur disposition, elles possédaient le travail par elles-mêmes, mais la direction leur a fait totalement défaut, et de cette grande épreuve si longtemps réclamée, si pompeusement inaugurée, il reste : la société des lunetiers, en pleine prospérité.

Convaincu de ces principes, M. Leclaire a porté un égal soin à l'organisation, dans sa maison, du capital, de la direction et du travail. Il a atteint ce triple but par la fixation du recrutement des patrons, par la dotation de la société de secours mutuels et par la constitution du noyau.

Direction.

Il est certain qu'avec la faculté d'aller chercher en tout lieu le gérant d'une association, les éléments d'une bonne direction peuvent toujours être trouvés ; ainsi, il ne manquerait pas, à l'heure qu'il est, de gens très capables, très expérimentés, qui accepteraient volontiers la situation de gérant de l'association de la rue Saint-Georges. M. Leclaire n'était donc pas embarrassé pour assurer, dans l'avenir, la bonne direction de sa maison, mais il voulait faire une œuvre démocratique et ouvrir les portes de l'avenir à tous les travailleurs de ses ateliers, afin d'exciter chez eux le zèle, le savoir professionnel, produire le progrès moral par le développement d'une légitime ambition.

Cet homme de bien, parti du rang le plus inférieur, avait constaté, par sa propre expérience, que le secret des efforts que l'homme peut faire vers le Bien, est, en grande partie, renfermé dans la possibilité de s'élever et que, loin de vouloir reléguer, à perpétuité, dans les derniers rangs, une partie de la population, la société a tout intérêt à faciliter à tous les hommes l'accès des situations élevées, par le travail et le mérite.

Il décida donc, par les Statuts, l'avénement de l'ouvrier au rang suprême.

Art. 17. — « La maison, désirant que toutes les capacités puissent se faire jour, recrute, autant que possible, ses employés parmi les ouvriers faisant partie du noyau et les patrons parmi les employés. »

Art. 18. — Acte du 6 janvier 1869. — Les associés futurs seront désignés par l'assemblée générale des membres du noyau. Le choix de cette assemblée ne pourra porter que sur un intéressé dans les bénéfices.

Voilà donc l'association Leclaire pourvue d'une direction qui possède, de par son origine, le savoir professionnel théorique et pratique, puisque le patron a passé par l'état d'ouvrier et celui d'employé; ce patron possède également la moralité, l'estime et la sympathie de tous les membres de l'entreprise, puisque la majorité du personnel de la maison l'a choisi pour son chef. Par une autre disposition qui va figurer plus loin, cette direction présentera une large garantie pécuniaire qui rendra sa responsabilité parfaitement effective.

Mais, d'autre part, cette direction ne doit pas être confondue avec la situation d'un patron; il est dit, en effet :

Art. 8. — Les associés en nom collectif seront gérants responsables.

Art. 19. — En aucun cas, l'associé sortant ne pourra prétendre à des droits sur la clientèle, le matériel et le fonds de réserve. Il en sera de même à l'égard des héritiers de l'associé décédé.

Art. 20. — Il est bien entendu que la société ne sera pas dissoute par le décès ou la retraite volontaire ou forcée de l'un et même des deux associés en nom collectif; après le décès ou la retraite, pour quelque cause que ce soit, d'un associé gérant, il devra toujours être remplacé, dans les deux mois.

Capital.

Le capital social de l'association Leclaire est fourni, d'une part, par la Société de secours mutuels et, de l'autre, par les deux gérants responsables.

Fondée depuis 1838, la Société de secours mutuels, alimentée par une part de 25 0/0 dans les bénéfices et par quelques autres ressources, est à la tête, aujourd'hui, d'un capital de plus de un million de francs, et tient de la générosité de M. Leclaire la nu-propriété de la clientèle et du matériel. Elle commandite la maison d'une somme de 200,000 francs.

Chacun des gérants responsables fournit, de son côté, un apport de 100,000 francs. Or, en raison du mode de recrutement adopté, les associés ne possèdent généralement pas une somme pareille ; il faut cependant qu'ils puissent offrir une responsabilité réelle et effective, qu'ils aient, par conséquent, un apport. Ici apparaît la sagesse de M. Leclaire qui, tout en voulant écarter de son institution le patron banquier, et conserver à son œuvre son caractère démocratique, tient néanmoins à créer la responsabilité effective du gérant. Il décide donc, art. 9, § 8, que *la mise sociale de l'associé sortant lui sera remboursée au fur et à mesure que le capital de son successeur se complétera par la retenue qui sera faite d'au moins les deux tiers de sa part de bénéfices*, à moins que les ressources de ce successeur ne lui permettent de compléter entièrement ce capital.

Travail.

Les diverses institutions créées par M. Leclaire pour activer, moraliser, élever le Travail, sont assurément les parties les plus remarquables de son œuvre. L'amélioration du sort de l'ouvrier a été de tout temps, en effet, la préoccupation la plus constante de son esprit; tout le monde se rappelle cette simple et touchante phrase inscrite au-dessous de son buste, sur le monument que ses ouvriers lui ont élevé à l'Exposition universelle. « Si vous voulez que je parte de ce monde, le cœur content, il faut que vous ayez réalisé le rêve de toute ma vie : il faut, qu'après une conduite régulière et un travail assidu, un ouvrier et sa femme puissent, dans leur vieillesse, avoir de quoi vivre sans être à charge à personne. »

Le premier instrument de l'amélioration du sort de l'ouvrier créé par M. Leclaire est « le noyau ». Ce noyau est une véritable aristocratie ouvrière, non l'aristocratie de naissance, mais celle du savoir professionnel, de la probité et de la dignité des mœurs, qui se rencontre et peut être provoquée, à tous les degrés de l'échelle sociale. Pour être admis au noyau, il faut savoir lire, écrire et compter; le rang d'ancienneté n'établit pas de droit à l'admission; le mérite est la meilleure recommandation qu'on puisse avoir; aussi, ne pourront être admis au noyau, quel que soit leur talent, les ouvriers dont les mœurs et la conduite laisseraient à désirer. L'admission est prononcée par l'assemblée générale qui statue sur le rapport d'enquête dressé par un comité de 9 membres, 5 ouvriers ou chefs d'atelier, 3 employés et le patron, dit comité de conciliation.

La création de ce noyau a pour effet de constituer une phalange d'élite se recrutant elle-même et où personne ne peut entrer, d'où personne ne peut être renvoyé que par la volonté de la majorité de ses membres. Chacun souhaite d'y pénétrer et, une fois admis, d'y rester, car le titre de membre est, à lui seul, un certificat de mérite et dans toutes les situations de la vie, l'homme est avide des distinctions qui révèlent sa valeur; puis, outre cette satisfaction bien légitime de son amour-propre, l'ouvrier trouve dans le noyau des avantages matériels très-appréciés. Ceux qui en font partie peuvent recevoir un salaire de 0 fr. 25 c. de plus que le prix accordé par le tarif de la ville de Paris. Tous les ans, l'assemblée générale doit en décider. Les 0 fr. 25 c., quand ils sont accordés, ne sont remis aux ayants droit qu'à la fin de l'année. Le titre de membre du noyau donne enfin à l'ouvrier le droit d'être membre de la Société de prévoyance et membre des assemblées générales.

L'admission au noyau et le maintien dans ses rangs deviennent ainsi un puissant encouragement au travail, à la probité, à la moralité et aux bonnes mœurs. La participation aux bénéfices en est un autre non moins énergique, ici surtout où l'application de ce principe est la plus large qu'on puisse rencontrer; les ouvriers reçoivent en effet 75 0/0 des bénéfices nets de la maison, les deux tiers en espèces, l'autre tiers en un versement à leur caisse de prévoyance et de secours mutuels.

Enfin M. Leclaire a fait une œuvre de moralisation et de relèvement par excellence en appelant tous les ouvriers du noyau à décider des grands intérêts de la maison par leur droit d'électeurs et de candidats aux fonctions de commissaire de surveillance, de chefs d'ateliers, de membres du comité de conciliation et enfin aux fonctions de patron.

Nulle part nous n'avons rencontré une organisation, procédant du chef de la maison, accordant aux ouvriers une telle part de pouvoir et surtout présentant cette accession à la direction non plus par hérédité ou achat, mais par élection limitée au seul personnel de la maison. Ici, le patron s'est dépouillé du pouvoir qui constitue le plus réellement son état de patron, le pouvoir de transmettre, par une voie quelconque, « sa maison ». Sa maison n'est plus ici sa chose, comme dans la plupart des autres établissements d'industrie et de commerce. Il ne peut ni céder à son fils ou à tout autre parent, ni échanger, ni vendre un fonds, une clientèle, un matériel.

C'est en raison de cet état de choses et du rôle de commanditaire, que joue la Société de prévoyance et de secours mutuels, que nous avons cru devoir donner à la maison Leclaire le nom d'*association ouvrière.*

Dans le contrat de société commerciale ne figurent, il est vrai, que les noms des deux gérants responsables et celui de la société de prévoyance; ceux des ouvriers n'y sont pas désignés, mais leurs droits et leur caractère d'associés y sont consacrés par l'insertion des statuts de la maison.

CHAPITRE III

EXAMEN CRITIQUE DES DIVERSES ORGANISATIONS ADOPTÉES PAR LES PATRONS

CHAPITRE III

EXAMEN CRITIQUE
DES DIVERSES ORGANISATIONS
ADOPTÉES PAR LES PATRONS DE PARIS

Base essentielle des institutions adoptées à Paris.

Le fait le plus saillant des institutions que nous venons de décrire, est le sacrifice pécuniaire du patron. Dans toutes les maisons, le patron prélève, au profit des ouvriers, sur les frais généraux ou sur les bénéfices de son entreprise, des sommes souvent considérables, en supplément de ce qu'il leur doit légalement. Aucune exception n'est faite à cette règle absolue.

Le second fait capital de ces mêmes institutions, c'est la pratique de l'épargne par le patron, pour le compte de l'ouvrier. Deux patrons, seulement, se sont écartés de ce principe; tous les autres l'appliquent, rigoureusement, et si, dans quelques maisons, l'épargne n'absorbe pas la totalité des sommes, elle en prend toujours au moins la moitié ou les deux tiers.

Ainsi, l'argent et l'épargne, voilà les deux forces qui agissent.

Ces deux forces ont une résultante :

La possession du capital.

Telle est l'essence de la réforme du travail à Paris (1).

On a dit bien des fois : un des remèdes les plus efficaces du malaise social consiste à *faciliter* aux ouvriers l'accès au capital. C'était là la limite des souhaits. Cette limite, nos patrons de Paris l'ont franchie, du premier bond : **ils ont réalisé la possession du capital.**

---

(1) Dans le résumé de l'ouvrage de M. Behmert, présenté au Congrès des Institutions de Prévoyance par M. Ch. Robert, il est dit : « Le but essentiel de la participation doit être, en effet, la formation d'un *capital* pour chaque ayant droit, de telle sorte que peu à peu, tous les salariés de l'établissement deviennent des rentiers. »

Bienfaisante innovation: la plus heureuse et la plus salutaire qui se puisse appliquer dans l'industrie, car elle répond à une des nécessités sociales les plus absolues et renferme les éléments les plus féconds de moralisation. Après l'instinct de la conservation, l'instinct le plus impérieux est celui de la possession. L'homme a la passion de la vie et, conséquemment, il aspire avec ardeur à posséder le capital qui lui garantit la vie à lui et aux siens, pour les jours de chômage, de maladies ou de vieillesse. C'est là le premier bienfait du capital : aussi, dans son langage imagé, le peuple définit-il souvent la richesse par cette formule: *avoir du pain sur la planche.* C'est une grosse affaire, en effet, que l'incertitude du pain du lendemain ; on n'y songe pas assez, dans les classes moyennes. Pour l'ouvrier, le capital, c'est donc, tout d'abord, le gage de l'existence matérielle; c'est, en second lieu, la possibilité d'un temps de repos, après une longue carrière de labeurs et de fatigues; c'est également l'éducation des enfants, leur instruction, leur accession à une situation meilleure que celle du père. En dépit des faits trop nombreux, hélas! qui tendraient à prouver que le sentiment paternel est moins développé dans les classes laborieuses que dans les autres, l'ouvrier possède, au même degré, le sentiment de la famille. Dieu ne regarde pas au rang social pour jeter dans les cœurs la semence de l'amour, non plus que pour répartir les dons de l'intelligence. Il n'y a pas, dans la distribution des facultés naturelles, de classes privilégiées ; il n'y a que des conditions sociales de culture plus ou moins favorables au développement de ces facultés. L'ouvrier est, tout autant qu'un autre, attaché à ses enfants et désireux de les bien élever, mais il se trouve dans les conditions physiques et morales les plus contraires à l'exercice de ces bonnes dispositions. Il y a plus: tant qu'il se sent dans un milieu de souffrances permanentes et incurables, il ne peut s'empêcher de voir dans ses enfants de nouvelles proies fatalement réservées au monstre de la misère; dès lors, à quoi bon les soins et les sacrifices pour élever ces victimes condamnées à l'avance? De là, l'oubli des devoirs paternels et la désagrégation de la famille. Dès que cette atmosphère de misère se dissipe, dès que l'horizon s'éclaircit, l'enfant apparaît comme un être réservé à un avenir meilleur, digne, par conséquent, des soins les plus empressés; son père lui sacrifie ses habitudes, ses vices, travaille, économise, et, pour le rendre meilleur, s'améliore lui-même.

Mais ce n'est pas tout: l'accès à la possession pousse à l'amour et à la pratique de l'épargne. Ce qui s'oppose le plus, dans les classes laborieuses, à ce que cette féconde vertu y fleurisse, ce n'est pas l'ignorance de ses bienfaits ni de sa nécessité, c'est la continuelle absence du premier sou mis de côté. Tant que l'édifice de son avoir est tout entier à élever, tant que la première assise n'en est pas posée, l'homme est frappé de la quantité des efforts à produire et des privations à endurer pour atteindre un résultat; il prend peur, se décourage et renonce à toute tentative. Mais si l'œuvre est déjà entamée; si, en tombant dans la tire-lire, la pièce épargnée sonne joyeusement sur d'autres pièces, les efforts et les privations cessent de paraître pénibles; on les accepte volontiers et on avance, à pas redoublés, dans la voie de l'épargne, poussé par la satisfaction de l'épargne accomplie. Ce principe est de tous les temps, de toutes les latitudes; c'est sur lui que M. Sella, en Italie, basait un projet de réforme sociale dont le premier terme consistait dans la remise aux mains de chaque ouvrier d'un livret de caisse d'épargne d'un franc. L'épargne crée l'épargne, comme la bonne action accroît l'amour du Bien, comme la première faute précipite dans la voie du mal, comme le rocher qui semblait immuable aux flancs de la montagne, roule, dès qu'il est ébranlé, puisant des forces dans sa course, ajoutant sans cesse, de lui-même, une vitesse nouvelle à la première impulsion.

Or l'épargne engendre l'ordre, la tempérance, l'assiduité au travail, car elle ne peut exister sans elles. Créer l'épargne, c'est donc créer une partie des vertus morales. Archimède disait « qu'on me donne un point d'appui et je soulèverai le monde ». On peut dire de même, qu'on rende les hommes économes, le règne de la moralité commencera.

Poussé ainsi au capital, à l'épargne, à l'ordre, à la tempérance et à l'amour du travail, l'ouvrier verra rapidement s'améliorer son sort, s'élever sa situation; il y rencontrera, peu à peu, le bonheur, l'espérance et un sentiment plus complet de sa dignité d'homme; puis, insensiblement, il cessera de voir dans le travail une chaîne, dans le patron un exploiteur, dans le capital un ennemi.

Voilà donc le bien-être qui s'installe au foyer de l'ouvrier et, à sa suite, les vertus morales qui pénètrent son cœur, en même temps que renaissent, au sein de la Société, la concorde et la paix.

Démocratiser le capital, augmenter, par une répartition plus généreuse des fruits du travail, le nombre de ses possesseurs, c'est donc accomplir un des points les plus essentiels de la réforme sociale. L'analyse du cœur humain indique clairement qu'il y a là un remède énergique au malaise public; tous les symptômes extérieurs révèlent avec non moins d'évidence que c'est la possession du capital qui fait le fond de la querelle : les riches, on les appelle accapareurs, les pauvres partageux : être ou ne pas être, dit l'auteur anglais; avoir ou ne pas avoir, doit dire le moraliste; c'est ce que caractérisait un prévenu, dans un récent procès correctionnel, par une boutade triviale mais exacte : la question sociale, s'écriait-il, c'est *la lutte des affamés et des repus.*

Nécessité absolue de la pratique de l'épargne par le patron.

Pour constituer la possession du capital, il ne faut pas se contenter d'augmenter ou de majorer les salaires; l'expérience de tous les jours établit que ce ne sont pas les ménages d'ouvriers les mieux rétribués qui possèdent le plus de bonheur et d'argent. Ce qu'il faut, c'est l'épargne obligatoire accomplie par le patron (1). Les faits sont là pour le prouver. Un industriel de Paris, dont nous ne saurions trop célébrer les sentiments philanthropiques, M. Savart, fabricant de chaussures, avait, avant la guerre, établi chez lui une caisse d'épargne facultative qui était arrivée à posséder près de

(1) M. Behmert conclut de même. Il recommande d'éviter de distribuer en espèces les parts de bénéfices. Il est désirable, au contraire, dit son traducteur, que ces parts soient capitalisées, de telle sorte que les ouvriers ne puissent en disposer qu'après un certain nombre d'années ou dans des circonstances exceptionnelles telles qu'une augmentation de famille, la cessation du travail ou l'achat d'une maison.

quinze cent mille francs ; la guerre éclate, les demandes de remboursement affluent; elles sont exactement satisfaites, tout est rendu, mais aujourd'hui, que reste-t-il de cette institution? rien ; quel gage d'avenir les ouvriers ont-ils retiré de leurs sacrifices? aucun. Ils ne possèdent rien, et le patron hésite à reconstituer une œuvre démolie dont l'édification lui avait coûté tant de soins.

MM. Briggs, propriétaires des mines de houilles de Whitwood et Methley-junction, près Normanton, qui avaient organisé en Angleterre une des participations aux bénéfices les plus remarquables, écrivaient dernièrement à un correspondant de Paris : « Nos ouvriers ont été gâtés par l'augmentation des salaires qu'ils ont retirée de la participation. Aussi n'admettons-nous plus, à la participation aux bénéfices, que les porteurs d'actions. » C'est dire que leur institution est, à peu près, supprimée. Le chef d'une très-importante maison de bijouterie de Paris nous écrivait dernièrement : « Les résultats que nous attendions de nos majorations de salaires n'ont pas été obtenus; nous avons donc renoncé à notre institution ». Un marbrier de Paris, qui avait établi la participation aux bénéfices, écrivait à M. Charles Robert : « La participation aux bénéfices est une blague. » Or, tous ces échecs devaient arriver par ce seul motif que les institutions de ces divers patrons, ne pratiquant pas l'épargne, ne réalisaient pas le programme : *possession du capital.* Elles se bornaient à augmenter la rémunération de l'ouvrier; mais cette augmentation, réduite à elle-même, ne laisse rien derrière elle, ou si elle laisse quelque chose, c'est, dans la plupart des cas, le malheur, car au moment de la distribution des parts, on dépense plus, on vit comme si on gagnait un salaire double, et quand cette ressource temporaire s'est épuisée, on se trouve en présence de la situation normale, qui devient, dès lors, insuffisante.

Un jour, l'ouvrier sera lui-même l'artisan de la création de son capital; le patron n'aura plus besoin d'exercer l'épargne, sous la forme obligatoire. Pour le moment, il ne faut pas lui en abandonner entièrement le soin. Si on nous contestait cette nécessité, il nous suffirait de rappeler le triste spectacle que présentent les chantiers et les quartiers populeux, les lendemains et surlendemains de paie, et nous citerions certaines industries, telles que celles des carriers, où la semaine ne commence, d'ordinaire, que lorsque la paie ou les acomptes du dimanche sont totalement épuisés, le jeudi, *jour des bœufs*, dit-on, sur la carrière, par allusion probablement à la démarche lourde et lente des hommes écrasés sous le poids de la débauche et de l'ivresse.

L'instruction distribuée à profusion, redressera ces erreurs, dira-t-on ; oui, elle agira, sans aucun doute ; en relevant l'homme, elle lui montrera l'horreur de cet état inférieur, dans lequel il se laisse tomber, faute de conseils et d'enseignement. Mais encore, le remède est-il là tout entier, et ne voit-on pas, trop souvent hélas ! le désordre, l'intempérance, la prodigalité souiller les plus brillantes éducations ?

Du reste, d'une manière générale, l'humanité donne bien plutôt des marques de sa faiblesse naturelle qu'elle ne prouve la puissance de son tempérament. Qui n'a remarqué la plus-value d'affection que le monde attache, en général, aux emplois du gouvernement où on *retient pour la retraite ?* Les fonctions y sont, d'ordinaire, moins rétribuées que dans les administrations privées, mais *on y retient pour la retraite ;* une volonté supérieure et inflexible, prélève une fraction de l'appointement pour en faire la réserve de l'avenir, intervient dans un acte dont elle ne devrait pas avoir à s'occuper, substitue sa persistance inébranlable à la faiblesse chancelante de l'employé. Dominé par le sentiment de sa fragilité, l'homme recherche une chaîne, sans laquelle il sent sa profonde impuissance à rester fidèle, même au respect de son propre intérêt.

Des formes diverses de la possession du capital.

La possession du capital, réalisée par les institutions de nos patrons de Paris, se présente sous trois formes différentes : la pleine propriété, l'usufruit avec réserve du fonds aux héritiers et les rentes viagères.

Le système de la pleine propriété, tel que l'a appliqué M. Meyer est, sans contredit, celui qui respecte le mieux la liberté et la dignité de l'homme : il impose aussi l'épargne, mais au lieu de la pratiquer lui-même, il en confie la pratique à l'ouvrier et fait, ainsi, un appel direct aux vertus morales. Il est, en même temps, celui que l'ouvrier comprend le mieux parce qu'il le touche du doigt à chaque instant. Nous n'hésiterions donc pas à lui accorder toute notre préférence, s'il ne présentait pas de graves dangers. Dès que son capital aura atteint un certain chiffre, l'ouvrier sera pris de l'ardent désir de quitter l'atelier et de s'établir, de risquer dans des opérations auxquelles il est insuffisamment préparé, le pain de sa vieillesse et le patrimoine de ses enfants. Pour notre génération au moins, qui n'a pas encore profité de tous les efforts faits pour élever le niveau moral et intellectuel des ouvriers, la pleine propriété présente des écueils. Aussi ce système n'a-t-il qu'une application, celle de la maison Meyer.

Le système de l'usufruit a été, par ces motifs, beaucoup plus employé. Dans la plupart des maisons à participation des bénéfices, les statuts portent, que l'ouvrier jouira, à partir d'un certain âge, des rentes de son capital, les titres restant dans la caisse de la maison et qu'à sa mort le capital reviendra à ses ayants droit. De même, dans les maisons à majoration des salaires on a, le plus souvent, adopté le versement à la Caisse des retraites avec réserve du capital, réserve qui a pour effet de rendre l'ouvrier usufruitier, depuis 50 ans jusqu'à sa mort, et ses héritiers, propriétaires du fonds, à dater de son décès. Ainsi, en 1877, les versements faits par nos patrons de Paris, se sont élevés à 3 millions 222,490 francs, en capital reversé, tandis que ceux à capital aliéné n'ont pas atteint 800,000 francs. Dans la même année, les versements directs, c'est-à-dire faits par les titulaires mêmes, se composaient de 3 millions de capital réservé contre 3 à capital aliéné; d'une part le quadruple, de l'autre, moins du double.

Le système du « capital réservé » est, incontestablement, le plus parfait, car il profite également à l'ouvrier et à sa famille; une expérience très-significative a démontré, du reste, qu'il répondait le mieux aux aspirations du cœur humain. M. de Courcy dans son ouvrage, l'*Institution des Caisses de Prévoyance*, expose que sa Compagnie avait eu, tout d'abord, en vue la création de pensions viagères, mais en laissant à ses employés le droit d'opter pour la constitution d'un patrimoine. Il arriva, dit-il : « que plus des cinq sixièmes des employés retraités ont opté pour le capital, » bien que ce capital ne dût être remis qu'aux mains de leurs héritiers. La prévoyance paternelle est un des sentiments les plus énergiques; nous avons reconnu, nous-mêmes, que nos ouvriers étaient bien plus disposés aux versements à la Caisse des retraites, lorsqu'ils étaient faits pour leurs enfants, que lorsqu'ils l'étaient pour eux-mêmes.

Cependant, malgré les avantages incontestables de la constitution d'un patrimoine, ce n'est pas là l'objectif qui doit le plus préoccuper le patron. Il doit, avant toute chose, se proposer d'assurer la vieillesse de son ouvrier. Il y a pour cela deux motifs : le premier, c'est que c'est l'ouvrier et non ses enfants, qui lui a rendu des services; le second, c'est que la misère du père, dans la vieillesse, porte la plus grave atteinte à la famille. Dénué de ressources, le père ne peut être recueilli par son fils. en général, trop peu fortuné pour en accepter la charge; il va donc à l'hospice, son départ brise les derniers maillons de la chaîne de famille, et le spectacle de sa misère est, le plus souvent, une cause de découragement pour le fils qui y voit l'image du sort qui l'attend aussi. Entre le patrimoine et la rente viagère, le patron n'hésitera donc pas à choisir le dernier système, quand la somme des sacrifices qu'il peut s'imposer n'est pas assez étendue pour constituer un capital dont les rentes suffisent à la vie d'un vieillard.

Quelques chiffres mettront mieux en évidence l'importance de ces réflexions. Supposons deux patrons consacrant, chacun, 50 francs, par an, au service d'un ouvrier, âgé de 25 ans. L'un placerait cette somme à intérêts composés à 5 0/0, et le second la verserait à la caisse des pensions de retraite pour la vieillesse à capital aliéné.

Au bout de trente ans, le patrimoine produit par la capitalisation sera de 2,880 fr. 85 et donnera un intérêt de 119 fr. 35, tandis que la rente viagère fournie par la Caisse de retraite sera de 434 fr. 85 c. Avec 119 fr. 35, le vieil ouvrier reste à la mendicité; il vit avec 435 francs.

Étude de la majoration des salaires.

La majoration du salaire n'est pas, à proprement parler, un état spécial de l'organisation du travail; elle ne fait intervenir entre le patron et l'ouvrier aucun élément nouveau, elle n'établit pas un rapport direct entre la rémunération et le résultat de l'entreprise. La rémunération de l'ouvrier reçoit bien une augmentation, mais cette augmentation n'est pas une quote-part, déterminée *a priori* des fruits du travail : c'est un surcroît du coût de la main-d'œuvre.

A ce point de vue, la majoration des salaires n'est pas un excitant au travail, aussi direct que la participation ou l'association. Elle contribue, néanmoins, énergiquement, à développer le zèle et l'application par certaines conditions fréquemment insérées dans les statuts : un temps de stage avant d'être admis à l'institution, ce qui éveille déjà chez l'ouvrier l'idée de la sédentarité, une quantité minimum de travail exécuté dans l'année, la menace de privation, en cas de telles ou telles infractions aux règlements. Elle provoque, surtout, le courage et la moralité, en mettant un terme à l'inexorable destin qui condamne l'ouvrier au travail perpétuel, en dissipant le cauchemar démoralisant qui flotte, sans cesse, devant ses yeux, d'une vieillesse sans repos, sans abri et sans pain.

D'un autre côté, la majoration des salaires présente un avantage qui n'existe ni dans la participation ni même dans l'association, celui de n'être soumise à aucun aléa et de ne pas courir, dans certaines années, le risque d'être réduite à des chiffres insignifiants. C'est ainsi qu'à la Compagnie d'Orléans, la participation aux bénéfices revient presque, depuis quelques années, à une simple majoration de 10 0/0 des salaires; dans quelques autres maisons de Paris, comprises dans ce Recueil, la participation aux bénéfices se réduit, depuis plusieurs années, à des chiffres très-minimes, par suite du peu de produit des affaires.

La majoration des salaires possède encore un avantage que ne peut que très-difficilement réaliser un autre régime. Dans un grand nombre d'industries, le personnel est forcément nomade. Dans

14

celle, par exemple, des travaux publics ou privés, au sein d'une grande ville, les chantiers se déplacent très-fréquemment et se transportent souvent d'une extrémité à l'autre de la cité, quelquefois au delà de ses murs. On conçoit, sans peine, que les ouvriers ne se soumettent pas à de pareils déplacements; ils ne peuvent pas plus faire, chaque matin et chaque soir, plusieurs kilomètres, pour se rendre à l'ouvrage ou rentrer chez eux, que déménager ou délaisser momentanément leur famille. La difficulté se résout naturellement par le changement de patron. On peut dire cela de toutes les industries qui ne s'exercent pas dans un atelier fixe et c'est le fait des travaux de maçonnerie, charpente, terrassements, menuiserie, peinture, etc. Dans quelques cas même, le caractère nomade de l'ouvrier est rigoureusement réglé; ainsi, les Limousins qui viennent travailler à Paris, pendant toute la belle saison, rentrent chez eux à l'approche de l'hiver, pour en revenir au printemps ; mais, moins heureux que les oiseaux voyageurs, ils ne sont pas sûrs de trouver libre la place qu'ils occupaient et, dans la plupart des cas, sont obligés de changer de patron. Enfin, à ces conditions particulières, viennent se joindre les morte-saisons qui les contraignent à quitter l'atelier et en chercher un autre où le travail aille encore.

Dans beaucoup d'industries, l'ouvrier est donc forcément changeant et, par suite, la participation aux bénéfices, aussi bien que l'association, difficiles à y appliquer; le patron ne peut, en effet, à tout moment faire son inventaire, et, s'il ne le fait qu'une fois par an, selon la coutume, il n'aura plus autour de lui les ouvriers qui ont passé dans ses ateliers. Il faut, dans ces maisons, un régime dont les effets puissent, sans cesse, être calculés instantanément et liquidés de même. La majoration des salaires présente seule cet avantage. C'est donc le seul système qui puisse, aisément, s'acclimater dans les industries à personnel variable.

La majoration des salaires a aussi l'avantage de permettre, plus facilement, la coopération de l'ouvrier à l'œuvre de sa retraite. On a adopté, en effet, dans beaucoup de maisons, le principe d'une retenue égale à la donation. Or, cette retenue ne peut être que fixe, car la somme des sacrifices que l'ouvrier peut faire sur sa paye est limitée; elle n'est donc pas compatible avec la participation et ne peut s'associer qu'à la majoration proportionnelle aux salaires. Et, de fait, nous n'avons rencontré la coopération de l'ouvrier que chez les patrons qui ont adopté la majoration et non chez ceux qui ont institué la participation aux bénéfices, sauf, toutefois, une maison : la fonderie de caractères Deberny.

Participation aux bénéfices.

Les avantages principaux de la participation aux bénéfices sont: 1° d'intéresser pécuniairement l'ouvrier au succès de l'entreprise, de stimuler son activité, son zèle et sa conscience professionnelle, car il n'est pas intéressé seulement à la quantité de la production, mais encore à sa qualité, de le rendre ménager du temps, du matériel et des matières premières et de créer un contrôle incessant des ouvriers les uns sur les autres ; 2° d'améliorer notablement sa situation matérielle, de le placer dans une situation sociale plus élevée, et, par ces deux éléments, faire chez lui un vigoureux appel au sentiment de la dignité personnelle. A ces avantages, signalés par les auteurs que nous avons cités, qu'on nous permette d'en indiquer un autre qui nous semble capital : *la participation aux bénéfices est l'apprentissage de l'association*. La participation donne, en effet, la notion et la pratique de la solidarité, élément primordial de l'association ; elle apprend aux hommes à travailler à une œuvre commune, à sacrifier à l'intérêt commun, les rivalités et les jalousies. Elle enseigne, également, la nature essentiellement aléatoire et variable des affaires, les risques et les périls de l'industrie, donne une idée plus exacte des bénéfices des patrons qu'on se plaît si souvent à représenter sous des dimensions fantastiques ; elle inculque, enfin, aux ouvriers le sentiment de la nécessité d'une direction savante, d'une organisation méthodique, d'une discipline rigoureuse, principes dont l'oubli a causé la ruine de la plupart des tentatives, infructueuses jusqu'ici, d'associations ouvrières de production.

Pour ces motifs, la participation aux bénéfices doit, dit M. de Courcy, « apaiser la querelle du capital et du travail, adoucir la haine,

modérer les exigences, éloigner le péril des grèves et des ré-
voltes. »

Il y a, dans la participation aux bénéfices, un point très-délicat
qui gêne plus d'un patron, c'est la mise en évidence du chiffre
des bénéfices réalisés par la maison. En dehors des sociétés de
crédit et des entreprises montées par actions, qui exposent annuellement leur situation financière, dans un rapport rendu public, les
chefs d'industrie tiennent énormément à ce que l'état de leurs
affaires ne soit pas divulgué. Or, la fixation de la part des ouvriers
par un coëfficient chiffré, permet de déterminer, par un calcul
très-élémentaire, la somme des bénéfices de la maison; les varia-
tions de cette part indiquent les fluctuations des affaires, et, dans
des moments difficiles, accusent très-clairement l'arrêt de la prospérité ou même la décadence de la maison. Outre la vexation
personnelle que le patron peut éprouver, son crédit peut en souf-
ffrir. Cet inconvénient peut être écarté par le secret du chiffre du
quantum accordé aux employés, ou bien encore, par l'absence de
tout *quantum*, le patron se réservant de fixer lui-même, chaque
année, la somme à répartir entre ses employés.

Un économiste des plus distingués de notre époque, M. Paul
Leroy-Beaulieu, formule des griefs assez nombreux contre la participation : elle n'existe aujourd'hui, dit-il dans sa *Question ouvrière au XIX⁰ siècle*, qu'à l'état d'exception et d'enfance, et les
patrons peuvent actuellement établir dans leurs règlements qu'ils
déclareront eux-mêmes le chiffre de leurs bénéfices, que ce chiffre
devra être admis, sans aucun contrôle des ouvriers ; mais quand le
système de la participation aura pris du développement, dit M. Beaulieu, il faudra donner aux ouvriers connaissance des écritures et
les initier à la marche des opérations pendant l'année; de là, des
conflits, des blâmes, l'opposition au renouvellement du matériel,
à l'achat de machines nouvelles, aux frais d'entretien, de réparation,
comme dépenses destinées uniquement à améliorer le fonds du
patron, au détriment des travailleurs.

En second lieu, M. Paul Leroy-Beaulieu observe que la « proportion des bénéfices octroyés aux ouvriers ne pourra pas être
identique dans tous les établissements. Or, quand cette organisation du travail sera devenue générale, les ouvriers se demanderont

pourquoi la proportion des bénéfices est si inégale dans les diverses industries, » et surtout dans une même industrie. « Mais supposons, dit M. Paul Leroy-Beaulieu, que l'on soit arrivé à déterminer, d'une manière identique, pour toutes les maisons d'une même industrie, la proportion des bénéfices qui doit être laissée aux ouvriers ; l'on ne pourra jamais faire que tous les établissements atteignent le même degré de prospérité ; » dès lors, la rétribution des ouvriers deviendra très-inégale, même à égalité de zèle, de courage et d'habileté. Les ouvriers moins favorisés « accuseraient la mauvaise direction des établissements, ils réclameraient, non plus uniquement un droit de contrôle, mais un droit de surveillance et de tutelle : ce serait la conduite même des affaires qu'ils voudraient avoir dans les mains. »

Ces objections reposent toutes sur l'hypothèse de la généralisation universelle de la participation aux bénéfices : pour nous, cette hypothèse n'est pas réalisable : dans le monde économique, une innovation a rarement le temps de passer à l'état de système absolu et universel ; le seul fait de son extension lui fait subir des transformations successives, modifie sa nature et supprime les conséquences qui devaient découler rigoureusement du type initial. Nous ne pouvons dire quelles seront les transformations successives du travail, mais il en est une qui doit forcément se produire, et d'autant plus que la participation s'étendra davantage : c'est l'association, dont les ouvriers font et feront de plus en plus l'apprentissage, dans le régime de la participation. Il n'y a donc pas lieu, de condamner ce dernier régime au nom des conséquences qu'il entraînera à l'époque de son développement universel ; il n'atteindra jamais, en effet, ce développement, car il n'est qu'un régime d'éducation, de progrès et de transition.

Gestion des fonds de prévoyance.

La gestion des fonds de prévoyance est, tantôt faite par le patron lui-même, tantôt confiée à une caisse publique. Le premier mode est particulièrement adopté dans la participation aux bénéfices, et le second dans la majoration des salaires. Or, nous n'hésitons pas,

avec M. de Courcy, à préférer la gestion par une caisse publique
à la gestion par le patron. « Il serait déplorable, dit M. de Courcy,
que les fonds d'une caisse de prévoyance pussent être en péril,
que sa gestion financière pût seulement sembler suspecte. Aussi,
les industriels qui fondent une caisse de prévoyance feront-ils
bien d'en confier à autrui la gestion financière, quelle que soit la
solidité de leur propre crédit. Il convient que cette gestion soit
absolument distincte et indépendante des opérations qui se conti-
nueront dans l'industrie. Il convient que le patron se dessaisisse
effectivement et irrévocablement des fonds qui deviennent le patrimoine de ses collaborateurs, comme il se dessaisit de ceux qu'il
distribue à ses associés. Il convient qu'il s'interdise volontairement d'y toucher désormais, d'en spéculer, d'en tirer un lucre
quelconque, et c'est bien en cette matière que le patron doit tenir
à honneur d'être comme la femme de César. »

La caisse des pensions de retraite pour la vieillesse est, incontestablement, la mieux organisée pour les institutions qui ont,
particulièrement, en vue la constitution d'une pension viagère,
mais aucune caisse publique n'existe encore pour la formation
d'un patrimoine à longue date. La Caisse d'épargne et la Caisse
des dépôts et consignations donnent, d'un côté, un intérêt trop
faible, et de l'autre, ne capitalisent pas, obligatoirement, à intérêts
composés; les déposants peuvent toujours retirer ces intérêts,
une fois échus, et empêcher ainsi, par eux-mêmes, la constitution
de leur capital d'épargne. Il faudrait qu'une caisse publique,
administrée sous la garantie de l'État, reçût les sommes provenant des institutions de prévoyance industrielle, les inscrivît sur
des livrets individuels, les fît fructifier par des achats de rentes
sur l'État, capitalisât les revenus, sans que les titulaires pussent
jamais toucher aux intérêts ni au principal, jusqu'à l'époque,
fixée par les règlements de la maison, où l'ouvrier entrerait en
jouissance des rentes ou du capital lui-même, suivant les cas. C'est
absolument ce que fait la Caisse des dépôts et consignations pour
les fonds de retraite des sociétés de secours mutuels.

Nature du droit de l'ouvrier aux résultats des institutions.

D'après l'organisation même de la caisse des pensions de retraite pour la vieillesse, toutes les sommes versées produisent une pension dont aucune clause suspensive ne peut priver le titulaire; en dehors de la mort, rien ne peut empêcher l'ouvrier d'entrer en jouissance du produit des versements faits en son nom, ni son départ de la maison, ni son renvoi à une époque quelconque, ni l'interruption des versements, ni même la faillite de ses patrons.

Dans un grand nombre de maisons, le droit de l'ouvrier aux bienfaits de l'institution de prévoyance est donc absolu et définitif; dans beaucoup d'autres, au contraire, il est conditionnel et périt, si certaines conditions réglementaires n'ont pas été remplies. L'ouvrier ou l'employé peut, ainsi, après être resté dix ou quinze ans dans une maison qui a établi une institution de prévoyance, la quitter, sans retirer, pour son avenir, aucun profit du temps écoulé.

Le principe de l'éventualité est fortement recommandé par M. de Courcy. Il veut que la propriété du capital ou de ses revenus soit la récompense des longs services.

Nous reconnaissons, avec M. de Courcy, qu'il est bon de provoquer la sédentarité de l'employé par l'appât d'une récompense, mais, en matière d'institution de prévoyance, nous croyons que l'idée de la récompense ne doit pas dominer l'institution; ce qui doit dominer, c'est la question de moralisation. Or, nous avons cherché à démontrer que la moralisation de l'ouvrier dépend intimement de la suppression de la misère de sa vieillesse : il faut donc que l'œuvre de la dotation de sa vieillesse soit soustraite à toute éventualité et marche progressivement, sans arrêt, à mesure qu'il avance en âge, sans aucun risque de déchéance. D'autre part, si la condition suspensive peut faire naître le zèle, elle inspire aussi la crainte, le doute, et même quelquefois le découragement. Enfin, en thèse générale, l'espérance d'un avenir meilleur produit plus d'effet sur les âmes que la crainte du malheur.

Cette opinion a été, pour la première fois, mise en pratique par la Compagnie d'Orléans, en 1844. Aussi ne saurions-nous rendre trop d'hommages à l'initiative de l'un de ses fondateurs, M. Bartholony, à qui revient l'honneur de l'introduction de la participation aux bénéfices dans la Compagnie. Il a, dès l'origine, admis et pratiqué le principe de l'irrévocabilité de la donation du patron. Depuis, tous les chefs d'industries cités ici, qui ont adopté le système des versements à la caisse des retraites, ont, par le même fait, reconnu que l'employé devait avoir un droit absolu à la pension de retraite. Un d'entre eux, M. Chaix, a, le premier, fait une heureuse combinaison de la récompense aux longs services et de l'irrévocabilité des produits de la participation. Nous avons vu qu'il avait fait trois parts du produit de la participation : une, remise en espèces, chaque année; l'autre consacrée à l'épargne et appartenant définitivement à l'ouvrier, quelles que soient l'époque et la cause de son départ de la maison. La troisième seule est soumise à la clause suspensive et sert de prime à l'ancienneté. D'autre part, les patrons qui ont admis la remise annuelle, en espèces, de la totalité ou seulement d'une partie du produit de la participation, ont, au moins pour cette partie, reconnu la nature absolue du droit de l'employé à la donation. De sorte, qu'en tenant compte de ces derniers patrons, au nombre de neuf, nous pouvons dire que, sur quarante-neuf maisons, dont ce recueil fait mention, trente ont admis le principe de l'irrévocabilité, et se sont prononcées, par conséquent, contre le système de l'éventualité. Le gouvernement français a reconnu également la nécessité d'assurer, dans tous les cas, un résultat des années, quel qu'en soit le nombre, passées à son service. Dans le projet de loi sur les pensions de retraite présenté par M. Léon Say, il est dit que le produit des retenues capitalisées sera toujours restitué à l'employé qui quitte l'administration, pourvu qu'il ait deux ans de service. En cas de mort de l'employé, à une époque quelconque de son service, sa veuve et ses orphelins bénéficient du montant de son compte de retenues et de subventions qui est, à cet effet, converti en une rente sur l'État.

La cruelle conséquence de la loi de 1853 cessera donc d'exister : on ne verra plus un employé quitter un service administratif après vingt-neuf ans de service, sans en retirer le moindre avantage, ni une famille tomber brusquement dans la misère, parce que le père est mort la veille du jour où commençait son droit à la retraite.

Dans les conclusions qui terminent cette étude, nous proposerons une disposition qui donnera pleine satisfaction à l'opinion de M. de Courcy et à celle de M. Bartholony. Nous ferons entrer, dans le calcul de la répartition des bénéfices, le nombre des années de service de chaque ouvrier, comme cela se fait aux forges de Montataire : ce sera une première prime à l'ancienneté; puis, nous établirons la cause suspensive pour le quart seulement de la part de chacun : ce sera encore encourager la stabilité. Mais, en échange, les trois autres quarts de ce dividende seront la propriété définitive de l'ouvrier, quels que soient son âge et le motif de son départ.

Coopération de l'ouvrier à l'œuvre de sa retraite.

Dans un grand nombre de maisons, le patron exerce, sur les salaires, une retenue égale à l'allocation qu'il fait lui-même. Ce système nous semble présenter de grands avantages. Il initie l'ouvrier à l'idée de la prévoyance personnelle; il l'habitue matériellement à prélever sur ses ressources la réserve de l'avenir. C'est là l'expression de la sagesse pratique. On ne saurait trop en favoriser les progrès, car, cette habitude, une fois entrée dans l'esprit, s'appliquera à tous les actes de la vie et deviendra un des principes que le père s'efforcera de graver dans le cœur de son enfant. Nous conseillerons donc vivement aux patrons de ne pas se borner à donner. Deux autres motifs nous semblent encore justifier notre opinion. L'ouvrier, sentant que l'avoir créé à son profit par l'institution de prévoyance provient, en partie, de ses économies, y portera une affection d'autant plus grande et se sentira d'autant plus entraîné à y faire de nouveaux sacrifices; d'autre part, cette participation personnelle écartera de l'œuvre du patron toute apparence de charité.

Charges de famille.

Nous avouons avoir constaté avec regret qu'il n'est tenu aucun compte, dans les institutions que nous avons étudiées, des charges légitimes de famille, c'est-à-dire de la femme, des enfants de l'ouvrier et des vieux parents qu'il peut avoir à nourrir. Il y aurait, cependant, un intérêt considérable à faire intervenir ces éléments dans le calcul des dividendes de chacun. Ce serait une prime au mariage, à l'union régulière, à l'extension de la famille, à l'accomplissement des devoirs sacrés du dévouement aux vieux parents. Jules Simon dit, avec la plus haute raison, qu'il faut s'appliquer « à rendre l'ouvrier capable de soutenir et de conduire une famille ». La capacité nécessaire, dans ce cas, est, en partie, une capacité pécuniaire. Il est donc juste d'accorder au ménage complet des avantages plus grands qu'au célibataire ou à l'homme marié sans enfants. Aussi, dans nos conclusions, proposerons-nous de faire, dans la répartition des produits de la participation aux bénéfices, la part des charges de famille.

Avantages retirés par les patrons des institutions qu'ils ont fondées.

Les questions de commerce ou d'industrie se traitent rarement au point de vue du sentiment ou d'intérêts purement généraux. Les chefs d'établissements doivent, avant tout, faire leurs affaires; ils n'ont pas le droit de sacrifier ce soin, même à des idées philanthropiques, car une maison représente la vie d'un certain nombre d'ouvriers. Il faut donc, pour que les institutions de prévoyance s'acclimatent dans l'industrie, qu'en créant des avantages au profit des ouvriers, elles donnent une satisfaction certaine aux intérêts des patrons.

C'est ce qui se passe dans les maisons citées ici, et ce sont nos patrons de Paris eux-mêmes qui vont le déclarer.

Ces institutions sont d'abord un remède efficace contre les grèves.

Un jour, un ami vient trouver M. Bord au milieu de son atelier de la rue des Poissonniers. Que faut-il faire, lui dit-il, pour empêcher les grèves ? *Beaucoup de sacrifices*, lui répond le patron ouvrier.

La dernière grève des ouvriers typographes a mis cette vérité en pleine lumière. Sur 530 ouvriers occupés dans la maison Chaix, une trentaine seulement, ceux de la classe flottante, non encore admis à la participation, quittèrent l'atelier, tandis que les cinq cents autres, sourds à la voix des grévistes, restaient fidèles à leur poste.

A côté de ce premier avantage, les institutions de prévoyance ont pour effet immédiat de stimuler chez les ouvriers, le zèle, l'application, l'esprit d'ordre et d'économie. Et comme preuve, M. Gasté déclarait « qu'il retrouvait les 33 0/0 de ses bénéfices qu'il accorde à ses ouvriers, sur la seule économie qu'ils faisaient désormais des pierres lithographiques. » « Plus fidèles, dit M. de Courcy, en parlant du personnel de la Compagnie des Assurances générales, les employés sont aussi devenus plus laborieux et plus appliqués, non pas seulement parce qu'ils se sentent intéressés à la prospérité de la Compagnie, mais aussi parce qu'ils ont un intérêt direct à ce que le personnel ne soit pas augmenté. »

De son côté, M. Leclaire, le fondateur de la très-remarquable association des ouvriers peintres en bâtiment, de laquelle M. de Courcy n'hésite pas à dire : « C'est de la munificence et de la munificence royale » déclare, également, que la question de son intérêt personnel a concouru à le pousser dans la voie des sacrifices. Un ouvrier peintre, disait-il, travaillant à la journée peut, par surcroît de zèle, produire, d'une part, un excédant de travail d'environ 60 centimes par jour et, de plus, économiser 25 centimes, en ménageant les couleurs, les matières premières et les outils. Il importe de stimuler son zèle, en lui offrant une part de ce bénéfice nouveau qu'il dépend de lui de réaliser.

Citons, enfin, le témoignage très-concluant d'un autre patron de Paris, M. Goffinon, de la maison Barbas et Goffinon.

« Les événements de 1870-71 m'ont, du reste, utilement permis de porter un jugement sur la mise en pratique de cette participation. *(Lettre à M. Charles Robert).* J'ai passé le siége de Paris au milieu de mes ouvriers et le temps de la Commune jusqu'au 16 avril, et je vous apporte deux exemples concluants.

» Le premier, c'est qu'il ne manquait pas à l'appel un seul de mes participants, après la Commune.

» Le deuxième c'est qu'après mon départ de Paris, le 10 avril, ceux d'entre eux qui étaient restés ont veillé beaucoup sur notre établissement industriel.

» Au milieu de l'atmosphère partageuse dans laquelle ils vivaient en ce temps-là, la chose industrielle était regardée par eux comme une propriété commune et ils étaient, ni plus, ni moins, devenus de profonds conservateurs. »

Dans une autre lettre adressée à M. Leclaire, le même M. Goffinon s'exprimait ainsi : « Sur le noyau d'hommes intéressés au succès de notre maison par la part d'intérêt qu'ils en recevront, pas un n'a manqué à ses devoirs de bon citoyen pendant le siége, comme pas un ne manque à l'atelier pendant la guerre civile; tous travaillent ou viennent à l'ordre chaque jour. Nous n'avons dit à aucun ce qu'il fallait faire. Voilà ce que nous gagnerons par l'association chez l'ouvrier; il y en a beaucoup plus de bons que de mauvais; la moindre solidarité les rendra homogènes et, puisque l'élément bon et honnête domine, il l'emportera. »

CHAPITRE IV

CONCLUSIONS

CONCLUSIONS

« Le mal social est surtout un mal moral » (1). « La crise actuelle
tient beaucoup plus à l'état moral qu'à l'état matériel de notre
société » (2). « Cette société périt de scepticisme » (3). « Il n'y reste
plus qu'une masse d'individus vivant côte à côte, dans les destinées
les plus inégales, demeurant étrangers les uns aux autres, et ne
nourrissant à l'égard du prochain que des sentiments d'indifférence, de mépris ou d'envie » (4).

Tel est l'état de la société : scepticisme et égoïsme. Voilà le
mal dont elle souffre.

Devant ce diagnostic, il n'y a pas à hésiter sur la nature du
remède.

Ce remède, c'est la *croyance en Dieu* et *l'amour du prochain*.

Dieu, auteur de toute vérité et de toute harmonie, est la
source du vrai et du bien, les seules véritables bases de l'ordre
et de la paix dans la société.

C'est en s'élevant jusqu'à lui que l'âme épurée, agrandie,
comprend la petitesse des choses humaines, secoue les appétits
terrestres qui l'enchaînent, conçoit la beauté morale, et n'aspire
plus qu'aux satisfactions qui en découlent. C'est en s'abreuvant
à la source divine que la société calmera la soif ardente de
richesses, d'honneurs et de jouissances qui lui dessèche le cœur,
et recueillera la rosée bénie de l'amour et de la fraternité.

Un courant violent semble, en ce moment, vouloir nous
entraîner loin de toute croyance religieuse. La philosophie posi-

(1) Jules Simon, *l'Ouvrière*.
(2) Leroy Beaulieu, *La question ouvrière au XIX⁰ siècle.*
(3) Jules Simon, *l'Ouvrière*.
(4) Paul-Leroy Beaulieu. *La question ouvrière au XIX⁰ siècle.*

tive prétend que l'âme humaine peut, de ses propres forces, posséder la vérité, conclut de là que la foi est une servitude et qu'une incompatibilité absolue existe entre la doctrine chrétienne et la doctrine républicaine.

C'est une étrange servitude, en vérité, que celle du chrétien sincère qui croit fermement que Dieu, sensible à ses prières et à ses efforts, le soutient dans les combats de la vie, qui s'applique à vaincre ses passions, à dédaigner le monde et ses plaisirs s'affranchissant ainsi des convoitises et des craintes terrestres, qui croit à une vie future où une justice suprême réparera toutes les erreurs d'ici-bas.

Loin d'être une servitude, la foi chrétienne est l'instrument de la véritable liberté ; loin d'être incompatible avec la doctrine républicaine, elle pourrait et devrait en être la sanction suprême, car le Christ a déclaré qu'après l'amour de Dieu, la vertu chrétienne la plus essentielle était la fraternité ; car le décalogue est le code le plus complet, qui existe nulle part, des devoirs de l'homme et du citoyen (1). Qu'on cesse donc l'illogique combat engagé, au nom de la liberté, contre la croyance en Dieu ; qu'on le cesse au nom du salut de la société, qu'on le cesse même au nom de la république, car si la masse de la nation est ardemment républicaine, elle est profondément catholique : « elle ne veut pas qu'on fasse la guerre à la religion » (2) et si elle était, réduite à choisir entre sa foi politique et sa foi religieuse, qui sait où se fixerait son choix ?

Le second terme du remède au malaise social, c'est l'amour du prochain. Eh quoi ! dira-t-on, l'amour du prochain n'est-il donc pas arrivé à son maximum de développement ? La société ne le pratique-t-elle pas dans les limites du possible ? Et de fait, les œuvres de charité n'ont jamais été plus actives ni plus nombreuses, l'initiative privée, aussi bien que la sollicitude de l'Etat

---

(1) P. S. PROUDHON, analysant le décalogue s'écrie : « Quel magnifique symbole, quel philosophe, quel législateur que celui qui a établi de pareilles catégories et qui a su remplir ce cadre. Cherchez dans tous les devoirs de l'homme et du citoyen quelque chose qui ne ramène point à cela et vous ne la trouverez pas ». *(De l'utilité de la célébration du Dimanche, 1, 13 et suiv.)*

(2) Paul BERT, discours prononcé à Bagnères de Bigorre, le 9 octobre 1879.

fonde des crèches, des asiles, des hôpitaux, des hospices, et distribue, sans compter, des vêtements et des aliments; chacun donne, chacun a ses pauvres, et les budgets de l'assistance publique et de l'assistance privée, grossissent tous les jours. Mais faut-il voir dans ces faits la preuve du développement maximum de la fraternité? Non, la multiplicité des actes de charité ne fait que révéler une chose : l'accroissement du paupérisme et de la pitié qu'il inspire.

Mais pitié n'est pas amour. La pitié naît à la vue du mal, l'amour le précède; elle soulage, l'amour prévient. La pitié n'est donc pas l'expression vraie de la fraternité : cette expression se nomme la solidarité.

A ce seul mot : solidarité, bien des appréhensions se produisent; pour beaucoup de personnes, ce mot est le drapeau du socialisme. C'est là une erreur funeste; à la suite des auteurs les plus autorisés, nous pensons que la solidarité est une nécessité sociale de premier ordre. Elle est commandée par l'intérêt matériel de la société et par le sentiment de la justice naturelle la plus élémentaire.

En matière économique surtout, la première condition de toute discussion est la clarté des définitions. Or, que signifie le mot : solidarité? Il a deux sens : l'un passif; l'autre actif. Il désigne, d'abord, un état dans lequel des intérêts individuels subissent fatalement, les uns par les autres, une influence réciproque : c'est le sens passif. Il désigne, ensuite, une action réciproque volontaire des hommes les uns sur les autres pour arriver à un résultat commun.

Or, la solidarité passive existe à l'état permanent dans la société, elle y est implantée par le fait même de la réunion des hommes : tout ce qui se passe en un point quelconque de la société, se répercute fatalement sur les autres; on ne pourra jamais faire que cet écho ne se produise. Les classes ont beau vouloir s'isoler, se cantonner; elles subissent toujours le contre-coup de ce qui se produit à côté d'elles. Tout se tient dans le monde. Si le riche emploie mal sa fortune, il engendre la corruption et un jour cette corruption se retourne contre lui, si le travail ne songe qu'à lutter contre le capital, si le capital n'a d'autre but que de rogner sur le travail, l'industrie périclite, le chômage survient, et la misère s'abat sur tous. La force des choses créant ainsi dans les rapports sociaux une solidarité rigoureuse, implacable, la logique et l'intérêt commandent impérieusement qu'on y réponde par une solidarité dans les actes aussi serrée, aussi active.

Il faut qu'on se *sente les coudes*, il faut qu'on connaisse son voisin, et qu'on ait souci de son sort, au lieu de se tenir attentivement à distance, comme des ennemis qui s'observent. Au lieu de s'évertuer à vivre si séparé, que les rencontres fortuites ne puissent être que des chocs, les classes doivent s'appliquer à se pénétrer réciproquement par des contacts volontaires et fraternels ; il faut qu'on se convainque bien que l'adhérence des parties produit la solidité du tout et que c'est de l'unisson que naît l'harmonie. Il ne se passe pas de jour où l'on n'entende parler de : famille française, ou famille industrielle. Pour que ces mots soient autre chose qu'une amère ironie, il faut établir dans la société, comme dans l'industrie, la solidité des liens qui constituent la famille.

« Il faut, dit M. de la Landelle, dans son remarquable ouvrage *Pauvre et Mendiants*, il faut éclairer l'intérêt individuel afin de le rendre solidaire de l'intérêt collectif. Car, dit un auteur de la plus grande autorité (1), « la dépendance réciproque ou, en d'autres termes, la solidarité unit, dans toute société prospère, les individus, les familles et les classes ».

C'est donc au nom des intérêts matériels et de la prospérité de la société qu'on est en droit de demander que la solidarité règne parmi les hommes ; c'est aussi bien encore au nom de la justice naturelle. Les hommes sont frères ; ils possèdent un égal droit au bonheur ; comprendrait-on que Dieu créât les uns pour être heureux, les autres pour souffrir ? Cependant cette égalité du droit disparaît fatalement sous l'action des inégalités de naissance et par la nécessité d'inégalités sociales aussi indispensables dans toute société, que, dans une machine, les organes de nature et de perfection différentes. Mais cette apparente injustice est faite pour forcer les hommes à la fraternité, comme les maladies, les acci-

---

(1) LE PLAY. *La Paix sociale après le desastre*, page 54.

dents, et tous les fléaux naturels pour les forcer au travail.
C'est aux hommes à adoucir les effets des inégalités naturelles et
sociales. Ceux qui, dans le partage des dons de la nature et
de la naissance ont été favorisés, ceux qui possèdent la force,
l'intelligence, l'éducation et la fortune, ceux-là doivent tenir
compte par leur dévouement de la part de l'héritage paternel
dont leurs frères moins heureux sont privés. Ce n'est que sous la
condition de ces soins réparateurs, que la possession des biens
de la vie est légitime. C'est ce que proclame, avec une éloquence
imposante, l'auteur dont nous venons déjà d'invoquer le témoignage : M. Le Play. « Le principe fondamental de toute société, »
dit-il, (le principe de la propriété) « ne doit pas être séparé d'une
pratique qui en est le complément. La propriété produit ces bienfaits, seulement quand une condition essentielle est remplie :
quand les propriétaires justifient leur droit en remplissant leur
principal devoir; quand ils assurent, dans le présent et dans
l'avenir, le bien-être des familles qui leur sont attachées (1).

Ainsi, l'intérêt et la justice imposent à l'homme la pratique
d'une étroite et active solidarité. Chaque citoyen doit à son pays,
outre sa part contributive des charges publiques, une fraction de
son temps, de ses soins et de son avoir consacrés à créer autour
de lui le bien dans les mœurs et dans les situations.

Cette obligation est tellement rigoureuse que les heureux de
la terre ont, en sus de la responsabilité matérielle qu'ils subissent,
une part de responsabilité morale dans les vices et infortunes des
malheureux, car chacun de ces malheureux s'est trouvé dans le
cercle d'action d'un riche et aurait pu et dû être, par lui, préservé
de la chute.

Aussi, lorsqu'à la vue d'une brillante calèche, rehaussée par
l'éclat des livrées et des chevaux, portant dans ses vastes flancs
une femme ensevelie sous trente mètres d'étoffes précieuses, une
pauvre déguenillée, traînant attachés à sa jupe, trois ou quatre
enfants en haillons, laisse échapper ce cri : « Ce n'est pas juste »
on a le droit de se demander s'il n'est qu'un cri de souffrance
et d'envie, et s'il ne serait pas plutôt l'expression de l'éternelle

----

(1) LE PLAY. *La Paix sociale après le désastre*, page 87.

et implacable justice qui se révolte de ce que les gens qui arrivent
à de tels superflus n'ont pas créé les moyens de prévenir de telles
misères. Cette misérable femme, dira-t-on, est vicieuse, désor-
donnée, ivrogne, paresseuse ; son mari ne vaut pas mieux ; c'est
de lui-même que ce ménage s'est jeté dans le malheur. Eh bien
oui ! si vous le voulez, leur infortune est méritée, mais pourquoi
sont-ils vicieux ? parce qu'étant enfants, ces deux malheureux n'ont
reçu ni instruction, ni éducation ; parce que, dans le cours de
leur vie, ils ne se sont heurtés qu'à l'indifférence et à l'égoïsme,
parce que, nulle part, ils n'ont rencontré l'appui tutélaire, éclairé,
généreux, qui soutient et ne craint pas d'élever, parce que vous,
les femmes aux trente mètres de soie, vous laissez peut-être bien
tomber quelques louis dans l'aumônière d'une dame patronnesse,
mais vous ne connaissez que la charité inspirée par la mode ou
la vanité ou celle que l'importunité des pauvres arrache des
mains et non du cœur, et vous n'avez jamais songé, par une action
personnelle, par un dévouement actif et éclairé, à prévoir et prévenir la chute morale et matérielle des malheureux.

Des applications de la solidarité dans les rapports généraux de la société.

Le rôle de la solidarité dans le monde peut être défini à grands
traits par la formule suivante :

Empêcher de tomber, aider à s'élever.

Cette proposition est loin d'être moderne ; il y a six siècles et
demi qu'elle était, en partie, énoncée par le rabbin Maïmonides,
dans son *Livre des préceptes.* « Le huitième degré de l'échelle d'or
de la charité, disait-il, est de donner pour retirer de la misère et
empêcher d'y tomber. Si ton frère décline, ajoutait-il, si sa main
faiblit, soutiens-le, ne permets pas qu'il tombe ; étranger ou indi-
gène, fais-le vivre à côté de toi, entretiens-le honorablement. »

Le caractère essentiel de la solidarité est de prévenir au lieu de
réparer, d'agir sur les hommes avant qu'ils ne soient tombés
dans le malheur ; avant qu'ils n'aient perdu dans cette lutte, le
plus souvent démoralisante, les forces physiques, les forces morales
et l'espérance.

Tout autre est le rôle de l'aumône qui exige, pour se produire, que le mal soit accompli et ne s'adresse qu'à des cœurs et des corps découragés et flétris. Il résulte nécessairement de là que : 1° la solidarité produit bien plus que l'aumône, car elle s'exerce sur un homme valide qui peut lui prêter le concours de ses efforts ; 2° l'aumône est toujours insuffisante et conséquemment humilie et ne laisse derrière elle que le mécontentement et souvent la haine ; 3° l'aumône diminue la responsabilité de l'homme et l'affranchit d'une partie de ses devoirs, tandis que la solidarité n'en supprime aucun, se bornant à en rendre possible l'exercice, conservant ainsi à l'homme sa dignité pleine et entière.

Enfin, la solidarité coûte moins cher et fait des utilités sociales de ceux qui seraient devenus autrement des parasites ou des ennemis ; elle est donc un accroissement de la richesse publique : « l'aumône est un accroissement de misère (1). »

La mise en pratique de la formule : *Empêcher de tomber, aider à s'élever*, exige, tout d'abord, qu'on élague soigneusement de nos mœurs et de nos lois les préjugés barbares qui continuent à y régner, en dépit de tous les progrès de la civilisation.

Le premier de ces préjugés est le préjugé de la nécessité de la misère. Beaucoup de personnes, et souvent des plus charitables, estiment qu'il est nécessaire qu'il y ait des indigents. Les unes sont conduites à cette opinion par la croyance aux classes prédestinées ; celles-là admettent que certaines familles ou certaines races sont originellement réservées aux sommités et d'autres héréditairement vouées aux bas-fonds. Les autres croient que la misère est nécessaire par cette raison que, sans elle, on ne trouverait pas les bras indispensables à l'accomplissement des fonctions inférieures de la société. Si tout le monde, pensent-elles, aspire aux degrés élevés de l'échelle, il n'y aura plus personne au bas pour la tenir en équilibre.

Nous ne croyons ni aux classes originellement privilégiées, ni aux classes prédestinées à l'abaissement. Dieu n'établit pas de catégories parmi ses créatures ; il dispense ses dons, sans regarder à l'origine ; et les hommes de talent naissent indifféremment dans

______

(1) Jules SIMON. *L'Ouvrière.*

un palais ou dans une mansarde. Il n'y a pas d'aptitudes collectives, il n'y a que deux choses : d'une part, des aptitudes individuelles, de l'autre, des milieux d'éducation favorables ou funestes à leur développement. C'est là la grande cause de différence entre les hommes. En haut les moyens de culture abondent, en bas ils font défaut. Qui comptera jamais les intelligences que la misère fait avorter !

La seconde opinion : nécessité des pauvres comme agents des fonctions inférieures, constitue une interprétation abusive de la loi des inégalités nécessaires. Nul ne contestera jamais qu'il ne faille des différences dans l'état social des éléments d'une société ; on ne fera pas d'armée sans un général et des soldats, ni de famille sans l'autorité du père et la soumission des enfants, mais ce principe n'implique pas qu'il doive exister des situations où l'homme soit sans cesse à la veille de manquer de pain. Nous sommes donc bien loin de proposer qu'on souffle dans les cœurs une ambition déréglée, mais seulement qu'on « élève les classes abaissées, sans leur inspirer la jalousie des supériorités nécessaires (1). » Cette élévation, du reste, est justifiée et imposée par les progrès incessants de la science et de l'industrie.

Les procédés de fabrication se perfectionnent chaque jour et, par suite, le rôle industriel de l'ouvrier se modifie sans cesse ; « autrefois, il était une force intelligente ; il n'est plus aujourd'hui qu'une intelligence qui dirige une force (2). »

Hier, vingt manœuvres ignorants hissaient péniblement, à force de bras, une pierre au sommet d'un édifice ; aujourd'hui elle y est élevée légèrement, par une machine que guide un seul ouvrier instruit.

Le même principe de réduire systématiquement certaines classes à la portion congrue, sous prétexte d'incapacité préjugée, ne s'exerce pas seulement vis-à-vis des pauvres ; il s'applique aussi bien sur d'autres points de la société. Nous avons encore en France des administrations coupées en deux tronçons : une tête et une queue séparées par un abîme infranchissable. La tête,

_____

(1) RENAN, *Lettre à un ami d'Allemagne*.
(2) Jules SIMON, *L'Ouvrière*.

protégée par le monopole contre toute compétition d'en bas, vit
dans une quiétude peu favorable au progrès; la queue, privée de
tout espoir, se traîne dans le laisser-aller et le découragement.
De cette façon, c'est l'utilité sociale, ainsi que la valeur intellectuelle
et souvent même la valeur morale du plus grand nombre qui sont
sacrifiées à la plus grande gloire de quelques chefs privilégiés.
Creuser un fossé au travers d'une carrière, c'est, en effet, couper
les racines de l'espérance, du zèle et de la dignité. De pareils
sacrifices sont une lourde faute, d'autant qu'ils ne sont motivés
par rien. Dans toutes les autres administrations, le personnel
peut s'élever des derniers rangs aux premiers; le simple soldat
peut être maréchal de France. Cette première fonction est-elle
donc moins importante que celle d'ingénieur des ponts et chaussées ou celle d'intendant militaire?

Dans la vie ordinaire, les injustices commises contre le pauvre
se reproduisent à chaque pas. Le riche emprunte à la Banque de
France à très bas prix, le pauvre paye les prêts du mont-de-
piété à un taux trois fois plus élevé; les sociétés de crédit abais-
sent le loyer de l'argent, le mont-de-piété conserve le sien;
pour le riche, qui peut payer, le chemin de fer double sa vitesse, le pauvre, quelque pressé qu'il soit, est exclu des trains
rapides; il n'y a pas très longtemps qu'on a bien voulu reconnaître son droit de ne pas mourir de froid dans les longs voyages
au milieu des nuits d'hiver! Les compagnies créent des abonne-
ments à prix réduits, en première et en seconde classe, pour que
le riche puisse goûter à peu de frais le charme de la campagne;
elles se gardent d'en faire de troisième classe en faveur du
pauvre qui aurait cependant le plus d'intérêt à demeurer hors
des villes; il n'est pas jusqu'aux plus petits faits où le pauvre
ne soit lésé. Ainsi, détail minime, mais typique, dans les quartiers du centre de Paris, les établissements de crédit rivalisent à
qui fera au public les meilleures conditions pour le payement des
coupons d'obligations, on y arrive à 0 fr. 10 c. par cent francs;
dans les quartiers populeux, le pauvre paye ce service cinq fois
plus cher.

Bien d'autres erreurs pèsent encore lourdement sur la vie des
pauvres gens. L'honneur de la fille du peuple est tenu pour mar-

chandise de peu de valeur et semble la proie fatalement sacrifiée
à ce cruel préjugé de nos mœurs relâchées : il faut bien que jeunesse se passe. C'est ainsi que le père le plus rigide, qui s'indignerait
violemment s'il voyait son fils chercher à séduire une fille bien
née, ferme complaisamment les yeux sur ses désordres, quand la
maîtresse n'est qu'une petite ouvrière. « J'ai vu souvent, dit
M. Le Play, dans le cours de mes voyages, les tortures morales
qu'inflige aux mères pauvres la situation de leurs filles, attirées
hors du foyer par les nécessités du travail ; j'ai eu la confidence
des haines que soulève la séduction (des filles du peuple) exercée
par les riches et, depuis lors, je me suis promis de réclamer sans
relâche la répression de ce honteux désordre. »

L'homme qui a fait la loi l'a faite à son profit ; il a mis sous la
protection du code les engagements qu'il prend avec son semblable, mais la femme ne peut invoquer le même code pour faire
respecter les serments qui ont triomphé de sa résistance. Le séducteur jouit d'une scandaleuse impunité ; la fille trompée, déshono-
rée, repoussée de sa famille, dépouillée de tout, tombe dans l'in-
fanticide, la prostitution ou le suicide, tandis que l'amant rentre
dans le monde, bien abrité par la loi sur la recherche de la
paternité, la tête haute, le cœur léger, et la société lui ouvre les
bras en ajoutant, par manière d'absolution : Voilà un homme
positif.

Ce sont les classes pauvres qui sentent plus particulièrement ces
abus. Ce sont leurs filles qui servent de proie à la séduction. Pour
empêcher de tomber les pauvres gens, il importe au plus haut
point de défendre la fille de l'ouvrier contre les entreprises du
fils de famille désœuvré et libertin et, d'une manière générale, de
protéger la femme contre l'homme.

Il importe également que les rapports des riches avec leurs
domestiques soient modifiés. La préoccupation la plus constante,
aujourd'hui, est d'écarter le plus possible les domestiques de la
vie intérieure. On ne veut plus d'autres rapports avec eux que ceux
strictement obligés par le service, on ne les veut même pas sous
la même clef ; on les envoie, loin de soi, coucher dans un étage
spécial, desservi par un escalier spécial. Qui dira jamais la quantité d'immoralité qui prend naissance dans ce délaissement égoïste

et dans la promiscuité de ce dortoir commun? Ces faits et leurs conséquences sont l'œuvre des maîtres, ce qui n'empêchera pas d'entendre ces derniers se plaindre du mauvais esprit des domestiques et de gémir sur la disparition de la race précieuse du serviteur d'autrefois, honnête, fidèle et dévoué. Ces plaintes sont vraiment trop naïves. Pour que le domestique soit honnête, ne lui donnez que des exemples d'honnêteté; pour qu'il tienne à la maison, commencez par ne pas l'en éloigner; pour qu'il soit fidèle, montrez-lui d'abord l'attachement et la sollicitude que le rôle de patron vous impose.

La seconde condition pour empêcher de tomber est que les riches aident les pauvres à se mettre en garde contre les accidents de la vie : incendie, maladie, chômage, vieillesse, mort du chef de famille. Toutes ces causes de misère peuvent être prévenues par l'assurance. Des institutions, trop rares encore chez nous, existent dans ce but au sein de la société, mais elles sont à l'usage des riches et non à la portée des pauvres, car elles coûtent trop cher et, dans la plupart des cas, les ouvriers en ignorent les bienfaits et même l'existence.

Il importe au plus haut point de développer les institutions de l'assurance, de les faire connaître dans le peuple, d'éclairer les ouvriers sur les avantages de cet emploi fructueux et sûr de leurs économies en regard des risques sans nombre des placements aléatoires, et surtout de mettre ces institutions à leur portée par l'abaissement des tarifs et le concours pécuniaire des riches.

Pour protéger les ouvriers contre la maladie, il faut augmenter dans de grandes proportions le nombre des membres honoraires des sociétés de secours mutuels, multiplier en même temps le nombre de ces sociétés, et faire tous les efforts possibles pour engager les ouvriers à y entrer. Les ressources de ces sociétés étant fortement accrues par ces divers moyens, l'indemnité de maladie pourra se rapprocher de très-près du salaire lui-même. La maladie cessera ainsi d'être une cause de misère. Il va sans dire, que le contrôle devra être d'autant plus sévère que l'indemnité sera plus élevée. Les enfants et les femmes devront être admis comme membres actifs, moyennant une très faible cotisation.

De même, le chômage par crise industrielle peut se guérir par un système d'assurances à créer sur les données de l'expérience, dans une même ville et une même industrie. Les ouvriers s'assureront à ces sociétés, acquitteront les primes fixées, et les hommes généreux, inscrits comme membres honoraires, viendront parfaire l'insuffisance de ces ressources.

La vieillesse, cet écueil le plus redoutable des ouvriers, peut également cesser d'être une cause de misère, par la création de sociétés de retraite. Ces sociétés auraient pour premier but de faire connaître, par la publicité ou des conférences publiques, l'existence et les avantages de la caisse des pensions de retraite pour la vieillesse, et pour second but d'encourager les ouvriers à opérer des versements à cette caisse. Pour cela, les sociétés offriraient, à tout ouvrier qui voudrait faire un versement à la caisse de retraite de se charger gratuitement de toutes les formalités administratives, et augmenteraient chaque versement d'une donation proportionnée à leurs ressources.

La mort du père de famille enfin, cette suprême cause de la misère dans les familles ouvrières, doit être l'objet des plus vives sollicitudes des esprits élevés et généreux. Les classes riches se garantissent contre les conséquences de la mort par les assurances en cas de décès, mais cette ressource n'est pas à la portée des pauvres : une assurance de 3,000 francs, pour un homme de trente ans, faite à la Caisse d'assurance en cas de décès gérée, par la Caisse des dépôts et consignations, coûte 73 fr. 26 c. par an, pendant vingt ans, soit 4,5 0/0 du salaire moyen des ouvriers : comment s'imposer un pareil sacrifice? C'est ainsi que, dans la classe ouvrière, aucune précaution n'est prise contre la mort, et qu'en plein dix-neuvième siècle on apprend tout à coup qu'une femme est tombée d'inanition sur un trottoir, son mari étant mort quelques jours auparavant après une longue maladie, lui laissant quatre ou cinq enfants, et pas un sou à la maison. N'est-il pas honteux, pour une société brillante et généreuse, que le défaut de prévoyance laisse se produire de pareilles infortunes! Nul doute que les bourses ne s'ouvrent largement pour secourir la veuve, mais n'eût-il pas mieux valu faire connaître au mari pendant qu'il était fort et qu'il travaillait, l'assurance en cas de décès, l'encourager à s'assurer, et payer une partie de sa prime annuelle. Il aurait travaillé avec un nouveau courage ; con-

tent du sort et de la société, il aurait aspiré à gagner plus, pour augmenter la somme à recueillir par ses héritiers. A sa mort, sa veuve eût
eu une ressource permanente compensant, en partie, la disparition du
salaire du père ; rassurée par l'existence de cet avoir, elle eût accepté
avec énergie la lourde tâche qui lui incombait ; tandis que la chute
dans les profondeurs du dénûment l'écrase, l'horreur du vide
l'anéantit, et le secours de la charité, toujours précaire, toujours
insuffisant, ne réveille en elle aucune étincelle d'espoir et d'énergie. Des sociétés doivent donc se former dans le but de prévenir
ces terribles effets de la mort du chef de famille ouvrier. Elles
feront connaître l'existence et les avantages de l'assurance en cas
de décès, et provoqueront la conclusion de contrats d'assurances
dans lesquelles elles s'engageront à payer une partie déterminée
de la prime annuelle.

Les surcharges de famille ne peuvent être rangées dans les accidents de la vie, mais n'en sont pas moins des causes de misère,
qui réclament énergiquement le concours des classes riches.
Pour soulager les ménages comptant un grand nombre d'enfants, il faut au lieu de distribuer des bons de pains, créer, dans
nos campagnes, des établissements d'enseignement professionnel, et surtout agricole, où ces enfants seront reçus moyennant
une rétribution modique, d'autant plus faible que le ménage sera
plus chargé. Cette institution revivifiera notre agriculture si
délaissée ; donnera, aux enfants, la santé intellectuelle et physique,
au lieu d'une existence malsaine, dans un logement fatalement
malpropre et trop petit ; fournira au pays des générations robustes
en place des produits chétifs des villes ; fera cesser enfin cette
criante injustice qui condamne le père à la honte de la mendicité,
parce qu'il a eu la vertu de ne pas limiter le nombre de ses
enfants. Il aurait pu vivre, en effet, de son salaire, s'il avait cédé
au lâche calcul d'égoïsme, aussi antinational qu'antireligieux,
auquel se livrent si assidûment les classes aisées. Il est bien établi
par les statistiques que ce sont les plus riches, parmi les départements comme parmi les arrondissements de Paris, qui comptent le
plus petit nombre d'enfants.

L'épargne est, sans aucun doute, l'instrument de progrès le plus
fécond et le plus universel, mais l'ouvrier peut difficilement la

pratiquer avec les seules ressources de son salaire. Aussi, la société doit-elle recourir avec empressement à toute institution qui permette de réaliser l'épargne au profit de l'ouvrier, sans lui imposer de trop lourds sacrifices. Cet avantage peut être produit par la coopération en matière de consommation. Les petits budgets sont soumis à une série d'usures qui naissent d'une mauvaise organisation des ressources domestiques ; et les achats à termes, le fractionnement infini des denrées obligent le pauvre à payer les objets de première nécessité deux fois plus cher que le riche. La coopération fait ses achats en gros, à des prix infiniment plus faibles, et produit ainsi sur les dépenses ordinaires une grande économie. Or, les deux principes essentiels d'une société coopérative de consommation sont : 1° de proscrire toute vente à crédit ; 2° de faire deux parts de l'économie produite, l'une qui profite immédiatement au consommateur, et l'autre qui est consacrée à l'épargne à son compte. Si, par exemple, un produit acheté en gros est payé, y compris les frais généraux, 100 francs, et vendu ordinairement 150 par le commerce de détail, la société coopérative de consommation devra le vendre 130 à ses membres, les faisant jouir d'une économie immédiate de 20 francs, et porter au compte d'épargne de l'acheteur les 30 francs qui restent.

Par ce système, l'épargne se produit sans sacrifices. Mais cette société de consommation ne peut s'établir et prospérer qu'à la condition d'une première mise de fonds et d'une direction savante. Les ouvriers n'ont ni l'argent, ni le temps, ni le savoir nécessaires. C'est aux classes élevées à fournir ces éléments indispensables. Que les hommes de bien, jouissant de la fortune et du loisir, organisent donc des sociétés coopératives de consommation au profit des ouvriers ; que les parts d'action soient émises à très bas prix, 25 francs par exemple, pour admettre le plus possible de petites bourses ; qu'un conseil formé d'éléments pris dans toutes les classes, dirige et surveille les opérations de cette société, dont la gestion sera confiée à des employés rétribués : ce sera, pour les gens riches, une occasion de faire le bien à peu de frais, et pour les pauvres une source abondante d'épargne sans sacrifice.

La seconde partie de notre formule : aider à s'élever, exige deux conditions : la première qu'on accroisse le savoir professionnel de l'ouvrier, la seconde qu'on augmente la part qui lui revient dans le partage des fruits du travail.

Le savoir professionnel des travailleurs recevra, c'est incontestable, un accroissement très notable du vote très prochain de l'instruction gratuite et obligatoire. L'enseignement primaire est la base de tous les progrès de l'esprit. Mais la société doit à l'ouvrier autre chose que ces connaissances élémentaires; elle lui doit encore de lui mettre un gagne-pain dans les mains. Ce gagne-pain, c'est son métier. Il faut donc, à côté des écoles primaires, des écoles professionnelles également gratuites, de telle sorte que l'apprentissage puisse se faire à l'école et non à l'atelier. Que de défauts d'organisation, quelle source de démoralisation dans le mode actuel d'apprentissage, au sein de la petite industrie! indifférence des patrons, résistances des ouvriers qui se refusent à enseigner le métier et qui emploient le jeune apprenti aux travaux les plus grossiers, propos obscènes, théories dangereuses, entraînements de l'exemple, et souvent conseils les plus funestes. Tout autre est, en général, l'apprentissage dans la grande industrie; et si notre cadre n'eût été restreint, ce recueil eût renfermé l'exposé des soins sans nombre apportés à l'éducation des apprentis par quelques-uns de nos patrons de Paris, et notamment chez MM. Chaix, Christofle, Leclaire. Mais il est matériellement impossible que la petite industrie arrive à de semblables résultats, et elle est et sera toujours assez nombreuse pour que l'on prenne des mesures contre les dangers qu'elle présente fatalement! Il n'est que juste de créer au profit du pauvre l'école du métier qui lui assure la vie avec autant de soin qu'on en met à créer pour le fils des classes aisées tous les moyens d'atteindre aux carrières qui donnent la fortune et les honneurs.

Pour augmenter la part des ouvriers dans le partage des fruits du travail, le moyen suprême, c'est l'association. Ce régime est la fin vers laquelle tend résolûment le travail. « Dans l'antiquité, le travail était esclave; depuis l'avènement du christianisme, il est libre en principe et tend de jour en jour à le devenir davantage en pratique (1). » A la vérité, le salariat ne disparaîtra jamais complè-

---

(1) Jules Simon. *L'Ouvrière.*

tément ; il sera toujours la rémunération du débutant ou des ouvriers que leur abaissement moral rendra indignes de l'indépendance (1) » mais il n'est pas un régime définitif, il ne peut être qu'un intermédiaire entre l'esclavage et la liberté.

Le voilà, du reste, qui, par un mouvement très prononcé, s'écarte de sa fixité initiale ; la participation aux bénéfices le transforme et l'achemine insensiblement vers le système coopératif.

Loin de résister à ce mouvement, la société doit le favoriser. Car l'association est une des principales solutions du problème social, la lutte entre le capital et le travail n'ayant plus de raison d'être du moment où capital et travail deviennent intimement unis par un intérêt commun.

Il y a plus : l'association ouvrière sera prochainement une nécessité absolue, si l'état des choses dans l'industrie suit, quelque temps encore, la marche actuelle. Aujourd'hui même, deux grèves importantes prennent fin par la soumission complète des patrons aux exigences des ouvriers charpentiers et fumistes du département de la Seine. Ces deux grèves s'étaient déclarées peu de jours avant, au milieu d'une abondance extraordinaire de travaux : il fallait de deux choses l'une, ou abandonner les entreprises commencées et payer des dommages-intérêts ou subir une augmentation de 15 0/0 de la main-d'œuvre. L'hésitation n'était pas permise, la soumission était forcée. Demain, le même fait se représentera pour les menuisiers, les paveurs, et dans un an, deux au plus, les mêmes corporations reprendront la série des grèves. C'est la hausse des salaires continue, et l'instabilité absolue des prix de revient. Dans de telles conditions, quels sont les patrons prudents qui s'engageront dans des affaires de longue haleine. L'association coopérative, ou tout au moins la participation aux bénéfices deviendra par la force des choses la seule forme possible de l'industrie.

Le premier élément d'une association coopérative est la possession d'un capital ; la seconde, c'est que ce capital appartienne en propre aux travailleurs, et qu'il provienne de leurs épargnes personnelles. L'expérience des fonds d'État est faite et a suffi-

---

(1) John Stuart Mill.

samment établi que l'État n'a pas à remplir le rôle de
commanditaire des associations ouvrières. Or, il existe un instrument moderne des plus propres à constituer l'épargne des travailleurs, c'est la Banque populaire, telle qu'elle fonctionne en
Allemagne et en Italie (1). Cette Banque est à la fois une caisse
d'épargne perfectionnée et une coopération financière. Comme
caisse d'épargne elle donne un revenu, en général plus élevé que
les caisses d'épargne proprement dites, premier avantage ; d'autre
part, elle fait des avances jusqu'à concurrence des dépôts, et même
un peu plus, avec remboursement obligatoire, de sorte qu'elle
aide ses associés à traverser les moments difficiles, mais sans
qu'ils cessent un instant d'être capitalistes et sociétaires.
Dans les caisses d'épargne, au contraire, le retrait d'un dépôt
supprime instantément toute possession, tout lien avec l'institution,
et l'œuvre de la reconstitution de l'épargne exige tous les efforts
du début.

Comme association coopérative financière, la banque du peuple
enseigne aux ouvriers le rôle du capital, leur fait comprendre
toute la puissance de la solidarité, car c'est elle qui, dans cette
institution, est la source du crédit, et enfin réunit les capitaux
des travailleurs associés et ajoute à cette première mise de fonds
la puissance des capitaux étrangers.

A tous les points de vue les banques populaires présentent donc
des avantages incontestables.

Mais là encore, comme dans la plupart des institutions d'assurances, ce ne sont pas les pauvres qui arrivent à en recueillir les
bienfaits. Ainsi les statistiques des banques italiennes et alleman-
des, présentées par M. Luzzati, indiquent que les journaliers n'y
figurent que dans la proportion de 8 0/0 en Allemagne et de
7,28 0/0 en Italie ; ce résultat constaté en 1878 existait déjà dès
les premiers temps des banques populaires (1). L'étude de M. Scinguerlet sur leur développement en Allemagne (2) signalait dès
1863 que « les ouvriers proprement dits n'ont point encore parti

---

(1) Voir à l'annexe les statuts-types de la Banque de Delitsch et un extrait du
rapport de M. Luzzati sur les banques populaires italiennes.

(2) E. Scinguerlet. *Les Banques du peuple en Allemagne.*

cipé à l'œuvre dans une proportion convenable : ce sont les petits commerçants et les petits industriels qui ont montré le plus d'empressement à fonder des banques d'avance. » Là encore, nous croyons donc nécessaire de réclamer l'intervention des classes riches, comme concours financier et comme organisation et gestion Du reste, dans les statuts de la banque du peuple de Delitsch, M. Schultze, l'éminent créateur du crédit populaire, fait appel à l'intervention des associés honoraires; fait qui lui a été violemment reproché par des écrivains qui se prétendent, bien à tort selon nous, plus jaloux des intérêts des travailleurs.

Le second élément des associations coopératives, c'est la direction. Cette direction est soumise à des règles inéluctables. Il ne la faut, ni intermittente comme dans une association de Paris ou les associés sont directeurs à tour de rôle pendant six mois, ni soumise à des vexations et une parcimonie qui chassent les hommes capables (1).

Ces nécessités, imposées par la logique des choses, sont plus fortes que le caprice et l'ignorance.

Que la société ne se préoccupe pas des suites que l'association entraînera, qu'elle ne se demande pas ce que deviendront alors les classes qui fournissent aujourd'hui les patrons. Ces classes ne cesseront d'avoir leur place toute marquée, car la fonction professionnelle du patron ne cessera pas d'exister ; à toute entreprise il faut un directeur qui soit l'homme d'initiative, de science, l'administrateur habile, largement rétribué, et malgré tout, ce directeur sera toujours celui dont les parents auront eu assez de fortune pour lui donner une éducation soignée, une instruction étendue.

Quelles que soient aujourd'hui les erreurs économiques des ouvriers, quel que soit leur parti pris de repousser l'homme riche et savant, c'est lui que les associations coopératives choisiront comme directeur, car il leur apportera la confiance du capital et la science. Aujourd'hui, il y a autant de patrons que d'ateliers ; sous le régime de l'association, il y aura autant de directeurs que de sociétés; les mêmes hommes rempliront les mêmes fonctions ; l'attribution des rôles n'aura guère changé. Ce qui aura changé, c'est la valeur

---

(1) *Bulletin du Mouvement social*, 1er mars 1873.

morale des travailleurs, qui sera plus élevée, c'est la répartition des fruits du travail, qui sera plus équitable.

Pour favoriser le développement de l'association, il ne faut pas beaucoup compter sur l'action de la loi. Le résultat négatif du décret-loi du 15 juillet et du règlement d'administration publique du 18 août 1848 établit suffisamment l'impuissance de la loi en pareille matière, quels que soient, du reste, les privilèges dont elle veuille et puisse entourer les travailleurs. Sur ce point surtout, les mœurs doivent précéder la loi, et les mœurs industrielles ont encore à faire de notables progrès pour être à la hauteur du régime coopératif, régime qui réclame infiniment plus de sagesse que tout autre.

Dans quelques cas particuliers cependant, le gouvernement pourrait faire faire quelques-uns de ces progrès. On a bien admis qu'il nommât des directeurs dans les grands établissements financiers; pourquoi ne provoquerait-il pas la formation de quelques associations de travaux publics, par exemple, en appelant les ouvriers à se grouper autour d'un directeur qu'il fournirait et qu'il recruterait dans le personnel des travaux: ingénieurs ou entrepreneurs.

Toutefois, quelle que soit notre confiance dans l'avenir du principe coopératif, nous ne croyons pas que l'avènement de l'association soit prochain. Ce que nous croyons devoir être aujourd'hui l'objet des préoccupations actives de la Société, c'est l'extension des institutions industrielles fondées par les patrons en vue de faire l'éducation économique de leurs ouvriers et de les amener à la possession du capital.

Ces lignes venaient à peine d'être écrites que le bruit se répandait dans la ville de la mort du baron Taylor. A cette nouvelle, la presse, dans les colonnes de ses journaux; huit jours après, la foule à la suite d'un cercueil, les discours prononcés sur une tombe, publiaient la valeur de ce grand homme de bien. Mais ce n'étaient ni ses mérites artistiques ou littéraires, ni ses talents administratifs qui attiraient le plus l'attention; ce qui fixait la pensée de tous, c'étaient les conquêtes qu'il avait fait faire à l'humanité sur les accidents de la vie. Que ce grand enseignement donné au monde, que cette démonstration éclatante de la quantité de bien que peut faire la richesse en substituant les institutions à l'aumône, en s'attachant à préserver les travailleurs des risques de l'existence, dirigent et fixent les esprits dans la pratique de la prévoyance fraternelle des riches éclairant et secondant les efforts énergiques des pauvres. Que le grand courant de générosité qui pousse aujourd'hui la société aux œuvres de soulagement et de charité, à la fondation des hospices, à la distribution des aumônes, se partage et se répande sur le sol fécond des institutions qui préviennent, réconfortent et relèvent. Si on ne peut songer à supprimer tout d'un coup les secours à l'indigence, car ces secours sont une dette sacrée léguée par l'imprévoyance et l'ignorance du passé, on ne doit pas, du moins, y borner ses soins. Qu'on acquitte religieusement cette dette, mais qu'on fasse aussi largement la part de la prévoyance, car la prévoyance c'est l'amortissement de la dette de la charité.

Application de la solidarité dans l'industrie.

L'idée qui doit dominer dans les institutions de prévoyance industrielle est celle-ci :

Le patron n'a pas acquitté toute sa dette envers ceux qu'il fait travailler, lorsqu'il a payé le salaire convenu : il a encore à remplir envers eux un devoir d'enseignement, de direction et de sacrifice pécuniaire.

La pratique qui doit, aussi bien que l'idée, dominer ces mêmes institutions est l'établissement de rapports personnels fréquents entre les patrons et les ouvriers. On conçoit difficilement, en effet, qu'il puisse exister un échange de dévouement entre gens qui ne se connaissent pas. C'est cependant là le cas de beaucoup de maisons dans lesquelles l'ouvrage est reçu par un employé, le salaire payé par un autre, le patron restant invisible à tout le personnel. Les ouvriers n'ont de rapports qu'avec des agents subalternes, et sont soumis, dans bien des cas, à des injustices criantes ou des actes de corruption qui n'existeraient pas en présence du patron. « Les chefs d'ateliers et les contre-maîtres manquent presque toujours des qualités d'affabilité et de bienveillance nécessaires pour apaiser les ressentiments et concilier les

esprits. Combien de grèves n'ont eu d'autre motif que le mécontentement, plus ou moins légitime, des ouvriers contre un contre-
maître ou un ingénieur ? M. le comte de Paris en cite un exemple
frappant dans son livre sur les Trades-Unions. La fameuse et
sanglante coalition d'Aubin n'eut pas d'autre origine (1). »

Il est donc d'une grande importance que le patron connaisse et
voie ses ouvriers. Quelle que soit la difficulté de ces rapports, on
ne saura jamais trop s'appliquer à les établir.

La première notion à enseigner aux ouvriers est celle de l'importance de la continuité et de la durée des services.

Il faut pour cela combattre d'abord l'habitude de *faire le lundi*.
Ce jour-là, le déserteur de l'atelier, honteux de son repos au milieu
du travail universel, se cache dans le cabaret et le vin. La veille,
il fût sorti en famille, revêtu de ses vêtements les plus propres, et
la présence de sa femme, de ses enfants, d'une foule nombreuse
en habits de fête, lui eussent imposé le respect de soi-même. Pour
proscrire l'habitude du lundi, les patrons devront, entre autres
mesures, cesser de fermer eux-mêmes l'atelier le lundi de paie.
N'est-ce pas en effet le pousser au désordre que d'obliger l'ouvrier
à l'inaction un jour de travail, au moment où il vient de recevoir
de l'argent ?

En second lieu, réduire, au possible, les mortes-saisons. C'est
là, sans aucun doute, un résultat difficile à obtenir. Le remède
consisterait à ne pas surexciter la production à certains moments,
car ces excès sont, toujours, suivis d'un ralentissement ; à en
régler la marche, de manière à occuper, d'une manière permanente,
un nombre constant d'ouvriers, et à éviter d'embaucher, pour le
moindre motif, des hommes auxquels on ne peut donner de
l'ouvrage que pendant une journée ou deux. C'est, en effet, de ce
système défectueux que naît la classe des *rouleurs d'ateliers*. Les
administrations publiques qui font exécuter des travaux doivent
aussi, de leur côté, régler leurs commandes de façon à ne pas
imposer aux patrons l'absolue nécessité de doubler, pour le congédier peu après, le personnel de leurs ateliers.

Une seconde partie du devoir d'enseignement consiste à répandre

---

(1) *La Question ouvrière au XIX* siècle*, de M. Paul Leroy-Beaulieu.

parmi les ouvriers certaines notions usuelles élémentaires, à leur faire comprendre l'importance industrielle de la probité, la nécessité du capital, le rôle des inégalités sociales, la puissance de l'épargne, l'énergie de la mutualité, à leur répéter souvent cette féconde maxime de Franklin : « Si quelqu'un vous dit que vous pouvez vous enrichir autrement que par le travail et l'économie, ne l'écoutez pas, c'est un imposteur ; » et à leur faire connaître les instruments sociaux servant à l'application de ces principes : les caisses d'épargne, les caisses de pensions de retraite pour la vieillesse, les sociétés de secours mutuels, les assurances contre les accidents, sur la vie, et en cas de décès, les sociétés coopératives de consommation, etc.

Le devoir de direction consiste à encourager, faciliter et même imposer, quand il sera nécessaire, la pratique de ces différents instruments de progrès.

Le devoir de sacrifice pécuniaire consiste à réaliser, pour les ouvriers, l'accès à la possession du capital.

L'accomplissement de ce dernier devoir a lieu par l'attribution aux ouvriers d'une rémunération spéciale, en supplément du salaire ordinaire, et rigoureusement consacrée à l'épargne.

Le droit de l'ouvrier à jouir du produit de cette rémunération, ou tout au moins d'une partie, doit être absolu et affranchi de toute clause éventuelle de déchéance ; elle ne doit pas être considérée comme une récompense, mais comme le gage de l'existence à l'époque de l'incapacité de travail. Chaque mois écoulé, chaque année passée au service de la maison, doit produire un résultat définitivement acquis pour la vieillesse.

La rémunération spéciale sera produite par le système de la majoration des salaires ou par celui de la participation aux bénéfices.

Dans les industries à personnel variable on adoptera, de préférence, la majoration proportionnelle des salaires, sans aucune condition de stage préalable. A chaque paie, le supplément de salaire de chacun sera calculé et mis de côté jusqu'au jour de son emploi définitif. Tous les trois mois, le patron versera, au nom de chacun, à la caisse des retraites, le montant de chaque compte provisoire; il sera bon de remettre, après chaque versement, les livrets dans les mains des titulaires.

Dans les industries à personnel fixe, il sera préférable d'adopter le système de la participation aux bénéfices.

Pour tenir un juste compte des éventualités des affaires, une réserve affectée aux pertes possibles, devra être prélevée, chaque année, avant la fixation du chiffre des bénéfices à répartir.

L'admission à la participation aura lieu après un stage d'une année et sous la condition de faire partie d'une Société de secours mutuels.

Etant donnée, chaque année, la somme totale revenant annuellement au personnel, du fait de la participation, nous croyons qu'il serait bon de la répartir entre les ouvriers au prorata des salaires pour une part, proportionnellement au nombre des années de service de chacun, pour une seconde, proportionnellement aux charges légitimes de famille, pour le restant.

De cette manière, on aura déterminé le dividende qui revient à chaque ouvrier en tenant un compte exact de sa capacité professionnelle, de son temps de service dans la maison et des charges qui pèsent sur lui. Reste à fixer l'emploi de ce dividende. Pour cela, il nous paraît avantageux d'en faire trois parts :

1° La part de la vieillesse ;

2° La part du patrimoine ;

3° La part de l'ancienneté.

Le droit de l'employé sur les deux premières parts sera toujours définitif, dès la répartition ; il sera éventuel pour la troisième, jusqu'à une année d'âge accompli ou un temps déterminé de service.

La valeur numérique de la part de la vieillesse sera déterminée par le patron, à l'aide des tarifs de la caisse des pensions de retraite pour la vieillesse : elle sera égale à la somme qui, versée chaque année, à capital réservé, depuis 25 ans jusqu'à 55 ans, produirait à ce dernier âge, une pension de retraite de la moitié du salaire moyen de l'employé.

Le surplus du dividende sera divisé par moitié, pour former les deux autres parts.

La part de la vieillesse sera versée, chaque trimestre, à capital réservé, par le patron à la caisse des pensions de retraite pour la vieillesse gérée, sous la garantie de l'Etat, par la Caisse des dépôts et consignations.

La part du patrimoine sera versée pour être capitalisée à intérêts composés, soit à la Caisse d'épargne, soit à la caisse de quelque établissement de crédit, au nom de chaque intéressé. Des prêts pourront être ouverts sur ces dépôts, mais à échéances très courtes, et le droit à la participation sera suspendu pendant la durée de ces emprunts, pour reprendre à partir du remboursement.

Le jour où l'ouvrier quitte la maison, pour n'importe quel motif, il emporte tout le produit de ses parts de vieillesse représentées par le livret de la caisse de retraite et la totalité de son compte de patrimoine sous la forme d'un certificat de propriété d'une inscription de rente nominative ou toute autre valeur garantie par l'Etat. Les titres restent déposés dans une caisse de dépôt désignée, jusqu'au décès du titulaire, pour être alors remis à ses héritiers.

La part de l'ancienneté pourra être conservée et gérée par le patron qui lui servira un intérêt annuel. En cas de départ avant l'âge ou l'époque fixés, le compte d'ancienneté sera reversé sur les livrets des autres participants, au prorata des sommes qui y sont inscrites.

Lorsque les conditions d'âge et de service seront remplies, le droit de l'ouvrier à sa part d'ancienneté deviendra définitif. Ce compte sera liquidé et lui sera, suivant les circonstances, et au choix du patron, remis en espèces ou employé comme la part du patrimoine.

Les sommes versées à la caisse des retraites pour la vieillesse devront toujours l'être à titre d'aliments, et, comme telles, incessibles et insaisissables, ainsi que les pensions qui en proviendront.

Pour propager les idées d'épargne personnelles, les patrons feront bien d'associer les ouvriers à l'œuvre de leur retraite par une retenue sur les salaires, dont l'emploi sera réglé comme celui des parts de la vieillesse, ou du patrimoine; en aucun cas, le droit aux produits de cette retenue ne sera éventuel.

Cette retenue sur les salaires devra être opérée seulement dans les industries où le patron ne peut accorder à son personnel qu'une subvention de prévoyance insuffisante. Partout ailleurs, il sera préférable de provoquer l'épargne volontaire.

Bureaux d'épargne.

M. de Malarce a institué, dans les manufactures de l'État, des bureaux d'épargne dont l'organisation peut servir de type dans l'industrie privée.

Ces bureaux ont pour but de mettre la Caisse d'épargne à la portée des ouvriers, en leur procurant l'avantage de déposer leurs épargnes sans déplacement, sans perte de temps, le jour même de la paie, au moment où ils peuvent le mieux faire leurs économies, et en leur ménageant les mêmes facilités pour retirer les sommes qu'ils auront ainsi déposées à la Caisse d'épargne de la ville, par l'intermédiaire du bureau d'épargne de l'atelier.

En outre, dans ce bureau d'épargne, les ouvriers auront la faculté de déposer des fractions de francs, par décimes, ce qui permettra d'amasser sans peine le franc qui est le minimum accepté par la Caisse d'épargne.

Pour favoriser cette institution, les patrons prendront à leur charge le prix du livret qui, dans les conditions ordinaires est payé par le déposant.

Le fonctionnement du bureau d'épargne sera confié à deux des employés de la maison : un receveur et un intermédiaire avec la Caisse d'épargne de la ville.

Le jour de la paie, le receveur, placé à côté du payeur, invite les ouvriers à verser la somme qu'ils veulent épargner, et l'inscrit immédiatement sur une feuille-bordereau de l'atelier et sur une feuille volante portant le nom du déposant et remise aussitôt à ce dernier, comme gage de son dépôt.

Toutes les sommes ainsi déposées sont, le lendemain, transmises par les soins de l'intermédiaire à la Caisse d'épargne de la Ville, qui, à la fin de chaque mois, inscrit le montant de ces dépôts d'épargnes sur des livrets individuels au nom et au compte de chacun des déposants, d'après un bordereau des versements individuels de chacun.

Ces livrets individuels sont conservés, autant que possible, dans le bureau de l'*Intermédiaire* qui en donne connaissance à chaque titulaire, sur sa demande.

Tout ouvrier peut obtenir, par les soins de l'*Intermédiaire*, le remboursement de tout ou partie de son avoir. A son départ de l'atelier, le livret lui est remis.

Le bureau d'épargne de la manufacture des tabacs de Nantes a procuré en 1878, après deux ans seulement d'existence, à la Caisse d'épargne de Nantes, 1,309 déposants, ouvriers et ouvrières, avec une somme d'épargne de 95,844 francs.

Ces chiffres indiquent éloquemment le résultat immense que les patrons peuvent obtenir lorsqu'ils veulent bien s'occuper de diriger leur personnel vers le bien.

Assurances collectives contre l'incendie.

Le comité d'utilité publique de la Société industrielle de Mulhouse a adopté un système d'assurances collectives pour mobiliers d'ouvriers, inauguré par la maison Dolfus Mieg et Cⁱᵉ.

Les règles de cette institution de prévoyance, du plus haut intérêt, sont données par M. Engel Dolfus (1).

Une police d'assurances collective est souscrite par les chefs des établissements industriels ; elle indique la somme totale représentant approximativement la valeur du mobilier réuni des ouvriers qui, jusqu'à couverture de cette somme, pourront devenir participants à l'assurance.

Les participants sont inscrits sur un registre ouvert, à cet effet, chez le patron, et il leur est délivré un bulletin qui leur tient lieu de police.

L'ouvrier paie sa prime à la caisse du patron, et le total des primes réunies est versé à la Compagnie d'assurances.

L'agent d'assurance par qui la police aura été faite tient un registre semblable à celui de l'établissement.

----

(1) *Note sur l'assurance collective dans les établissements manufacturiers.* — Imprimerie centrale des chemins de fer.

En cas d'incendie, la déclaration du sinistre, au lieu d'être faite devant le juge de paix, l'est devant le maire, quelle que soit d'ailleurs l'importance du sinistre, afin d'éviter les droits d'enregistrement de la police, droits exigés pour la déclaration en justice de paix.

L'ouvrier reste ainsi assuré pendant tout le temps qu'il demeure attaché à l'établissement.

Ceux qui le quittent cessent de compter au nombre des participants, à partir de l'expiration de l'année pour laquelle leur prime a été versée entre les mains du patron; mais l'assurance ne les suit jusqu'à cette époque qu'à la condition qu'ils ne sortent pas de l'arrondissement dans lequel est l'établissement qui a contracté l'assurance collective.

Caisse des retraites.

Dans toutes les dispositions qui précèdent, la Caisse d'épargne et la Caisse des pensions de retraite pour la vieillesse jouent un rôle important. Cela tient aux avantages présentés à l'industrie par l'organisation de ces caisses. Tout le monde connaît ceux de la Caisse d'épargne; on est, généralement, moins au courant de ceux de la caisse des retraites. Voici les principaux :

1° Les versements ne sont susceptibles d'aucune déchéance, saisie ou cession. Le bénéfice du passé ne saurait donc jamais être perdu.

2° Chaque versement produit une rente inscrite au Grand-Livre de la Dette publique et acquise à tout jamais au titulaire. L'entrée en jouissance en est fixe et ne peut être reculée que par lui; aucune circonstance ne peut l'en dépouiller, ni changement de patron ou de résidence, ni interruption ou même cessation absolue des versements.

3° Les versements sont reçus dans toutes les recettes des finances, et les rentes peuvent être payées dans toutes les communes, par l'entremise, facultative, des percepteurs. Après avoir habité Paris, les porteurs de livrets pourront donc continuer à verser à la retraite dans tous les départements, et toucher leur pension dans toutes les comunes de France.

4° L'entrée en jouissance des rentes est, en général, fixée à 50 ans, mais cette fixation n'est pas irrévocable et peut, à toute époque, être modifiée par le titulaire, jusqu'à l'âge de soixante-cinq ans.

5° Dans le cas d'accidents produisant une incapacité absolue de travail, l'entrée en jouissance peut être avancée et la pension liquidée, même avant cinquante ans, mais seulement en proportion de l'âge du titulaire et des versements opérés à son profit.

6° Les pensions de retraites sont incessibles et insaisissables jusqu'à concurrence de 360 francs.

7° Les versements peuvent être faits avec la réserve du capital au profit des héritiers ou avec abandon de ce capital. Le premier mode donne un chiffre de rente plus faible que le second, mais assure à la veuve et aux enfants une ressource, au jour du décès du mari ou du père.

Dans tous les cas, la rente viagère desservie par le Trésor, même à capital réservé, sous la dénomination de pension de retraite, est toujours bien supérieure à l'intérêt du capital qui aurait été constitué par la capitalisation, à intérêts composés, des sommes versées à la Caisse des retraites.

8° La capitalisation des sommes est faite, actuellement encore, au taux de 5 0/0. Un projet de loi a été présenté par M. Teisserenc de Bort pour la réduction de ce taux à 4.50, mais nous espérons bien qu'il sera repoussé.

9° Les certificats, actes de notoriété et autres pièces exclusivement relatives au service de la Caisse des pensions de retraite pour la vieillesse sont délivrés gratuitement et dispensés des droits de timbre et d'enregistrement.

A ces avantages incontestables, nous avons demandé, dans le numéro de juillet 1878 de la *Revue générale d'administration*, qu'on en ajoutât quelques-uns :

1° La réduction à 1 franc du minimum des versements fixé aujourd'hui à 5 francs.

2° La franchise pour la demande et l'envoi des actes de naissance réclamés aux maires par les patrons en vue de faire dresser les livrets de retraite de leurs ouvriers.

3° La création et la vente au public de timbres d'épargne ou de retraite de 0 fr. 10. Ces timbres seraient apposés sur des cartes délivrées gratuitement et divisées en dix compartiments, de telle façon qu'une carte pleine représenterait un versement de 1 franc à la caisse des retraites. Ces timbres auraient l'immense avantage de permettre les plus minimes versements, de les réaliser en tout temps, en tout lieu, de matérialiser, pour ainsi dire, à son éclosion, la pensée de sacrifice et d'épargne. Ils seraient vendus partout, de manière qu'on en trouvât constamment à la portée de la main et que l'ouvrier rencontrât, sur sa route, l'occasion d'épargner aussi souvent que celle de gaspiller son argent.

Il est un dernier avantage que nous croyons pouvoir demander à l'État. Les sociétés de secours mutuels sont autorisées à verser dans la Caisse des dépôts et consignations une portion de leur capital de réserve, pour le consacrer à la formation d'un fonds de retraite. Ce fonds de retraite, destiné à constituer des pensions aux membres âgés des sociétés de secours mutuels, par un placement à la Caisse des retraites pour la vieillesse, est bonifié par la Caisse des dépôts et consignations d'un intérêt de 4 0/0. De même, un décret du 8 août 1855 avait ouvert la Caisse des retraites aux instituteurs primaires communaux, pour y faire fructifier, d'une manière plus profitable, les fonds versés dans leurs caisses d'épargne spéciales, à l'intérêt de 4 0/0. Ne pourrait-on pas également ouvrir la Caisse des dépôts et consignations, dans les mêmes conditions, aux sommes provenant de la participation aux bénéfices et consacrées par les patrons à la constitution du patrimoine de chacun de leurs ouvriers. Cet intérêt de 4 0/0 permettrait une capitalisation plus rapide de sommes, en général, peu élevées, auxquelles la Caisse d'épargne ne fournit qu'un intérêt de 3.25 à Paris, et 3.50 ou 3.75 en province.

C'est là la seule intervention que nous croyons devoir être demandée à l'État. On a proposé, à plusieurs reprises, qu'il fût établi par une loi que les patrons exerceraient une retenue obligatoire et feraient une majoration des salaires pour créer une pension de retraite à leurs ouvriers. Cette proposition, faite en 1849, a été repoussée par l'Assemblée nationale. Il devait en être ainsi, car « l'éternelle et nécessaire loi du travail est la liberté : liberté pour l'ouvrier, liberté du capital (1). »

____

(1) Jules Simon. *L'Ouvrière.*

Objections probables. — Les conclusions que nous venons de présenter seront l'objet de deux séries d'objections : celles des radicaux du travail, celles des radicaux du capital.

Les premiers, les radicaux du travail, nous diront : « Le régime de prévoyance que vous préconisez aboutit directement à déclarer l'ouvrier incapable, à l'asservir au patron, à paralyser toutes ses facultés par une tutelle qui le débarrasse du soin même de penser à ses intérêts. Sous prétexte d'amélioration, vous ne cherchez qu'à l'endormir. C'est vouloir retourner en arrière ; pour nous, nous voulons marcher en avant. Le travail a su s'élever de l'esclavage de l'antiquité et du servage du moyen âge au salariat moderne ; il doit s'affranchir encore de cette dernière entrave, et conquérir l'association, dernier terme de ces évolutions successives. Pour y atteindre, le travailleur doit acquérir la pleine possession de sa liberté et de ses facultés, il doit donc se fixer pour but de s'affranchir du patron et de conquérir les mâles vertus de l'homme libre. Loin de songer à resserrer les liens qui l'unissent au patron, nous cherchons à les briser tous ; et nous repoussons avec énergie toute organisation du travail basée sur un dévouement quelconque du patron à ses ouvriers. Nous craignons les patrons, même quand ils veulent nous apporter le capital ou bien la propriété foncière, ces dons cachent des chaînes ; ils n'ont d'autre but que « d'entraver notre indépendance, de faire de nous un mollusque attaché par sa coquille à certaines rives, où il doit attendre la pâture que lui apportera le flot, mais où il mourra, si la marée, ne s'élevant pas jusqu'à lui, ne lui apporte rien (1). »

Les autres, les radicaux du capital, nous diront : Eh quoi ! vous voulez élever à l'état d'institution la sollicitude et le sacrifice des classes riches en faveur des classes pauvres ; mais ne voyez-vous pas tous les jours des ouvriers atteindre au patronat, à la fortune et aux honneurs ? L'accès au capital leur est donc ouvert. C'est à eux à s'y élever par le travail, l'ordre et l'économie. Que ceux qui se plaignent deviennent assidus à l'atelier, qu'ils fuient le cabaret, ou qu'ils se taisent en se frappant la poitrine. Laissez donc se produire librement le jeu des forces sociales, le mérite trouve

---

(1) Mme Clémence ROYER, *Les Moyens d'améliorer le sort des classes ouvrières.*

toujours sa récompense, n'intervenez pas entre le travailleur et la misère; quoi que vous fassiez, les ouvriers sont nos ennemis irréconciliables, songez plutôt à vous garder contre eux. Chacun pour soi et Dieu pour tous.

Quelques autres iront plus loin encore et nous diront, comme nous le disait dernièrement un patron arrivé par l'industrie à une grosse fortune : « Il n'y a pas à parler de moralisation ni d'amélioration du sort des ouvriers, il suffit de trouver un moyen de les forcer à travailler. Le meilleur est celui-ci : après chaque paie, laissez-leur deux jours de chômage forcé ; ils se griseront jusqu'à leur dernier sou ; quand ils n'auront plus rien, ils rentreront souples et dociles à l'atelier. »

Aux radicaux du travail, nous répondrons : vous voulez préparer le régime de l'association, nous le voulons aussi, nous croyons que « dans l'état actuel de l'humanité, lorsque les idées d'égalité s'étendent chaque jour dans les classes laborieuses et ne peuvent être arrêtées que par la suppression absolue de toute liberté de discussion écrite et même verbale, on ne peut plus espérer maintenir la division de l'humanité en deux classes héréditaires de patrons et de salariés (1). » Mais le régime de l'association est un état social supérieur qui exige des hommes un apport bien plus grand de connaissances, de vertus et d'argent. Pour arriver à faire fleurir l'association, il faut débuter par affranchir l'ouvrier de l'ignorance, du désordre et de la misère. Or, c'est précisément là ce que poursuit le régime de la prévoyance industrielle; nos patrons de Paris veulent supprimer le désordre par l'intérêt, la misère par l'accès au capital. Leur œuvre est avant tout une œuvre libératrice et ce n'est pas d'eux que l'ouvrier doit être si pressé de s'affranchir! Appellerez-vous oppresseur celui qui se voue à cette œuvre, au prix de son temps, de ses soins et de son argent? autant vaudrait appeler tyran le législateur qui imposera l'instruction obligatoire pour affranchir les hommes de la servitude de l'ignorance.

Mais il est une autre considération, leur dirons-nous encore : l'extension, même la plus inespérée de l'association, ne détruira

---

(1) John STUART MILL. *Principes d'économie politique.*

pas l'existence des supériorités sociales, elle ne fera que réduire dans de fortes proportions le nombre des infériorités. Il y aura autant de directeurs d'associations qu'il y aaujourd'hui de patrons. Ces directeurs seront forcément, c'est là une condition absolue du succès de l'association, des hommes distingués par l'instruction, le savoir, l'intelligence ; vous ne prendrez jamais pour directeur un homme n'ayant que ses connaissances pratiques; il y aura donc toujours, par la force des choses, une aristocratie du travail. Mais, cette aristocratie, vous ne lui porterez ni jalousie, ni haine, puisqu'elle est un élément nécessaire de votre organisation ; vous chercherez, au contraire, à établir une harmonie parfaite entre elle et les autres membres de l'association. Jetez donc, dès maintenant, les bases de cette harmonie ; n'éloignez pas l'ouvrier de celui qui le dirige aujourd'hui, car la haine que vous semez aujourd'hui, elle prendra racine dans les cœurs, et, en dépit de vos efforts, surgira demain au sein des associations coopératives et les ruinera.

Aux radicaux du capital, nous répondrons que les institutions d'un pays doivent être faites pour les généralités, non pour les exceptions; que les ouvriers qui arrivent sont les exceptions et que ceux qui restent dans la misère sont la généralité. C'est donc de ceux-là que la Société doit se préoccuper. N'est-ce pas ce qu'ont fait nos patrons de Paris ? Pourquoi ne se seraient-ils pas dit, eux, aussi ? Nous sommes bien arrivés nous, sans le secours de personne ? Pourquoi les autres n'en feraient-ils pas autant ? Ils ont tenu un tout autre langage; ils ont songé à toutes les difficultés qu'ils avaient rencontrées et ont voulu en affranchir les autres. L'exemple de ces hommes d'expérience doit être concluant. Et, du reste, « que les gens obstinément opposés aux œuvres de prévoyance et de dévouement aux ouvriers proclament, de leur côté, les principes qui mettront leur capital bien à l'abri des revendications violentes du travail. Qu'ils déclarent s'ils veulent continuer à faire de l'industrie entre deux insurrections ou, pour le moins, entre deux grèves (1). »

Enfin, aux uns et aux autres, aux radicaux du travail, comme

---

(1) Alfred de COURCY. *Institution des caisses de prévoyance.*

aux radicaux du capital, nous dirons : Avant de repousser le dévouement et le sacrifice du patron ; vous êtes-vous rendu un compte suffisant des conditions déplorables dans lesquelles s'écoule d'ordinaire la vie de l'ouvrier, des obstacles au bien qu'il rencontre dans son milieu? Quelle est, en effet, sa vie ?

Pendant son enfance, son père et sa mère travaillent le plus souvent au dehors, l'un et l'autre; on le laisse donc le plus longtemps possible loin de la famille ; un peu plus grand, il va à l'école, mais les classes commencent à huit heures, finissent à quatre ; le père et la mère ont quitté la maison dès six heures et n'y rentrent qu'à la nuit. Pendant deux heures, le matin et autant le soir, l'enfant est seul, ou confié à la garde de quelque voisine indifférente, ou le plus souvent, courant la rue avec d'autres enfants aussi délaissés que lui, se poussant les uns les autres au désordre et au vice. Il voit à peine, ainsi, ses père et mère ; comment recevrait-il d'eux des conseils, des principes, une direction, et comment des liens puissants d'affection, de respect pourraient-ils se nouer entre eux ? L'élément le plus favorable à l'éducation de l'enfant, le repas en commun fait absolument défaut dans la famille de l'ouvrier; ces heures, si douces pour les uns et les autres dans les familles aisées, ces heures où le repos du corps, la joie de se retrouver, l'oubli des soucis font naître une si charmante intimité, au sein de laquelle le père et la mère versent dans le cœur de leurs enfants, si bien prêt à tout recevoir et à tout conserver, l'exemple de l'affection, de la confiance, le sentiment du respect de l'autorité paternelle, les enseignements du beau, du bien, du juste, ces heures n'existent pas pour le ménage de l'ouvrier; chacun y mange de son côté, loin des siens, dans un milieu mal fait pour développer les sentiments de famille. Le logement, de son côté, est également un instrument de démoralisation; il est trop petit; les convenances ne peuvent y être observées, la pudeur et la chasteté respectées.

A ces tristes influences, combien de fois, hélas, se joignent le désordre et l'inconduite de la mère, la paresse, l'ivrognerie du père, les scènes de sauvage violence!

Voilà pour l'enfance : suppression des sources du bien, abondance de celles du mal.

Sorti de cette première période, le fils de l'ouvrier devient apprenti, et, sauf dans les maisons qui ont soigneusement organisé l'apprentissage, il se trouve tout à coup en présence d'hommes faits, qui n'ont nul souci de sa jeunesse, et sa jeune âme est brusquement outragée par le spectacle de toutes les infirmités morales et physiques. Par ce funeste entourage, il est bien vite entraîné; il veut jouir aussi de la vie; il se hâte de quitter le toit paternel; il perd sa jeunesse et sa santé dans des plaisirs hâtifs, et, à vingt ans, on le trouve souvent déjà pris dans l'étreinte de l'ivrognerie, plongé dans quelque union irrégulière. Il est arrivé là tout naturellement, sous l'impulsion de l'exemple, de l'entraînement, des mauvais conseils, et faute d'une main paternelle vigilante. Peut-on l'accuser de ce résultat, peut-on même s'en étonner, lorsqu'on songe à la quantité de soins, de conseils, de frais d'instruction qu'il a fallu dépenser pour amener le fils de famille aisée à être, à vingt ans, un homme d'avenir?

Plus tard, cet ouvrier se marie; où prend-il sa femme? dans un milieu pareil au sien, dans des conditions d'éducation tout aussi déplorables; la femme a passé aussi par le délaissement de l'enfance, par la contagion de l'atelier; elle n'est pas la ménagère faite aux habitudes d'ordre, de propreté, d'économie; elle n'est pas non plus, dans la plupart des cas, la jeune fille à l'âme pure, au corps vierge, qui refleurit les cœurs flétris, et fait entrer sur ses pas au logis la joie, l'espérance et l'énergie. Du reste, l'atelier n'est-il pas là pour la reprendre, rendre le foyer désert et froid, car il faut vivre; puis les enfants viennent, augmentent la dépense, suppriment le travail de la femme; les économies des premiers jours, si on en a pu faire, s'en vont, la misère arrive, aigrit les caractères; les enfants mal soignés, mal élevés, malpropres, ne sont plus cet astre lumineux d'où rayonnent la joie, l'attachement au foyer, le courage; ils deviennent des sujets de querelles, des charges supportées péniblement, des motifs de découragement. Les deux époux voient bien qu'ils ne peuvent plus compter sur l'avenir, jamais ils n'arriveront à mettre un sou devant l'autre; c'est la misère fatale, irrémissible, à perpétuité : à quoi bon lutter? Les camarades l'avaient bien dit, ils avaient raison quand ils riaient des efforts des premiers temps; l'ouvrier est voué à la misère, c'est son lot ; qu'il lutte ou qu'il cède tout de suite, l'avenir est tout pareil, les enfants s'envoleront dès qu'ils pourront, fuyant ce foyer où le pain manque souvent ; ils ont été la charge, ils ne seront jamais le secours ; la vieillesse viendra, et avec elle l'impossibilité de travailler, le manque de ressources, la faim, la mendicité, l'hospice, la mort. De là, le laisser aller, l'abandon de soi-même, à la maison, à l'atelier, le retour aux vieilles habitudes, le désordre, la paresse, le vin et la réalisation des sombres présages des camarades.

Le tableau est-il forcé ? Oui, pour ceux qui ne voient que la surface, ne connaissent l'ouvrier que par les rares exemples de succès qui surnagent sur ce gouffre sans fond. Non, pour ceux qui vivent en contact perpétuel avec lui.

Comment ne pas reconnaître, après cela, que, dans la plupart des cas, les malheureux ne sont pas responsables de leur chute, qu'ils la subissent comme une infirmité de naissance, et qu'un devoir impérieux s'impose à la société de combattre la misère, non plus par l'aumône, mais par la solidarité et l'aide mutuelle, par des soins, des sacrifices et des institutions qui organisent et mettent à la portée de chacun un outillage intelligent de la vie.

RÉSUMÉ

Quelle que soit la diversité des opinions sur la question sociale, tout le monde est d'accord sur l'urgence des réformes. Les grèves de Paris, les souffrances de l'industrie, les discours du Congrès ouvrier de Marseille, tout révèle un état de choses qui réclame un prompt remède.

Ce remède n'est point contenu dans une formule unique; il consiste en une série de progrès à réaliser dans l'état matériel, économique et moral de la société.

De ces divers progrès, le plus urgent est celui qui touche aux intérêts matériels. Cela peut paraître quelque peu contradictoire, après cette déclaration que le mal social est surtout un mal moral. Rien n'est plus logique cependant : lorsque les esprits sont aigris par les longues souffrances, méritées ou imméritées, quand la vie est sans avenir et le cœur sans espoir, les leçons de morale, les exhortations à la concorde, à la résignation risquent fort d'être mal écoutées et de demeurer stériles.

Il faut donc, avant tout, apporter une amélioration à la situation matérielle.

Le seul moyen d'y parvenir consiste dans une application large et vigoureuse de deux principes féconds : l'association des intérêts et la prévoyance mutuelle.

L'expression la plus vraie du premier de ces principes, c'est la coopération. Mais si désirable soit-elle, si favorable doive-t-elle être à la conciliation et à la prospérité, on ne peut encore de sitôt en espérer la généralisation. A vouloir devancer les mœurs, on risque de compromettre les principes les plus vrais. Avant d'aborder la coopération et pour le faire avec succès, l'ouvrier doit arriver à l'épargne et se former à la pratique de la solidarité.

Il est un régime qui se prête admirablement à cette fonction et s'adapte très exactement à notre époque, c'est la participation aux bénéfices. Ce régime élève la condition morale de l'ouvrier, excite

son zèle, son attachement aux affaires, augmente sa production
et sa part dans les fruits du travail et, finalement, enlève aux
grèves toute leur raison d'être. Pratiqué, comme il l'est, en
général, à Paris, il crée l'épargne, l'accès au capital, provoque la
bienfaisante sensation d'une situation qui progresse, et fait luire
l'espoir dans les cœurs.

Il a, d'un autre côté, le mérite de produire le relèvement des
ouvriers par les patrons, et à ce point de vue, il est le véritable
agent de la réconciliation des classes, le ciment de l'union nationale.

La théorie opposée, que traduit la formule du jour : émancipa-
tion des travailleurs par les travailleurs, creuse, au contraire, plus
profondément l'abîme entre le capital et le travail, et, d'autre
part, ne peut, à l'heure actuelle, produire aucun résultat avantageux. La masse n'est encore, ni assez instruite, ni assez rangée
pour s'émanciper elle-même : elle arrivera bien à la hausse des
salaires, par la grève, mais après? Sa situation sociale, souvent
même sa situation pécuniaire, n'en sont pas meilleures. Beaucoup
de troubles et peu de progrès.

Qu'on applique donc largement la participation aux bénéfices;
qu'on ait bien le soin, surtout, de réserver à l'épargne la majeure
partie des produits et de l'affranchir de toute menace de déchéance.

Dans les industries à personnel nomade, qu'on adopte de préférence la majoration des salaires, régime moins satisfaisant, mais
en progrès, néanmoins, sur l'état actuel, puisqu'il a pour effet la
possession du capital, patrimoine ou pension de retraite.

Voilà pour le partage des fruits du travail.

En dehors du domaine de l'industrie, l'association des intérêts
et la prévoyance mutuelle ont encore un vaste champ d'application dans les rapports des riches et des pauvres.

A l'heure actuelle, ces rapports sont constitués, presque uniquement, par la charité. Mais si généreuse, si admirable qu'elle soit,
la charité n'est pas un régime de progrès. Elle ne vise, en effet,
qu'à soulager et non à guérir et encore moins à prévenir. C'est
ce dernier point de vue, cependant, auquel il faut absolument se
placer, si on veut arrêter le courant sans cesse grossissant de la

misère. Ce n'est pas à dire, toutefois, qu'il faille brusquement cesser l'action de la charité : sur ce point, pas plus qu'en toute autre réforme sociale, on ne doit procéder par mesures extrêmes ; mais il faut se fixer un but, celui de faire de la prévoyance la règle et de la charité l'exception, et y tendre avec toute la prudence qu'exige la situation présente.

Pour atteindre ce but, les riches s'attacheront à élaguer de nos mœurs toutes les inégalités artificielles qui pèsent sans motif sur la vie des pauvres ; ils auront souci de leur sort, et les appelleront, par le conseil et l'exemple, à participer, avec eux, à toutes les œuvres de progrès ; ils feront, de concert, une ardente croisade contre le désordre matériel et moral par toutes les institutions de tempérance et d'encouragement au bien ; ils accéléreront l'extension des caisses d'épargne dans les écoles ; ils entreront dans les sociétés de secours mutuels, qu'ils feront prospérer par leur activité, leurs cotisations et leurs dons ; ils fonderont des sociétés ayant pour but de solliciter par la propagande et d'accroître par des subventions les dépôts des ouvriers à la Caisse d'épargne et à la Caisse des retraites ; ils en institueront d'autres destinées à élever les ouvriers à la propriété foncière ; ils créeront des compagnies d'assurances populaires en cas d'incendie, en cas de décès ou sur la vie, qui ne rechercheront pas à enrichir des actionnaires, mais à couvrir, au plus bas prix, les risques des assurés ; ils n'hésiteront pas à se faire le centre et la cheville ouvrière de sociétés de consommation, afin d'organiser l'épargne et la vie à bon marché. En un mot, ils s'appliqueront à créer un outillage intelligent de la vie, à le mettre à la portée des ouvriers et à le pratiquer avec eux.

Ils iront plus loin : ils prépareront les voies au régime de l'association, état futur et définitif du travail. Comme la Société est encore loin de la maturité économique et intellectuelle que nécessite l'association, ils s'appliqueront à l'élever progressivement par l'enseignement et la pratique à la hauteur de ce principe. Dans ce but, ils fonderont des banques populaires, y engageront des fonds, décideront, par leur exemple, les ouvriers à y apporter leurs épargnes, les y habitueront au maniement des affaires, les élèveront au crédit et leur mettront ainsi en mains les éléments essentiels de la coopération. Ces banques, une fois organisées, ils provoqueront la formation d'associations coopératives, en groupant, dans l'industrie, les travailleurs déjà groupés dans la banque.

Voilà la conduite que doivent tenir les riches d'argent et de savoir : prévenir le mal, organiser le progrès; payer de sa personne et non plus seulement de sa bourse; faire le bien face à face et non l'aumône anonyme; éclairer, diriger, fortifier les gens, leur rendre, en un mot, ce que la fortune et l'éducation leur ont refusé.

Une seconde série de réformes a pour objet le développement de l'égalité civile. Les principales réformes égalitaires sont : la gratuité et l'obligation de l'instruction primaire, la création et la gratuité de l'enseignement professionnel. La première loi d'égalité, dans une société, devrait être que tout enfant y fût pourvu d'un gagne-pain. Là où les ressources personnelles ne peuvent le fournir, l'État est tenu de le donner à ses frais. Dans ce but, il doit ouvrir des écoles gratuites de métier dans les villes et des établissements agricoles et industriels au milieu des campagnes, où seront reçus, aux prix les plus bas, les enfants des familles peu fortunées ou surchargées, et surtout les enfants d'ouvrières veuves. N'est-ce pas assez déjà que ces enfants soient privés de patrimoine, n'est-il pas de toute justice qu'ils reçoivent, au moins, le moyen et le goût de gagner leur vie par le travail?

Un grand courant de générosité tend, aujourd'hui, à répandre largement cette prévoyance sur les enfants des colonies pénitentiaires. Ne serait-il pas plus juste et plus profitable de l'appliquer tout d'abord à l'enfance immaculée?

Les réformes égalitaires comprennent encore : la réduction considérable, sinon la suppression complète des frais accessoires de justice, le soulagement des petites bourses par la réforme des droits d'octroi et celle de l'impôt foncier, la réalité de l'égalité du service militaire, la liberté de réunion et d'association, la réorganisation des administrations à monopoles, la réduction du personnel, la réglementation uniforme et rigoureuse de l'avancement hiérarchique. Voilà pour l'égalité d'homme à homme; ce n'est pas tout; il faut encore protéger l'enfant et la femme contre l'homme, et redresser cette vaste et funeste erreur qui consiste à créer une infériorité et une faiblesse factices et contre nature de la femme, par l'impunité du séducteur, et la nullité de ses serments devant la loi, par l'interdiction de la recherche de la paternité, par l'infériorité du degré d'instruction de la femme et par son reléguement aux métiers mal payés. C'est une inégalité sans motif et une source permanente d'immoralité que de retirer ainsi à la femme les moyens de vivre indépendante, en l'écartant systématiquement d'une série de métiers lucratifs et de fonctions administratives qu'elle remplirait tout aussi bien que les hommes. A Londres même, tous les bureaux de poste ou de télégraphe sont tenus par des femmes. Il est temps de reconnaître enfin notre erreur, de distribuer l'instruction aux filles comme aux garçons, et de leur ouvrir toutes les carrières qu'elles peuvent occuper.

Le couronnement de toutes ces réformes est la réforme morale. Les progrès matériels sont peu durables, l'histoire est là pour l'affirmer, quand ils ne sont pas accompagnés d'un égal progrès moral.

Il faut établir le règne de la vertu.

Le premier terme de cette réforme, c'est de faire la lumière sur toutes les questions qui tiennent les esprits en perpétuelle agitation, et de tarir la source des erreurs d'où sortent le mécontentement de son sort, les déceptions, les souffrances et la haine. La vertu doit être faite surtout de vérité. Il faut donc introduire dans l'enseignement les notions principales de l'économie politique. Il faut le faire à tous les degrés, depuis le Collège de France jusqu'à la plus petite école communale, car les erreurs en ces matières sont grosses de dangers chez les riches, comme chez les pauvres.

Un second enseignement à introduire en même temps à l'école, c'est celui de la dignité de l'homme; il faut donner à nos enfants, dans les écoles, une haute idée de la personne humaine; leur apprendre qu'ils ont à la perfectionner et à la respecter en eux-mêmes, en la tenant soigneusement à l'abri de toute souillure; à la respecter chez les autres, en s'interdisant tout ce qui peut nuire à leur valeur, à leur prospérité ou à leur liberté, quels qu'ils soient, riches ou pauvres. Il faut leur enseigner, non seulement au foyer, mais à l'école, que la dignité d'homme impose le travail, condamne l'oisiveté et l'inutilité, que tous les compromis de la conscience, les calculs, les basses intrigues ne produisent qu'un succès éphémère, tandis que la probité inébranlable, la fidélité persistante aux principes sont les seules bases certaines de la prospérité.

Il faut enfin apprendre aux enfants à croire en Dieu. Les sources humaines de la vertu : science, raison, fraternité, si abondantes soient-elles, ne peuvent fournir, à elles seules, toute la force nécessaire aux mille combats de la vie.

C'est au-dessus de l'humanité, c'est à la source divine qu'il faut aller puiser le vrai courage, celui qui est à la hauteur des plus grandes épreuves d'ici-bas.

Voilà les instruments de la réforme morale.

Quels autres moyens plus puissants l'athéisme pourra-t-il jamais opposer à ceux-ci, pour semer dans les cœurs l'amour et le culte de la vertu?

Il y a, sans aucun doute, un abîme entre ce programme et celui du Congrès ouvrier. Mais cet abîme n'est ni aussi profond, ni aussi effrayant qu'il le paraît tout d'abord. On vient déjà d'y jeter, pour le combler en partie, les protestations indignées de vingt-cinq délégués au Congrès; puis, il faut bien voir ce qu'il y a au fond : la violence d'un petit nombre, l'inconscience des foules passionnées et l'ignorance générale. Tout cela n'implique pas fatalement « une invasion formidable du socialisme », mais tout cela ré-

---

Malgré ses conclusions insensées, le Congrès ouvrier de Marseille a donné aux propositions qui précèdent une éclatante confirmation. Les discours prononcés dans la séance du 25 octobre ont établi deux faits : d'abord, l'impuissance des efforts de la classe ouvrière à s'élever, par ses seuls efforts, au-dessus de sa condition actuelle; secondement, la bonne volonté avec laquelle on acceptera le concours bienveillant des riches, le jour où ils le fourniront.

Le premier fait a été établi par le délégué de la corporation parisienne des ouvriers peintres en bâtiments, le citoyen Finance. Cet orateur a rappelé que, lors du Congrès de 1876, il a exprimé l'opinion qu'on était alors à la veille d'un grand mouvement coopératif, qui, par sa généralité, par le nombre, l'ardeur et l'enthousiasme de ses partisans, rappellerait les grandes tentatives de 1848 et de 1865. Il ajoute que l'événement n'a point justifié ses prévisions. Aussitôt après le Congrès ouvrier de Paris, on chercha à créer une Banque coopérative destinée à venir en aide aux sociétés de production : les premiers versements sont encore à faire. Parle-t-on d'établir une association de corporation, tout le monde vote pour l'affirmative : s'agit-il de mettre l'idée en pratique, on ne peut plus compter sur personne. Les sociétés coopératives ne se

clame impérieusement de la lumière et prouve, une fois de plus, combien il est urgent que la partie éclairée de la population cesse de s'isoler dans son bien-être, dans son dédain du petit monde et ne laisse plus traiter sans elle les graves questions du travail. L'abstention en toutes choses, sur le terrain économique aussi bien que sur celui de la politique, est devenue comme le mot d'ordre de cette partie de la population ; elle laisse, sans s'émouvoir, se produire les théories les plus erronées, elle attend froidement que les idées extrêmes aient soulevé un flot débordant d'ardeurs et d'exigences, et alors elle s'étonne, s'indigne et résiste. Réveil tardif et dangereux ! car il apporte un nouveau ferment de discorde : la réaction aveuglée par la peur.

Cette abstention est une faute contre le simple bon sens, qui exige que les questions touchant à des intérêts divers soient traitées par les intéressés réunis. C'en est une non moins grave contre la loi des sociétés, qui impose à chacun de leurs éléments des devoirs et des rôles déterminés. Or, le rôle des élus de la fortune, du savoir ou du talent, c'est d'être les initiateurs et les pionniers du progrès, de guider ceux qui les entourent vers les améliorations, sans attendre qu'elles soient arrachées par menace ou violence, et de mettre au service des faibles, au lieu de pitié et d'aumône, leur prévoyance, leur savoir et leurs sacrifices. La supériorité sociale qu'ils possèdent, par droit de naissance ou par droit de conquête, n'est point uniquement un avantage per-

renouvellent pas par l'adjonction des membres jeunes ; les ouvriers, poussés par un sentiment d'égoïsme, n'adhéreront pas à une société déjà existante : ils préféreront en fonder une nouvelle. Le Congrès, du reste, est à même de constater que bien peu d'associations de corporation sont représentées dans son sein ; on ne saurait donc dire qu'elles sont de bonnes écoles de socialisme.

Le second fait a été établi par un délégué de Toulon, le citoyen Goutte. Il commence par déclarer que l'association est le seul remède aux souffrances des ouvriers, mais il reconnaît que l'association avec outillage et capital d'exploitation n'est pas à la portée de la classe ouvrière, qui n'est point, d'ailleurs, suffisamment instruite pour prendre la direction des travaux. Il en conclut qu'il n'y a qu'une forme pratique de l'association, c'est l'association du travail avec le capital. Cette formule soulève tout d'abord des clameurs indignées. Association avec nos bourreaux ? lui crie-t-on ; jamais ! L'orateur, peu troublé, continue l'exposé de sa thèse ; il affirme avec une énergie croissante que le salut ne peut se trouver que dans le concours volontaire des deux éléments de production, et finalement reçoit les applaudissements de toute l'assemblée.

sonnel; elle n'est pas faite pour donner simplement à quelques-uns une plus grande somme de jouissances et, encore moins, pour créer des classes parmi les hommes. Elle est une fonction sociale, elle doit être un centre de groupement, un foyer de lumière et de civilisation.

C'est là le pourquoi des inégalités sociales et, en même temps, leur excuse et leur légitimation.

Que le capital s'avance donc, la main tendue, vers le travail! Que les bourgeois fassent alliance avec le peuple, les patrons avec les ouvriers, les riches avec les pauvres; qu'ils aient toujours présent à l'esprit le rôle social que leurs avantages leur imposent; qu'ils restent sourds aux pâles conseils de la peur, de l'égoïsme et de l'orgueil, et que, dans un sentiment bien compris de fraternité, de patriotisme et d'utilité personnelle, ils entreprennent résolûment, sur le terrain de l'association des intérêts et de la prévoyance mutuelle, l'œuvre du relèvement des abaissés!

Ce sera, du même coup, mettre un terme aux **souffrances sociales** et reconstituer **l'unité de la Patrie.**

FIN

ANNEXE

AUX RÈGLEMENTS DES INSTITUTIONS

MAJORATION DES SALAIRES

La Préservatrice, Compagnie d'assurances en cas d'accidents.

PARTICIPATION AUX BÉNÉFICES

MM. Poussielgue frères, libraires.
MM. Vernes et Cⁱᵉ, banquiers.

ASSOCIATION

Leclaire, peinture en bâtiments.
Statuts de la Société d'avances de Delitzch.

LA PRÉSERVATRICE

La Préservatrice a constitué, à dater du 1er janvier 1879, une caisse de prévoyance alimentée au moyen d'une retenue de 5 0/0 sur le montant des appointements et d'une donation de même valeur faite par l'administration, productives, l'une et l'autre, d'intérêt.

Le montant des sommes ainsi constituées n'est acquis à l'employé qu'après cinq ans de service au moins.

En cas de départ anticipé, la caisse restitue les retenues faites sur les appointements, sans intérêts, et les donations sont reversées sur les comptes des autres employés. Au delà de ce stage, le capital appartient irrévocablement à chacun et lui est remis en espèces à son départ de l'administration.

LIBRAIRIE POUSSIELGUE FRÈRES

Rue Cassette, 27.

CAISSE DE RETRAITES

MM. Poussielgue frères établissent dans leur librairie, et sur les bases ci-après déterminées, une caisse de retraites pour leurs employés. Les versements qu'ils font à cette caisse sont entièrement facultatifs de leur part et nullement à titre d'appointements, mais ils constituent une gratification qu'ils se proposent de distribuer autant que la Providence continuera de bénir leurs efforts.

Article premier. — La caisse des retraites est constituée par les versements volontaires de MM. Poussielgue frères. La quotité de ces versements est de 3 francs par 1,000 francs de ventes effectuées par la maison et constatées au dernier inventaire.

Art. 2. — Un tiers de la somme affectée annuellement par MM. Poussielgue frères à la caisse des retraites sera immédiatement distribué aux employés remplissant les conditions ci-après déterminées et au prorata de leurs appointements ; les deux autres tiers sont réservés pour constituer un fonds de retraite.

Art. 3. — Un employé n'est admis à participer à ces allocations qu'après un an de services.

Art. 4. — Il sera remis à chaque employé participant un carnet constatant la marche de son compte.

Art. 5. — Tout employé qui quittera la maison pour une cause quelconque, autre que des infirmités ou raisons de santé majeures, avant d'y avoir accompli vingt années de service, sera déchu de tous ses droits.

Art. 6. — L'employé qui quittera la maison après vingt années de service ou 65 années d'âge recevra, dans les trois mois qui suivront sa sortie, la somme portée à son crédit ou une rente viagère équivalente, au choix de MM. Poussielgue frères.

ART. 7. — En cas de mort de l'un de leurs employés, même avant les vingt années de services, MM. Poussielgue frères se réservent le droit de disposer de sa part en faveur de tel membre de sa famille qu'il leur paraîtra convenable, ou de la laisser à la caisse des retraites.

ART. 8. — Les sommes, une fois versées par MM. Poussielgue frères à la caisse des retraites, lui sont définitivement acquises, et les parts dont un employé perdrait le bénéfice profitent à la masse.

Toutefois, si l'employé sortant se trouve débiteur de la maison, la somme figurant à son compte est d'abord employée, jusqu'à due concurrence, à combler le déficit ou à réparer les préjudices causés par lui.

ART. 9. — Les versements faits à la caisse des retraites, les revenus de cette caisse et les parts tombées en déchéance sont chaque année répartis entre les employés participants, au prorata de leurs appointements.

ART. 10. — La répartition entre les divers comptes est faite une fois par an. L'employé dont le compte est liquidé dans le cours de l'année, n'a droit qu'aux sommes portées à son carnet lors de la dernière répartition, quelle que soit, d'ailleurs, l'époque de sa sortie.

ART. 11. — MM. Poussielgue frères administrent la caisse des retraites, en placent les fonds et en touchent les revenus, qui sont intégralement versés dans la caisse; ils ne sont tenus d'en rendre aucun compte.

ART. 12. — Les sommes acquises aux employés de MM. Poussielgue frères, en vertu des dispositions ci-dessus, sont d'avance déclarées expressément accordées à titre de libéralité et d'aliments et comme telles, incessibles et insaisissables.

ART. 13. — Dans le cas où des employés seraient congédiés sans aucun motif de mécontentement, par mesure de réduction de personnel ou de suppression d'emploi, le montant de la somme inscrite à leur carnet pourra leur être remis, quel que soit le nombre de leurs années de service.

ART. 14. — MM. Poussielgue frères se réservent expressément le droit de modifier le présent règlement.

MM. VERNES ET Cie, BANQUIERS

Rue Taitbout, 29.

CAISSE DE PRÉVOYANCE DES EMPLOYÉS

ARTICLE PREMIER. — Il est prélevé, tous les ans, sur les bénéfices de la maison Vernes et Cie, pour alimenter la caisse de prévoyance des employés, une somme déterminée chaque année par les associés de la maison, suivant les bénéfices de l'exercice.

ART. 2. — MM. Vernes et Cie désigneront, chaque année, parmi les employés et garçons de recettes ayant accompli, au moins, deux années de séjour dans la maison, ceux qui seront admis à participer aux avantages de cette caisse.

ART. 3. — L'allocation stipulée à l'article premier sera répartie entre les participants, et il sera ouvert à chacun d'eux un compte individuel; ce compte se composera des répartitions ci-dessus et du produit des déchéances, dont il sera parlé plus loin : il sera productif d'intérêt à 4 0/0 l'an et ces intérêts seront capitalisés suivant le règlement effectué annuellement au 31 décembre.

ART. 4. — Ces comptes individuels ne constitueront qu'un droit éventuel et nul ne pourra obtenir le règlement de son compte s'il n'a accompli vingt années de service dans la maison ou s'il n'a atteint sa cinquantième année d'âge.

ART. 5. — Si un employé quitte la maison pour un motif autre que celui de santé, avant 20 ans de service ou 50 années d'âge, ou s'il est renvoyé, sans que les chefs de la maison aient aucun motif à alléguer pour justifier ce renvoi, il perd tout droit éventuel à la caisse de prévoyance et le montant de son compte individuel est reporté entre les divers participants en proportion des sommes qui figurent à chacun des comptes individuels.

18

Art. 6. — En cas de décès d'un employé, la somme qui figure au crédit de son compte individuel est utilisée au profit de sa femme, de ses enfants ou de ses parents de la manière qui sera indiquée par les associés de la maison Vernes et C¹ᵉ.

En cas de départ d'un employé pour cause de maladie, il sera fait à son profit, de la somme inscrite à son compte, tel emploi que stipuleront les associés de la maison Vernes et C¹ᵉ.

Art. 7. — Lorsqu'un employé aura atteint 20 ans de services ou 50 années d'âge, son droit à la caisse de prévoyance sera acquis et la somme inscrite à son crédit sera convertie, soit en une rente viagère, soit en obligations de chemins de fer français nominatives, soit en rentes françaises à son nom.

Ces titres, provenant d'une pure libéralité et étant donnés à titre d'aliments, porteront la mention qu'ils sont incessibles et insaisissables.

Art. 8. — Les associés de la maison Vernes et C¹ᵉ auront la gestion de la caisse de prévoyance et conservent toute liberté d'action, tant pour l'interprétation du présent règlement que pour les modifications à y apporter par la suite.

MAISON LECLAIRE

Entreprise de peinture, vitrerie, décors, etc.

ASSURANCES EN CAS DE DÉCÈS

ARTICLE PREMIER. — A partir du 1er août 1870, la Société de secours mutuels payera, au cas de décès d'un sociétaire, d'un pensionnaire homme ou d'une veuve pensionnaire non remariée, une somme de 1,000 francs, aux ayants droit déterminés ci-après, savoir :

A la veuve du sociétaire ou du pensionnaire décédé, quelle que soit l'époque du mariage contracté par eux ;

A défaut de veuve, aux enfants : s'il s'agit d'un garçon, jusqu'à 17 ans révolus et, s'il s'agit d'une fille, jusqu'à 21 ans révolus ; s'il y a deux ou plusieurs enfants, au-dessous de ces âges, la somme de 1,000 francs se partagera entre eux par portions égales.

A défaut de veuve ou d'enfants n'ayant pas dépassé les âges ci-dessus, au père âgé de 60 ans révolus et, si le père est décédé, à la mère veuve âgée de 50 ans révolus.

ART. 2. — L'assemblée générale peut toutefois, sur la proposition motivée du conseil de famille, à titre de secours facultatif et dans des cas exceptionnels, accorder tout ou partie de la somme de 1,000 francs mentionnée à l'article précédent, soit en dehors des conditions strictement déterminées par le dit article, soit à d'autres membres de la famille.

ART. 3. — Pour l'exécution des dispositions qui précèdent et pour respecter les dispositions du règlement, il y a lieu pour la société de profiter du bénéfice de l'article 7 de la loi du 11 juillet 1868 et de l'article 17 du décret du 13 août 1877, aux termes duquel les sociétés approuvées sont autorisées à contracter des assurances collectives annuelles, à l'effet de s'assurer, au décès de chacun de leurs sociétaires, y compris les pensionnaires et les veuves pensionnaires, la somme fixe de 1,000 francs.

L'assemblée générale, dans sa séance du 13 juillet 1879, à l'unanimité, a approuvé et voté le projet de délibération ci-dessus.

BANQUES POPULAIRES

STATUTS DE LA BANQUE DU PEUPLE DE DELITZSCH

§ 1er. *But de la Société.*

Les membres soussignés veulent, au moyen de cette association, se procurer réciproquement, par leur crédit collectif, les capitaux dont ils auraient besoin dans des buts industriels et autres.

§ 2. *Fonds et ressources de la Société.*

Le capital de la Société se compose : — *a*) du fonds social proprement dit, appartenant à la collectivité des membres et servant de réserve pour les opérations de caisse ; — *b*) de l'avoir des sociétaires et de leurs *boni* individuels dans la caisse sociale.

La Société se procure les fonds nécessaires à ses opérations :— 1° au moyen de droits d'entrée et de cotisations annuelles des sociétaires, et des sommes que ces derniers prélèvent sur leurs parts dans les bénéfices ; — 2° au moyen d'emprunts contractés sous la garantie solidaire des sociétaires.

§ 3. *Administration. Assemblée générale.*

La Société gère ses affaires elle-même et avec le concours de tous ses membres. L'administration est confiée à un comité nommé pour trois ans et placé sous sa surveillance. Il se compose de : un président, un caissier, un contrôleur et de neuf assesseurs. Les assesseurs sont renouvelés tous les ans pour un tiers.

Tous les objets qui ne sont pas expressément confiés au comité soit par les statuts, soit par décisions ultérieures de la Société, sont réglés par l'assemblée générale. Ses décisions sont rendues à la majorité des voix présentes et elles lient tous les sociétaires, pourvu que la réunion et son ordre du jour aient été portés trois jours d'avance à leur connaissance par un avis des feuilles locales.

§ 4. *Pouvoirs et fonctions du comité. L'administration et ses divers employés.*

Le comité et chacun de ses membres répondent vis-à-vis de l'association de l'observation des statuts et de l'exécution des décisions prises par la Société.

Les demandes et propositions, notamment les demandes d'avances, sont adressées par écrit au comité. Le comité examine dans ses séances les demandes qui lui sont adressées; il s'occupe des rentrées de fonds et assure la marche régulière des opérations. Il se réunit régulièrement une fois par semaine dans un local déterminé pour expédier les affaires courantes ; il décide à la majorité des voix, pourvu que la moitié des membres soit présente.

Le comité surveille et inspecte la gestion des employés et peut, en cas de malversations ou de déficit, prononcer leur renvoi, sauf approbation ultérieure de l'assemblée générale. Le comité est autorisé de plus : — *a*) à accorder des avances ou des renouvellements d'avances dans le sens des §§ 10 et 11 des présents statuts ; — *b*) à disposer des fonds de la caisse sociale, conformément au but de la Société ; — *c*) à accepter des dépôts et à contracter des emprunts qui engagent solidairement tous les sociétaires. L'assemblée générale fixe cependant le maximum que peut atteindre le total des dépôts et emprunts; il ne saurait dépasser le montant du double des fonds propres de la Société.

Pour tous les autres engagements au nom de la Société, le comité doit demander l'approbation de l'assemblée générale.

Le comité ne répond pas des pertes que l'insolvabilité des débiteurs peut causer à la caisse sociale; il n'est pas justiciable des erreurs qu'il peut avoir commises dans l'évaluation de leur situation de fortune.

Le président dirige les travaux du comité, qu'il peut réunir en séance extraordinaire quand le besoin l'exige ; dans ce cas, il est tenu à convoquer chaque membre individuellement et à indiquer l'objet de la délibération.

Le caissier reçoit les payements, en donne quittance; mais il ne peut faire aucune dépense sans un ordre signé du président et d'un assesseur.

Il est chargé spécialement :

a) De tenir les livres et les registres des recettes et des dépenses, de donner avis de tout au comité et de lui rendre les comptes;

b) De faire chaque année un état des recettes et des dépenses avec les pièces justificatives à l'appui, et de le présenter au comité ainsi qu'à l'assemblée générale.

Le contrôleur est chargé de vérifier les comptes et l'état de la caisse, de rédiger les procès-verbaux des assemblées et des séances du comité, de faire la correspondance d'après les instructions du président, qui est l'exécuteur des volontés de la Société.

Le président, le caissier et le contrôleur forment un comité exécutif. Ils représentent la Société au dehors; les engagements signés par eux au nom du comité engagent la Société, envers laquelle ils ne sont tenus à des dommages-intérêts qu'autant qu'ils n'auraient pas demandé l'avis de l'assemblée générale ou du comité, ou qu'ils auraient agi contrairement à leurs résolutions.

Chaque membre du comité est autorisé à intenter une action en justice au nom de la Société, à répondre à celles qui sont dirigées contre elle, à transiger, à prêter serment et à le déférer, à acquiescer aux jugements rendus et à les attaquer, et à se faire représenter par un mandataire.

Le président, le caissier et le contrôleur sont les seuls membres de l'administration qui touchent une rémunération. Cette rémunération, de même que le cautionnement à fournir par le caissier, sont fixés proportionnellement au chiffre d'affaires par l'assemblée générale, et font l'objet de traités spéciaux.

§ 5. *Droits et devoirs des sociétaires.*

Les membres de la Société :

(a) Votent dans les résolutions et les élections de la Société;

(b) Ils peuvent demander des avances suivant les ressources sociales;

(c) Ils touchent une part dans les bénéfices d'après les règles fixées par le paragraphe 9.

Ils sont obligés en retour :

(*a*) A se créer des parts sociales par des cotisations mensuelles de 8 silbergros pour le moins ;

(*b*) A pourvoir aux frais d'administration et de régie ;

(*c*) A payer un droit d'entrée d'un thaler, en une fois ou en plusieurs termes ;

(*d*) A entrer dans la garantie solidaire pour les emprunts contractés dans l'intérêt des opérations sociales, et à signer les lettres de créance au cas où le président ne les signe pas au nom des sociétaires ;

(*e*) A se conformer aux présents statuts, à agir suivant les résolutions et les intérêts de la Société, et à apposer leur signature aux statuts.

§ 6. *Part des sociétaires.*

La part sociale de chaque membre est fixée à un maximum de 40 thalers. Cette somme peut être payée en une fois, dès l'entrée dans la Société, ou formée par des versements successifs, dont le minimum consiste dans le montant de la cotisation mensuelle ci-dessus. Jusqu'au complément de la part du sociétaire, les dividendes sont retenus et ajoutés à ses versements.

Les versements ainsi que les dividendes restent la propriété du sociétaire, mais ne peuvent pas être retirés, pas même partiellement, tant que le propriétaire veut rester membre de l'association.

Les parts sociales constituent de véritables créances contre la Société. Tout membre sortant reçoit sa part, qui lui est payée intégralement, à moins qu'il n'ait lui-même des obligations envers la Société. Au moment de la dissolution, le fonds social, déduction faite des dettes, est partagé entre les membres. En cas d'insuffisance du fonds social, les créanciers sont payés sur l'avoir particulier de chaque membre. Les dettes une fois acquittées, s'il reste des fonds en caisse, ils sont partagés entre les sociétaires au prorata de leurs boni.

Chaque membre reçoit un livret qui établit couramment le compte de son boni. Nul ne peut disposer de sa part sociale, tant qu'elle se trouve dans la caisse de la Société ; il ne peut la céder ni l'engager de quelque manière que ce soit, ainsi qu'il est dit dans le livret.

§ 7. *Fonds de réserve.*

Les pertes qui pourraient résulter du non payement des

avances faites aux sociétaires sont couvertes par le fonds social, qui sert de fonds de réserve. Le fonds social est formé des contributions des sociétaires et d'une certaine part dans le bénéfice net des opérations d'avances.

§ 8. *Intérêt des avances.*

Les sommes provenant des intérêts payés par les emprunteurs sociétaires servent à couvrir les frais d'administration et les intérêts que la Société paye elle-même à ses créanciers; l'excédant est réparti en dividendes des sociétaires et fournit le prélèvement pour le fonds de réserve.

Les emprunteurs payent :
(*a*) 5 0/0 d'intérêt annuel ;
(*b*) 1/4 0/0 de provision par mois, soit ensemble 8 0/0 pour l'année entière.
Les intérêts moratoires montent à 10 0/0.

§ 9. *Dividende.*

Ce qui, après le payement des intérêts aux créanciers de la Société et l'acquittement des frais d'administration, reste encore disponible sur les sommes payées par les sociétaires emprunteurs en intérêts et provisions (§ 8) est réparti entre les sociétaires au prorata de leurs parts ou boni, et vient augmenter ce boni tant qu'il n'a pas atteint la limite statutaire.

Tant que le fonds de réserve n'a pas atteint la limite qui lui a été fixée, l'assemblée générale autorise le prélèvement sur les dividendes d'un certain tantième qui vient accroître le fonds de réserve, et respectivement le reporter à la hauteur normale, quand il a été entamé à la suite de pertes subies dans la rentrée des avances.

§ 10. *Montant et termes des avances.*

Le montant des avances à accorder aux sociétaires dépend de l'état de la caisse et est abandonné à l'appréciation consciencieuse du comité. En général, les avances ne seront pas au-dessous de 3 thalers et ne dépasseront pas la somme de 1,000 thalers; si l'encaisse ne suffit pas à toutes les demandes, elles passent par ordre d'inscriptions. Les avances sont faites pour trois mois; elles peuvent être remboursées en plusieurs versements, et l'époque du remboursement est indiquée dans le billet signé par l'emprunteur. A la première échéance, le comité peut cependant prolonger de trois mois le terme de payement, pourvu que les garants y consentent.

§ 11. *Demandes d'avances.*

Pour demander une avance, le sociétaire doit :

1° N'avoir subi aucune peine infamante ;

2° N'être en retard pour aucune avance antérieure, ni avoir causé de tort à ses garants ;

3° Être dans une situation qui rassure sur le remboursement.

Quant à la sûreté, lorsque l'avance demandée ne dépasse pas de plus de 10 thalers le boni du demandeur, le comité examinera seulement si la personne et la position de ce dernier permettent d'espérer le remboursement. Quand le boni est de 40 thalers, il peut être dépassé de moitié. C'est l'activité, l'habileté, l'esprit d'ordre et la probité du demandeur que le comité prendra surtout en considération. Il peut recueillir des renseignements sur le demandeur auprès de sociétaires bien informés et dignes de foi.

Quand il s'agit d'avances dépassant ces limites, le comité doit demander des sûretés particulières, des répondants ou des gages, dont il est libre d'apprécier l'admissibilité. Un membre qui a déjà emprunté à l'aide d'un garant demande-t-il, avant le remboursement de cette dette, un prêt nouveau sous la garantie d'un autre répondant, ce prêt ne peut lui être accordé que du consentement du garant de la première dette, qui, par ce consentement, ne s'engage d'aucune façon pour ce qui concerne la nouvelle dette.

Les garants qui payent les dettes d'un emprunteur ou qui les prennent à leur charge ont l'avantage de ne payer que 5 0/0 d'intérêt pour les sommes qu'ils doivent à l'association. On peut toujours en appeler à l'assemblée générale pour les refus d'avances.

§ 12. *Admission et sortie des sociétaires.*

On devient membre de la Société en signant les statuts, après admission formelle par le comité, qui est libre de repousser la demande d'admission, quand celle-ci lui paraît devoir être préjudiciable aux intérêts sociaux ; on peut appeler de cette décision à l'assemblée générale.

On cesse d'être membre par le non accomplissement des obligations statutaires. L'assemblée générale prononce la radiation, sur la proposition du comité, notamment quand un membre est en retard de trois mois pour ses versements, ou quand il a fallu recourir aux voies judiciaires pour obtenir de lui le remboursement des avances.

En cas de décès d'un sociétaire, les fonds restent dans la caisse sociale jusqu'à la clôture de l'exercice, pourvu que les héritiers aient fait leur déclaration par écrit.

Tout membre peut quitter l'association en annonçant cette résolution six mois avant la clôture de l'exercice ; autrement il n'est dégagé qu'à la fin de l'exercice suivant. Le membre sortant, et éventuellement ses héritiers, ne peut demander que le montant intégral de ses versements et des dividendes qui ont été inscrits au compte de son boni ; il ne peut demander aucune part dans la fortune sociale, notamment dans le fonds de réserve et les dividendes de l'année courante. Il n'est remboursé que six mois après la clôture de l'exercice durant lequel il a cessé d'être membre. Mais il a le droit de demander d'être dégagé, dans les deux années, de la garantie solidaire vis-à-vis des créanciers de la Société. Celle-ci ne peut se soustraire à cette demande d'un membre sortant, en cas d'insuffisance du fonds social, qu'en prononçant sa propre dissolution ; dès lors le membre sortant est obligé de contribuer à l'accomplissement des engagements contractés pendant qu'il faisait partie de l'association.

§ 13. *Membres d'honneur.*

La qualité de membre d'honneur peut être conférée à toute personne qui, sans exiger de part dans les avantages de la Société, contribue pourtant à lui faire atteindre le but qu'elle poursuit.

Sont nommés membres d'honneur :

1° Ceux qui payent une cotisation de 12 silbergros au moins ;

2° Ceux qui versent dans la caisse sociale une somme d'un thaler ;

3° Ceux qui abandonnent, sans intérêts, 10 thalers à la Société.

Les membres d'honneur ont le droit de voter dans toutes les questions sociales ; la Société peut les nommer à tous les emplois dont elle dispose. Ils s'engagent à observer les présents statuts et les décisions de la Société, et à ne pas agir contrairement à ses intérêts.

§ 14. *Dissolution de la Société et garantie des sociétaires.*

La stipulation du § 3, suivant laquelle toutes les résolutions sont prises à la simple majorité des voix présentes, n'est pas applicable au cas où il s'agirait de décider la dissolution de la Société.

Pour être valable, cette résolution doit réunir les deux tiers des voix de tous les membres.

Les membres d'honneur ne prennent pas part à ce vote. Ils ont le droit de réclamer les sommes qu'ils ont avancées, si toutefois elles n'ont pas servi à payer les dettes de la Société.

Les sociétaires restent solidairement responsables vis-à-vis des créanciers de la Société, quand l'abandon du fonds de réserve et des boni ne suffit pas pour couvrir tout le passif.

§ 15. *Arbitrage.*

Au cas où des difficultés s'élèveraient, soit relativement à la lettre et au sens de ces statuts, soit au sujet d'autres résolutions de la Société, le différend sera vidé en assemblée générale, les sociétaires renonçant d'avance à tout recours à la voie judiciaire.

TABLE DES MATIÈRES

CHAPITRE II.

Descriptions des différentes organisations du travail.

MAJORATION DES SALAIRES.

PARTICIPATION AUX BÉNÉFICES.

ASSOCIATION COOPÉRATIVE.

CHAPITRE III.

Examen critique des diverses organisations adoptées par les patrons.

CHAPITRE IV.

Conclusions.

Résumé.